Bayern und die Magyaren

Ferenc Majoros / Bernd Rill

Bayern und die Magyaren

Die Geschichte einer
elfhundertjährigen Beziehung

Mit einem Geleitwort von
Dr. Bertalan Andrásfalvy
Kultusminister der Republik Ungarn
und
einem Vorwort von
Dr. Georg Freiherr von Waldenfels
Bayerischer Staatsminister der Finanzen

Verlag Friedrich Pustet
Regensburg

Umschlagmotiv: Die Auffindung der Stephanskrone auf der Landstraße. Die – durch den Illustrator stilisierte – Krone wird aus dem Fäßchen herausgeholt, in welchem sie Otto von Wittelsbach während des Nachtritts durch das feindliche Österreich versteckt hatte. Aus: Chronicon Pictum (14. Jh.). Széchényi Nationalbibliothek, Budapest.

Die Deutsche Bibliothek – CIP-Einheitsaufnahme

Bayern und die Magyaren : Die Geschichte einer elfhundertjährigen Beziehung / Ferenc Majoros ; Bernd Rill. – Regensburg : Pustet, 1991
   ISBN 3-7917-1303-5
NE: Majoros, Ferenc; Rill, Bernd

ISBN 3-7917-1303-5
© 1991 by Verlag Friedrich Pustet, Regensburg
Umschlaggestaltung: Peter Loeffler, Regensburg
Gesamtherstellung: Friedrich Pustet, Regensburg
Printed in Germany 1991

Inhalt

Die Kapitel I–IV und VII wurden erarbeitet von FERENC MAJOROS, die
Kapitel V, VI, VIII und IX von BERND RILL.

Zur ungarischen Orthographie und Aussprache

Einige wesentliche Unterschiede zwischen der deutschen und der – sehr
einfachen – ungarischen Orthographie: Der deutsche Laut „sch" wird im
Ungarischen durch den Buchstaben „s", und der deutsche Laut „s" durch die
Buchstaben „sz" wiedergegeben. Auch der ungarische Buchstabe „z" wird
als deutsches „s" ausgesprochen (wie: „selten", nicht wie: „aus").
Der ungarische Buchstabe „c" wird wie „Cäsar" (= deutsches „ts") ausge-
sprochen.
Die ungarischen Buchstaben „cs" entsprechen dem deutschen „tsch".
Der einzige *accent* ist der *accent aigu*: Arpád, sprich: Arpaad. Zeichen auf
Konsonanten – wie in slawischen Sprachen: č, š, usw. – und entsprechende
Lautänderungen gibt es im Ungarischen nicht.

GELEITWORT

Unsere magyarischen Vorfahren stießen auf der Suche nach ihrer neuen Heimat in Europa vor 1100 Jahren am Fuße der Ost- und Nordalpen auf die lebenskräftigen Bayern. Ungarisches und bayerisches Volk näherten sich mit ihren Siedlungsgebieten nur langsam und behutsam einander, nachdem sie die kriegerische Auseinandersetzung aufgegeben hatten. Zum Jahrtausendwechsel hin trennte eine breite, unbewohnte Grenzöde die beiden Völker voneinander. Die durch die Grenzöde laufenden Wege wurden streng bewacht. Für die Ungarn begann westlich des Flusses Enns eine andere, unbekannte, märchenhafte Welt. Aus diesem Grunde beginnen die ungarischen Volksmärchen noch heute mit den Worten: es war einmal, weit hinter dem Operencia-Meer, da lebte ein König . . . Operenc, das ist „Ob der Enns", die den nach Westen Reisenden ein ernsthaftes Hindernis war.

Die breite Grenzöde säumte die Landesgrenze von der Donau bis zur Drau – im Süden trennte sie Kärnten und die Steiermark von den ungarischen Grenzwächtern.

Als der Landesherr Géza die Grenze weiter im Hinterland festlegt, kommen von Norden her mutige bayerische Siedler in die aufgegebene und verlassene Grenzöde. Sie treten mit beiden Seiten in Verbindung und klammern sich auch weiterhin an das Salzburger Erzbistum.

Somit waren die Bayern die ersten unter den deutschen Stämmen, die mit den Ungarn in wahre „Körpernähe" gelangten, und zwar nicht nur zu den einfachen Söhnen des Volkes, sondern selbst auf höchster Ebene. Ein Löwenanteil an der Taufe von Magyaren fiel bayerischen Priestern zu. Gisela, die ein heiligmäßiges Leben führende Gattin unseres staatsaufbauenden Königs Stephan, kam aus Bayern, und zog sich als Witwe in das Kloster von Passau zurück und betete, bangte dort für Ungarn.

Auf ihrem Grab sind auch heute noch oftmals Kränze mit Schleifen in den Farben der Nation oder rot-weiß-grüne Sträußchen zu sehen. Sonderbar und vielleicht kein Zufall ist, daß die vorletzte ungarische Königin, die das Volk ins Herz geschlossen hatte, ebenfalls aus Bayern stammte – Elisabeth nämlich, die Gattin von Franz Joseph, die einen tragischen Tod erleiden mußte.

In den 1000 Jahren zwischen Gisela und Elisabeth gab es ununterbrochen und auf allen Ebenen mal stärkere, mal schwächere bayerisch-ungarische Beziehungen. Priester, Ritter, Soldaten, Händler, Handwerker,

Bauern, Dienstleute und wandernde Burschen waren auf den Wegen entlang der Donau von Westen nach Osten, von Osten nach Westen anzutreffen. Besonders rege war der Verkehr auf diesen Straßen in Friedenszeiten im 16. Jahrhundert, als man die berühmten weißen Ochsen der Ungarischen Tiefebene zu Tausenden am rechten Donauufer in Richtung Westen trieb.

Der Weg der Herden trennte sich bei Regensburg, wo man entweder nach Südwesten oder nach Nordwesten in Richtung Nürnberg abbog. Auf den Pfaden der Rinderherden kamen von Westen in Richtung Osten Industrieartikel, Eisen- und Tonwaren, Leinengewebe. Bayerische, westeuropäische Kultur durchdrang das von ständigen Kriegen verarmte, geplagte und arg mitgenommene Ungarn.

Im Verlauf des vergangenen Jahrtausends entwickelten sich zwischen Bayern und Ungarn reiche Traditionen nicht allein auf dem Gebiet von Wirtschaft, Politik und Kultur, sondern auch in menschlicher Solidarität, Mitgefühl und Zusammenarbeit.

Jetzt nun, nach einer langen, traurigen Zwangspause, können wir erneut fühlen: wir waren und sind hier in Europa einander nahe, unser Schicksal und unsere Zukunft sind untrennbar miteinander verbunden. Darüber müssen wir uns im klaren sein, das müssen wir auch zeigen. Und es auch lehren – mit Hilfe dieses Buches.

Dr. Bertalan Andrásfalvy
Kultusminister der Republik Ungarn

VORWORT

Bayern und Ungarn – mehr als ein Jahrtausend der Nachbarschaft

Das vorliegende Buch verfolgt in ebenso spannender wie informativer Weise die Beziehungen zwischen Bayern und Ungarn über mehr als ein Jahrtausend hinweg. Dabei ergibt sich der verblüffende Befund: die bayerisch-ungarischen Beziehungen gehören zu den gewichtigsten Themen der europäischen Staatengeschichte, seit das bayerische Stammesherzogtum zum ersten Mal vor 11 Jahrhunderten auf die noch heidnischen Ungarn traf. Dennoch sind diese Beziehungen noch nie zusammenhängend, also vom hohen Mittelalter bis zur Errichtung des ungarischen Gymnasiums im oberpfälzischen Kastl mit Hilfe der bayerischen Staatsregierung, untersucht und dargestellt worden!

Vielleicht deswegen, weil die Geschichtsdarstellungen immer noch zu sehr an den großen Katastrophen der Menschheit ausgerichtet sind – die bayerisch-ungarischen Beziehungen aber haben sich nach unfriedlichem Beginn, für den die berühmte Schlacht auf dem Lechfeld bei Augsburg (955) als Zeichen stehen mag, schon ab der Christianisierung Ungarns unter der Regierung des heiligen Königs Stephan und seiner bayerischen Gemahlin Gisela beständig zum Besseren entwickelt.

Oder liegt es an den Sprachschwierigkeiten, die zwischen München und Budapest oft nur durch gegenseitige Sympathie überbrückt werden können? Die beiden Autoren unseres Buches kennen eine solche Barriere nicht, obwohl der eine gebürtiger Bayer, der andere gebürtiger Ungar ist. Sie weisen allein schon durch das Zustandekommen ihres Gemeinschaftswerkes darauf hin, daß beide Seiten zur Zusammenarbeit wie geschaffen sind.

Denn immer wieder zeigten sich entlang des Donaustromes Gemeinsamkeiten der Interessen, die ein originelles Schlaglicht auf den Gang der europäischen Geschichte insgesamt werfen.

Auch die Beziehungen zwischen Bayern und Ungarn gehören zu den europäischen Gemeinsamkeiten, die in der nunmehr zu Ende gehenden Nachkriegszeit lediglich verschüttet worden sind, aber nicht ausgelöscht werden konnten. Die bayerische Staatsregierung sieht es als ihre Aufgabe an, diese Gemeinsamkeiten weiter zu beleben. Deshalb wünsche ich diesem Buch zahlreiche Leser, von den Quellen der Donau bis weit in den Südosten hinunter!

Dr. Georg Freiherr von Waldenfels
Bayerischer Staatsminister der Finanzen

KAPITEL I

Acht wechselvolle Jahrzehnte:
Waffenbrüderschaft – Raubzüge – blutige Schlachten
(890–970)

Nach den Stürmen der Völkerwanderung kamen die Völker West- und Mitteleuropas allmählich zur Ruhe. Nicht nur die Beutezüge wilder Heerscharen, auch die friedlichen Wanderungen der Stämme waren vorbei. Die Menschen ließen sich in festen Siedlungsgebieten nieder, sie wandten sich einer immer intensiver werdenden Landwirtschaft zu. Konturen der erst tausend Jahre später erstarkenden Nationalstaaten wurden bereits sichtbar. Im aufblühenden Europa setzte die Zeit der Karolingischen Renaissance ein.

Kärnten, das ehemals slawische Land und heute österreichische Feriengebiet, ist vom Stamm der Bayern im frühen Mittelalter germanisiert worden. Eine Steiermark gab es damals noch nicht, noch weniger ein Burgenland. Mit anderen Worten: Im späten 9. Jahrhundert und noch lange danach grenzte das bayerische Stammesgebiet, das gleichzeitig das bayerische Staatsgebiet bildete, direkt und ohne irgendeine österreichische „Vermittlung" an das antike Pannonien, das spätere Ungarland.

König Arnulf und die Allianz mit den Magyaren (892)

In Kärnten nun – das ist tatsächlich wichtig für den Beginn unserer Jahrtausend-Geschichte – fand Karlmann, der Karolinger, der spätere König von Bayern, das große Liebesglück seines Lebens, und zwar auf der Pfalz Moosburg am Wörthersee. Der junge Fürst verführte dort in der Kemenate die prächtige Liutswinda, eine Schönheit, die wahrscheinlich dem bayerischen Herzogsgeschlecht der Luitpoldinger entstammte. Liutswinda gebar dem Fürsten einen Sohn, Arnulf, den Karlmann stolz als den seinen anerkannte und später zu seinem Thronfolger machte.

Durch das königliche Blut in seinen Adern legitimiert, hochbegabt und tatkräftig, wurde Arnulf von Kärnten zu einem bedeutsamen Herrscher

11

(887–898, seit 896 Kaiser). Eine geschichtsträchtige Aktion brachte allerdings diesem letzten großen Nachfahren Karls des Großen auch die Schelte von Zeitgenossen ein: Um das Großmährische Reich, einen mächtigen Staat zu bekämpfen, der im 9. Jahrhundert große Teile des heutigen Territoriums der Tschechoslowakei und von Ungarn beherrschte, verbündete sich Arnulf 892 mit einem rätselhaften, wildfremden Volk. Von seinem damaligen Siedlungsgebiet in der heutigen Moldau ausgehend, überquerte ein Heer auf Arnulfs Geheiß die Karpaten und marschierte Schulter an Schulter mit den Germanen des Königs gegen das Großmährische Reich. Slawen aus Pannonien, dem Westteil des heutigen Ungarn, schlossen sich an.

Zur Allianz mit dem orientalischen Volk hatte sich König Arnulf nach einer Konferenz mit Breslaw, seinem Vasallen in Pannonien, im April 892 entschlossen. Offensichtlich reichte seine eigene Streitmacht nicht, um einen entscheidenden Schlag gegen das mächtige Mährenreich zu führen. Im Juli waren die Magyaren – denn sie waren die neuen Verbündeten Arnulfs – bereits vor Ort, und der Feldzug gegen das Reich des Mährenkönigs Swatopluk begann. Die Mähren verschanzten sich aber in ihren Burgen, sie lieferten Arnulf und seinen Verbündeten keine Feldschlacht. Nach vier Wochen zogen sich die Truppen bereits zurück; lediglich ein Brückenkopf konnte nördlich der Donau errichtet werden. Nach Breslaw, dem treuen Gefolgsmann Arnulfs, erhielt der Ort den Namen Brezaulu-spurc, Brezesburg: Preßburg.

Die „furchterregenden" Unbekannten

Der Feldzug von 892 brachte somit keinen Sieg für die Verbündeten; sie vermochten nicht, das Mährenreich zu bezwingen. Dafür kehrten die Heiden aus dem Osten drei Jahre später – nunmehr unaufgefordert – wieder. Das ganze Volk, etwa eine halbe Million, überquerte 895–896 die Gebirgspässe und nahm das Karpatenbecken in Besitz. Bald danach schickten sich die wilden Krieger an, gen Westen auszuströmen: Die Magyaren, die 892 von Arnulf gerufen worden waren, setzten sich in Mitteleuropa fest und nutzten ihre neue Heimat als Basis für ihre rücksichtslosen Raubzüge. Im aufgeschreckten Europa wurde die „verhängnisvolle" Bündnispolitik Arnulfs bitter kritisiert. Hatte der Karolinger die Hölle heraufbeschworen, den leibhaftigen Teufel nach Mitteleuropa geholt? Und das gerade, als man Ruhe zu haben glaubte, da doch Arnulf selber erst ein Jahr vor der Einladung der Magyaren den generationenlangen Wikingerschreck gebannt hatte (Schlacht an der Dyle in Brabant). Die Wikinger, die blonden Riesen, hatten wenigstens ein vertrautes Aussehen gehabt, und dem Christentum waren sie doch teilweise auch schon nahegetreten.

Grundverschieden erschien aber das ganz und gar unbekannte heidnische Volk der Ungarn. Die Eindringlinge sprachen eine exotische Sprache, die, so heißt es, „mehr einem mißtönenden Gegrunze, als verständlicher Rede glich". Sie waren klein von Gestalt und hatten eher asiatische Gesichtszüge, kurzum, sie erinnerten an die Hunnen. Die furchterregenden Unbekannten überzogen Deutschland, Frankreich und Italien mit ihren Beutezügen. Sie plünderten und brandschatzten, verschleppten Menschen in die Sklaverei. Schrecken und blinder Haß der ahnungslosen Bevölkerung, die durch diese späte Flut der Völkerwanderung gänzlich überrascht wurde, waren nur zu gut verständlich. Die Berichte waren aber wiederum überzogen: Um die Ungarn zu beschreiben, kopierten die Chronisten althergebrachte Texte über längst verschwundene Nomadenstämme. So übernahm der Chronist Regino von Prüm einen Bericht des Pompeius Trogus – eines Zeitgenossen des römischen Kaisers Augustus! – über die Skythen, Widukind von Corvey eine Schilderung des Jordanes aus dem 6. Jahrhundert über nomadische Räuber früherer Jahrhunderte.

Die Chroniken berichten ansonsten über manche Fakten, über einzelne Beutezüge, über Schlachten, über Verwicklungen der Ungarn in die Politik von germanischen Fürstentümern. Indes gibt es kaum direkte Schilderungen über das Gebaren der Magyaren, es fehlen Darstellungen, die etwa mit dem differenzierten Bericht des Priscus Rhetor über Attila und seine Hunnen vergleichbar wären. Eine Ausnahme ist die lebhafte Schilderung der Chronik von St. Gallen über Ereignisse des Jahres 926, ein Augenzeugenbericht darüber, wie die Magyaren im dortigen Kloster hausten: Gelage, derber Humor, Scherze der übelsten Art, denen ein ungarischer Witzbold selbst, wohl aber kein anderer zum Opfer fiel. Ein Frater Heribald erzählte gar, er hätte nie im Leben so üppig gespeist, wie im Kreise der ihre Plünderung feiernden Ungarn. Von Blutvergießen, von Mord ist da überhaupt keine Rede. Wenigstens in St. Gallen nicht. So sind keine Bluttaten der Ungarn direkt überliefert worden, und man verfügt nur über Quellen, welche die Ungarn unspezifisch als Mordbrenner beschreiben: Dies muß ohne jegliche Verharmlosung der verheerenden Beutezüge festgehalten werden.

Die ungarische Landnahme (895–896)

Unsere Geschichte der Beziehungen zwischen Bayern und Magyaren wird zeigen, daß kein Land so viel durch ungarische Haufen heimgesucht wurde, wie Bayern. Kein Volk stellte sich den Angreifern so oft und so tapfer wie die Bajuwaren.

Die Bajuwaren hatten ihr umfangreiches Siedlungsgebiet später als die meisten anderen Germanenstämme erreicht. Sie besetzten das Bayerland etwa im frühen 6. Jahrhundert. Späte Landnahme, frühe Christianisierung und ein im Vergleich zu den verwandten Stämmen höherer Grad an Eigenständigkeit und Staatlichkeit charakterisierten dieses Volk, das dann vom ursprünglichen Siedlungsgebiet ausgehend das östlich von ihm liegende unbewohnte, oder durch Slawen dünn besiedelte Land bis zur heutigen Westgrenze Ungarns langsam kolonisierte: Bayerische und mit ihnen fränkische Siedler ließen sich in den Wald- und Sumpfgebieten zwischen Inn und Leitha, im heutigen Ober- und Niederösterreich, auch in der Steiermark und in Kärnten nieder. Sie erschlossen das verwilderte Gebiet für die Landwirtschaft. Bayern grenzte an Pannonien, das heutige Transdanubien in der Westhälfte Ungarns.

Um das Tor nach Westeuropa aufzureißen, überfielen und verwüsteten die Magyaren das damalige Ostbayern, d. h. das heutige Österreich an der Donau, wo sich die Siedler gerade erst an den Wienerwald herangetastet hatten. Das Gebiet zwischen Enns und Leitha wurde von den Ungarn zwar nie systematisch besetzt, doch wichen die Siedler zurück, die Kolonisation nahm ein vorläufiges Ende. Blutzoll, moralischer und materieller Schaden der Bayern waren besonders hoch. Die Worte: „Von den Angriffen der Fremdlinge befreie uns, o Herr", sind damals in die bayerischen Kirchengebete aufgenommen worden.

Die erste Begegnung der beiden Völker war allerdings der Schulterschluß unter König Arnulf gewesen. Was bewegte die Magyaren, als sie 892 ihr Schwert gemeinsam mit dem Herrscher des Weströmischen Reiches einsetzten? Etwa nur das Interesse von Söldnern, die nicht im Ernst an Landnahme in ihrem Einsatzgebiet denken? Oder aber steckte Methode hinter der Allianz mit Arnulf? Das Bündnis richtete sich nämlich gegen den einzigen Feind, den es aus dem Karpatenbecken zu vertreiben galt: Das Großmährische Reich war das einzige Staatsgebilde, das Territorien des späteren Ungarn – etwa im heutigen Westungarn – beherrschte. Abgesehen von Slawen, die in diesen Gebieten wohnten, war das Karpatenbecken menschenleer.

Eine populäre ungarische Legende, die erzählt, wie die Ungarn den mährischen Herrscher Swatopluk († 894) überlisteten, deutet darauf hin, daß die Magyaren Mähren sehr wohl als den eigentlichen Gegner erkannten und bekämpften. Die ungarische Bilderchronik berichtet über den Boten des Magyarenfürsten Árpád, der König Swatopluk „als Geschenk für sein Land ein prächtiges großes Roß – mit einem vergoldeten Sattel ... und mit vergoldetem Zaum" überbrachte. Swatopluk freute sich über das Gastgeschenk. „Der Bote erbat dafür von dem Fürsten Land, Gras und Wasser. Der Fürst gewährte diese Bitte lächelnd und sagte: ,Mögen sie für dies Geschenk so viel davon haben, wie sie wollen!'"

Das „Angebot" Swatopluks nahmen die Ungarn bitter ernst und holten sich gleich das ganze Land, allerdings erst, nachdem sie die Mähren im Felde geschlagen hatten.

Kennt man Hintergedanken so mancher Staatsmänner des 19. oder 20. Jahrhunderts viel zu wenig, so können wir Intentionen von Stammeshäuptlingen des Mittelalters erst recht nicht ergründen ...

Ob nun von langer Hand vorbereitet oder nicht, die Landnahme erfolgte 895–96 abrupt, weil die ungarischen Stämme aus ihrem provisorischen Siedlungsgebiet jenseits der Karpaten, zwischen der Unteren Donau und dem Dniester, durch die Petschenegen, einen mit ihnen von fern verwandten martialischen Stamm vertrieben worden waren: Während ungarische Krieger im Bündnis mit Kaiser Leo dem Weisen von Byzanz gegen das Bulgarenreich kämpften, verwüsteten die Petschenegen die magyarischen Zeltlager in Moldau. Dies sollte den Aufbruch über die Karpatenpässe unmittelbar auslösen.

Das Volk der Ungarn hatte einen weiten Weg bis nach Moldau zurückgelegt. Ähnlich den Finnen lebten die Vorfahren der Magyaren einst in der Urheimat irgendwo im Uralgebiet; sie wanderten erst südwärts und später westwärts auf dem Territorium der heutigen Sowjetunion. Dort herrschte etwa seit dem 8. Jahrhundert das Turkvolk der Khasaren, eine Großmacht, die ihre Stellung zwischen Byzanz und den vom Südosten heranstürmenden Arabern über drei Jahrhunderte behaupten konnte. Die Magyarenstämme lebten lange Zeit im Khasarenreich, sie waren in seine inneren und äußeren Auseinandersetzungen verwickelt. Der finnische Zweig des Urvolkes hat sich sehr früh abgespalten; er zog vom Ural gen Nordwesten. Die Magyaren aus dem ugrischen Zweig vermischten sich auch mit den Khasaren. Der Gelehrtenstreit über die Stärke des turkischen Elements ist in vollem Gange. Die ungarische Sprache ist allerdings bis heute finnougrischer Prägung, mit dem Finnischen der Struktur nach weitgehend, im Vokabular sehr wenig verwandt, mit zahlreichen Worten turksprachigen Ursprungs.

Die schnelle, relativ reibungslose Landnahme und die systematische Verteilung der Gebiete unter den sieben ungarischen Stämmen deuten zweifellos auf Planung und Methode, in jedem Fall auf eine starke Hand hin. Seit etwa 881 herrschte Árpád, der erste unter den sieben Stammesfürsten, von Historikern – sinngemäß richtig – als „Großfürst" bezeichnet. Árpáds unmittelbare Nachfolger waren allerdings entweder unbedeutende Persönlichkeiten, die von anderen Stammesfürsten überschattet wurden, oder Stiefkinder der Geschichtsschreibung, die sie kaum berücksichtigte.

Dort, wo es eine – slawische – Bevölkerung überhaupt gab, fanden die Ungarn eine bayerische Kirchenorganisation vor; sie gehörte zum Sprengel des Erzbistums, das in der bayerischen Metropole Salzburg seinen Sitz hatte. Erzbischof Liupram von Salzburg weihte 850 eine Kirche zu Ehren der Jungfrau Maria in Südwestungarn, im heutigen Zalavár (sprich: Salavár) ein, wo eine bayerische Burg stand. Sein Nachfolger, Erzbischof Adalwin von Salzburg (†873), weihte im späteren Westungarn nicht weniger als zwölf Kirchen ein. Innerhalb des Sprengels der Erzdiözese Salzburg hatte die pannonische Kirche eigene Vorsteher, wie Swarnagel und Altfrid, der zum Archipresbyter erhoben wurde. So bahnte sich die Konstituierung einer pannonischen Diözese an.

Zu einer pannonischen Diözese in bayerischer Hierarchie kam es dann trotz aller geschilderter Anläufe nicht, und kein anderer als der Grieche Methodius, Bruder des Kyrillus, machte dem Erzbistum Salzburg die pannonische Kirche streitig. Durch bayernfeindliche Intrigen in Rom konnte sich der Slawenapostel Methodius provisorisch sogar der Unterstützung des Heiligen Stuhles sicher sein (!). Dies gab denn auch den Ausschlag. Vergebens setzte sich eine bayerische Synode 870 mit dem Griechen persönlich auseinander; er trat dort recht arrogant auf, worauf der temperamentvolle Bischof von Passau, Ermanrich, mit der Reitpeitsche auf ihn losgehen wollte. Schließlich wurde jedoch Methodius als Erzbischof von Sirmium durch die Kurie bestätigt. Er beherrschte nunmehr die Kirche in Mähren und in Pannonien. Die slawische Liturgie wurde eingeführt ...

Aber nun besetzten die heidnischen Magyaren das Land. Mit den slawischen Siedlern kamen sie – trotz Zerstörung des Großmährischen Reiches – gut zurecht. Durch die Slawen lernten sie den christlichen Glauben kennen, ein Umstand, der dem bayerischen Missionswerk später förderlich sein sollte. Von einem weiteren Ausbau der Kirchenorganisation und damit auch von der eventuellen Konsolidierung einer slawischen Kirche in Ungarn konnte indes keine Rede mehr sein.

Die Magyaren stürzten sich alsbald auf Westeuropa. Zu Lebzeiten ihres alten Verbündeten Arnulf tauchten sie in deutschen Landen noch nicht auf. Doch kaum hatte Arnulf am 8. Dezember 899 die Augen geschlossen, griffen sie das benachbarte Bayern an. Markgraf Luitpold und Bischof Richar von Passau konnten sie diesmal noch aufhalten: am 20. November 900 schlugen die Bayern die Magyaren in einer Feldschlacht. 901 errang Luitpold einen weiteren Sieg über die Eindringlinge.

Die Ungarn wandten sich dann dem Mährischen Reich zu, das 906 endgültig zerschlagen wurde; 906 plünderten sie auch Sachsen. 907 kam wieder Bayern an die Reihe. Die Ungarn wollten sich, durch das Tal der Donau vordringend, ein weites Tor für zukünftige Beutezüge im reichen Mittel- und Westeuropa öffnen. Im Juni brach ein gewaltiges bayerisches Heer von Regensburg auf, um die Magyaren zu stellen und zu vernichten. Am 4. Juli 907 kam es zur Entscheidungsschlacht im Raum von Preßburg und zu einer verheerenden Niederlage für die Bayern. Wie konnte dies geschehen?

Das Ungarnheer drang am südlichen Donauufer vor. Die Bayern stellten sich im nördlichen Zipfel des heutigen Burgenlandes. Die Verteidigung war darauf aufgebaut, die Angreifer in den Niederungen von Hainburg oder von Bruck an der Leitha zu schlagen. Zugleich eignete sich aber dieses Schlachtfeld zum Nutzen der Taktik, deren Meister die Magyaren waren wie andere Steppenvölker auch: Die gefürchtete leichte Kavallerie – diese Waffengattung sollte über ein Jahrtausend Stolz und zugleich Kernstück ungarischer Heerführung bleiben – konnte sich auf flachem Gelände recht gut entfalten: Die Reiterscharen umzingelten Bayerns schwere Kavallerie und Infanterie, die durch die Pfeile der ungarischen Bogenschützen dezimiert und bald in kleinere Gruppen gespalten wurden. In der Kesselschlacht fielen Markgraf Luitpold, Erzbischof Theotmar von Salzburg, die Bischöfe Udo von Freising und Zacharias von Säben (Brixen), und die Blüte des bayerischen Adels.

Die Kriegstaktik der Ungarn war in Europa zunächst noch keineswegs verarbeitet worden, auch durch die bayerischen Heerführer nicht. So waren Niederlagen in der ersten Periode der Ungarnzüge vorgezeichnet. Der Blutzoll in der Schlacht von Preßburg war besonders hoch. Die übertriebene Behauptung einer Quelle aber, wonach dort „die Kraft des bayerischen Stammes geknickt wurde", sollte die Geschichte widerlegen.

Noch einmal, in der wenig bekannten ersten Schlacht auf dem Lechfeld bei Augsburg (12. Juni 910) sollten die Bayern unterliegen, und die Ungarn hatten ihr erstes Ziel erreicht: Nach dem einstweiligen Zusammenbruch des bayerischen Widerstandes öffnete sich ihnen das Tor zu ganz Europa. Die heimgesuchten Völker erlitten Plünderung, Verwüstung und Verschleppung.

Nach Luitpolds Heldentod herrschte sein Sohn Arnulf († 937), „durch göttliche Vorsehung Herzog der Bayern und der angrenzenden Lande." Es folgte eine Periode von Kämpfen zwischen den einzelnen deutschen Herzogtümern und von Herzögen gegen ihren König. Zwischen Bayern und Ungarn herrschte hingegen Frieden. Arnulf, der die Eigenständigkeit des bayerischen Stammesherzogtums gegen den mächtigen Sachsenfürsten Konrad I. (911–18), Gründer der Sachsendynastie in Deutschland, verteidigte, war sogar gezwungen, zu den Magyaren zu flüchten. Seit dem Bündnis der Ungarn mit König Arnulf von Kärnten hatte dieser deutsche Vorname bei den wilden Nachbarn einen guten Klang. Von seinem ungarischen Stützpunkt ausgehend kehrte Arnulf mehrfach in sein bayerisches Herzogtum zurück und konnte sich dort schließlich mit ungarischer Hilfe wieder etablieren. Die Ungarn nutzten Bayern als Durchzugsgebiet nach Westen, ließen aber die Bevölkerung in Ruhe. Das war eine Art politisches St. Florians-Prinzip: die Bayern schützten ihr eigenes Haus, indem sie die Ungarn „zum Anzünden fremder Häuser weiterleiteten" – um so besser, wenn die fremden Häuser auch wiederum feindliche waren!

Erfolge der Bayern in den Ungarnkriegen

Die militärische Wende sollte jedoch auch nicht lange auf sich warten lassen. Die Germanen hatten allmählich gelernt, der magyarischen Kriegslist Herr zu werden und die Vorteile ihrer herkömmlichen, disziplinierten Reiterheere erfolgreich zu nutzen. Die Geschichtsschreibung konzentriert ihre Aufmerksamkeit auf den Sieg des Königs Heinrich I. (Heinrich vom Vogelherd) an der Unstrut (oder bei Riade, oder, wie die Ungarn sagen, bei Merseburg) 933, und vor allem auf die geschichtsträchtige Lechfeldschlacht 955, wo Otto der Große ein Reichsheer befehligte. Nur Spezialarbeiten – und nur wenige Standardwerke über allgemeine deutsche Geschichte – gedenken der in sich ebenfalls unumstrittenen Tatsache, daß die Wende nicht etwa mit der militärisch relativ unbedeutenden Schlacht an der Unstrut, sondern erst zehn Jahre später, durch Siege der Bayern in mehreren Feldschlachten herbeigeführt wurde. Und so beschreibt der Kirchenhistoriker Hauck die Schlacht bei Wels (im heutigen Österreich): „Den Wendepunkt bildete der Sieg des Herzogs Berthold auf der Welser Haide im Jahr 943: es war der größte Erfolg, den die Deutschen bis dahin errungen hatten. Lange noch zeigte man die Grabhügel der Erschlagenen auf der Walstatt und sprach das Volk von dieser Waffentat: von dem grausen Kampf der Baiern an der Traun, wo die Ungarn erschlagen wurden, wie ein Zeitgenosse sich ausdrückt. Seitdem ergriffen die Baiern die Offensive: dem Siege des Jahres 943 folgte schon im Jahre 948 ein neuer Erfolg."

Der kriegstüchtige Bayernherzog Heinrich, Nachfolger Bertholds und Bruder von König Otto, wußte den Sieg von 948 zu nutzen. Er drang an der Spitze eines bayerischen Heeres bereits 949 ins westliche Ungarn ein und lieferte den in die Defensive gedrängten Magyaren ein Gefecht im Voralpenland, im Raum vor Ödenburg (Sopron), bei Lövö, einem heute beliebten ungarischen Luftkurort (Löverek), dessen altungarisch klingender Name – zu deutsch: „Schütze" – an diese Schlacht erinnern dürfte. Allerdings gelang es dann den Bayern nicht, den Krieg ins Feindesland zu tragen; bei Lövö erlitten sie blutige Verluste.

Auch auf dem Lechfeld kämpften große bayerische Kontingente. Diese Schlacht (955), die in die ungarische Geschichte als „Schlacht von Augsburg" einging, war somit nicht der Wende-, aber der Höhepunkt in den Ungarnkriegen. Ihre psychologische und weltpolitische Bedeutung war besonders groß. Der Waffengang hing allerdings mit einer, bereits seit der ungarischen Landnahme andauernden tiefen, nicht nur militärischen Verwicklung der Ungarn in die deutschen Angelegenheiten zusammen.

Im innenpolitischen Vorfeld der Lechfeldschlacht befand sich König Otto in einer mißlichen Lage wegen der Rebellion gegen ihn, die als Liudolfinischer Aufstand in die Historie einging. Im Band I der 1985 erschienenen Deutschen Geschichte (Mittelalter) umschreibt Fleckenstein die bemerkenswerten Hintergründe der Verschwörung wie folgt: „Es erwies sich, daß auch die zu Herzögen erhobenen Mitglieder des Königshauses ebenso wie ihre Vorgänger mit ihrem Stamm verwuchsen: auf die Dauer waren die Stammesinteressen stärker als die verwandtschaftlichen Bande, auf die Otto seine Hoffnung gesetzt hatte. So kam es ... erst zur Rivalität zwischen den beiden süddeutschen Herzögen, dem Königssohn Liudolf und seinem Oheim Heinrich", Ottos Bruder, Herzog von Bayern, „schließlich zur offenen Empörung Liudolfs gegen seinen königlichen Vater, der sich Konrad der Rote von Lothringen anschloß. Der Liudolfinische Aufstand der Jahre 953 und 954 drohte für den König um so gefährlicher zu werden, als um die gleiche Zeit der schlimmste aller äußeren

Feinde, die Ungarn, in das Reich einfiel und die Aufständischen mit ihnen in Verbindung traten."

Dem Aufstand haben sich auch der Herzog von Bayern, Heinrich – Ottos Bruder –, sowie Erzbischof Herold von Salzburg angeschlossen.

Die Auseinandersetzung wurde weitgehend auf bayerischem Gebiet ausgetragen. Als sich Ottos Sohn Liudolf der Stadt Augsburg bemächtigt hatte, plünderte er sie; nach der Beschreibung des österreichischen Historikers Friedrich Heer soll er auf deutschem Boden ebenso rücksichtslos wie die Ungarn gehaust haben. Liudolf sandte zum stolzen ungarischen Heerführer Bulcsu (sprich: Bultschu) ortskundige Männer, die seine Armee in Franken führen sollten. Auch ein bayerischer Magnat, der wiederum den Namen Arnulf trug, verbündete sich mit den Magyaren. Es war dann Arnulfs Sohn Berchtold, der die Ungarn vor der Lechfeldschlacht warnte, Ottos Reichsheer sei im Anmarsch.

So sollten die Ungarn eine entscheidende Rolle im deutschen Verwandtschaftskrieg spielen. 954 und 955 – dieser zweite Feldzug endete dann mit der Schlacht auf dem Lechfeld – drangen ungarische Armeen nach Bayern ein, nunmehr nicht als wahllos plündernde Haufen, sondern als Interventionsheere einer militärischen Großmacht, die in die „innerdeutschen" Auseinandersetzungen an der Seite der Rebellen massiv eingriffen. Sollten die Magyaren über die Geschicke Deutschlands entscheiden ...?

Erfüllt wurden die Voraussetzungen für den militärischen Erfolg auf dem Lechfeld denn auch dadurch, daß die Front der deutschen Aufständischen vor dem Gefecht zerfallen war. Ein rebellischer Fürst nach dem anderen, so Ottos Sohn Liudolf, so Konrad, der Schwiegersohn des Königs, hatten Otto gehuldigt. Es widerstrebte ihnen letztlich doch, mit den barbarischen Eindringlingen gegen den Vater, gegen den Schwiegervater, gegen den Bruder, gegen den eigenen König, den Herrscher der Deutschen zu Felde zu ziehen. Oder hatten sie bloß Angst vor der grausamen Vergeltung, die im Fall drohte, daß sie die Rebellion fortsetzten, mit den Magyaren gemeinsame Sache machten – und verlören ...? Oder aber: Fanden die germanischen Stämme und ihre Fürsten im Zeichen einer frühen „deutschen Einheit" zusammen, um sich fremder Heere auf ihrem Gebiet zu entledigen ...?

20

Die Schlacht auf dem Lechfeld (955)

Und so geschah es:

Anfang August 955 belagerten die Ungarn Augsburg. Nach der Überlieferung stand Udalrich (Ulrich, der Heilige, von 923–973 Bischof von Augsburg) am 8. August in vollem Ornat am Osttor, dem späteren Barfüßertor, und ermunterte die Verteidiger zum Kampfe, als das Gefecht am heftigsten war. Dann betete er in der Kathedrale zur Muttergottes um Hilfe. Und in der Tat: Der Angriff wurde zurückgeschlagen. Steppenreiter scheiterten schon immer an befestigten Anlagen; der Mut und die Schlagkraft der Besatzung waren aber in jedem Fall bewundernswert.

Am nächsten Tag, es war der 9. August 955, wurde die Stadt durch das anrückende Reichsheer entsetzt. Seinen größten Sieg hatte Otto erfoch-

Der hl. Ulrich, Bischof von Augsburg (923–973).
Beim Ansturm der Ungarn auf Augsburg (955)
leitete er selbst die Verteidigung. Holzschnitt von
Hans Burgkmair (?)

ten, ehe die Schlacht geschlagen worden ist, denn alle deutschen Stämme hatten sich zum ersten Mal unter seinen Fahnen vereinigt: Bayern, Franken, Schwaben, Sachsen und Böhmen fanden zusammen, weil sie den Ungarnangriffen nunmehr für immer ein Ende bereiten wollten. Heinrich von Bayern, der wegen einer Wunde, die er sich im Kampf gegen Otto geholt hatte, mit dem Tode rang, und auch der Königssohn Liudolf waren der Schlacht allerdings ferngeblieben. Die deutschen Stammeskrieger marschierten vereint und siegten vereint.

An deutscher und an ungarischer Seite kämpften jeweils 15 000 bis 20 000 Mann. Bei etwaiger numerischer Kräftegleichheit zeigte sich da die Überlegenheit der westeuropäischen Kriegskunst. Die stärksten Kontingente kamen aus Bayern. Drei der acht Einheiten – Legionen, heute würde man sagen: Divisionen – in Ottos Heer bestanden aus Bayern. Sie marschierten voran.

Die Schlacht begann mit einem Umgehungsmanöver der Ungarn, die die böhmische Nachhut angriffen. Sie wurden durch eingreifende fränkische und schwäbische Einheiten zurückgeschlagen und anschließend setzte sich die fordere Front mit Ottos eigenen Rittern und mit den Bayern in Bewegung. Der vorrückenden schweren Kavallerie waren die Ungarn nicht gewachsen, und sie verließen fluchtartig das Schlachtfeld – eine zurückgeschlagene, aber keine vernichtete Armee. Der ungarischen Legende zufolge kehrten allerdings nur sieben „Trauerungarn" – im übertragenen Sinne ein noch heute gebräuchliches Wort – in die Heimat zurück. Denn die schwersten Verluste erlitt das ungarische Heer nicht auf dem Schlachtfeld, sondern im Laufe des Rückzugs über bayerisches Gebiet. Es handelte sich wiederum um einen politischen Erfolg Ottos, dem es gelungen war, die bayerische Bevölkerung gegen das fliehende Interventionsheer systematisch zu mobilisieren. Die Bayern griffen die Magyaren bei Fähren, Furten, in ihren Nachtlagern an. Sie kannten kein Pardon gegen die Eindringlinge.

Die Unnachgiebigkeit der bayerischen Bauern fremden Heeren gegenüber sollte sich über die Jahrhunderte nicht ändern. 750 Jahre später, als Bayern mit Frankreich – und mit Ungarn – einen gemeinsamen Kampf gegen Habsburg führte und verlor, erhob sich die bayerische Bevölkerung, die treu zum Hause Wittelsbach hielt, gegen die kaiserliche Besatzungsmacht; im Kapitel über die Ereignisse Anfang des 18. Jahrhunderts werden wir mehr über das Bündnis des Kurfürsten Max Emanuel mit den Ungarn lesen.

Drei ungarische Heerführer, Bulcsu, Lél und Sur (sprich: Schur), wurden während der Flucht in Nachtlagern überrumpelt, gefangengenommen und in Regensburg gehängt. Der moribunde Herzog Heinrich, ein rachsüchtiger Mann – immerhin hatte er den Patriarchen von Aquileia kastrieren und den Erzbischof von Salzburg, Herold, blenden lassen – genoß den grausamen Tod der magyarischen Generäle; alle drei waren herausragende Persönlichkeiten gewesen: Bulcsu, ein greiser Staatsmann und Heerführer, seit langer Zeit getauft, Lél ein legendärer Held in blutigen Schlachten, Sur gar Sohn des ungarischen Großfürsten Fajsz (sprich: Fajs).

Die neueste ungarische Geschichtsschreibung erklärt – nicht ganz überzeugend – die Einstellung der Beutezüge nach 955 auch durch den Aberglauben der Ungarn, die den Tod ihrer Helden auf dem Galgen zu Regensburg nicht verkraften konnten. Die Magyaren glaubten nämlich daran, daß die Toten im Jenseits denjenigen, die sie umgebracht haben, dienen werden. So fürchteten die Ungarn die gespenstischen Gestalten der Hingerichteten sowie die der auf dem Lechfeld gefallenen Krieger ...

Großfürst Fajsz wurde nach der Niederlage durch seine Magyaren entmachtet, und ein anderer Arpade, Taksony (sprich: Takschonj), wurde zum Herrscher ausgerufen. Taksony leitete eine Politik des Friedens den Nachbarländern gegenüber ein. Seine Waffe war die Diplomatie, nicht das Schwert. Der Frieden kam auch dem Nachbarland Bayern zugute. Er sollte auch nach Taksonys Tod (um 970) fortdauern. Die Bayern schließlich sollten bei der Entstehung des christlichen Königreichs Ungarn eine bedeutsame Rolle spielen.

KAPITEL II

Das Christentum kommt von Bayern
nach Ungarn
(970–1000)

Pilgrim von Passau

> So zogen sie in Eile hinab durch Baierland.
> Da brachte man die Märe, viel Gäste unbekannt
> Kämen angeritten. Wo noch ein Kloster steht
> Und der Inn mit Brausen in die Donau nieder geht,

Welche Unbekannte kamen da angeritten? Wo sollten sie Zwischenstation machen? Wer sollte sie dort empfangen? Wo sollte die Reise enden? Die Antworten erhalten wir im nächsten Vers:

> In der Stadt zu Paßau, saß ein Bischof.
> Die Herbergen leerten sich und des Fürsten Hof:
> In großer Eile zogen sie durch der Baiern Land,
> Wo der Bischof Pilgerin die schöne Kriemhilde fand.

Es ist das Einundzwanzigste Abenteuer im Nibelungenlied: „Wie Kriemhilde zu den Heunen zog."

So ging der Bischof Pilgrim (Pilgerin, Piligrim) von Passau (971–991) in die deutsche Heldensage ein, ja er soll selbst Urheber eines frühen Nibelungenliedes in lateinischer Sprache gewesen sein. Kriemhilde wird von ihm – der im Nibelungenlied ihr Oheim, zugleich auch Onkel von Gunther und Giselher ist – herzlich empfangen, als sie mit ihrem Gesinde von Worms zu Etzel (Attila) nach Pannonien (Ungarn) reist. Nach dem Nibelungenlied hält der Hunnenkönig Hof in *Gran* (Esztergom, sprich: Estergom), einer Stadt, die es zu Attilas Zeiten noch nicht gegeben hat, die aber seit der Jahrtausendwende ungarischer erzbischöflicher Sitz ist, Wiege und bis heute Zentrum der katholischen Kirche in Ungarn.

Den guten Oheim ihrer Stammesfürsten suchen die Burgunder auf der Durchreise jedes Mal auf. Die treuen Boten Kriemhildes, Werbel und Schwemmel, die Gunther und Giselher zu Etzel rufen sollen, sind bei ihm zu Gast:

24

> Eh noch die Boten völlig durchzogen Baierland,
> Werbelein der schnelle den guten Bischof fand.

Und schon beharrt Pilgrim auf den Besuch Gunthers und Giselhers bei ihrer zu erwartenden – so verhängnisvollen – Reise von Worms nach Pannonien:

> Schenkt' er den Boten Gaben. Als sie wollten ziehn,
> „Sollt ich sie bei mir schauen", sprach Bischof Pilgerin,
> „So wär mir wohl zu Muthe, die Schwestersöhne mein
> Ich mag leider selten zu ihnen kommen an den Rhein,"

so das Vierundzwanzigste Abenteuer: „Wie Werbel und Schwemmel die Botschaft brachten."

Diese Passagen des Nibelungenliedes sind voller poetischer Anachronismen: Pilgrim war Bischof von Passau von 971 bis 991, also mehr als vierhundert Jahre nach Attilas Tod 453. Dieser Zeitpunkt deckt sich mit der Heirat des Hunnenkönigs mit der historischen Kriemhild, die irgendwo im Herzen der ungarischen Tiefebene stattfand. Denn Attila starb – dies ist historisch belegt – in der Hochzeitsnacht mit der germanischen Fürstentochter, wohl an Gehirnschlag.

Wer war aber der historische Pilgrim, welche Rolle spielt er in den bayerisch-ungarischen Beziehungen?

Das Werk des Visionärs, des ehrgeizigen Kirchenfürsten und emsigen Organisators, die Christianisierung Ungarns, wurde zwar erst nach seinem Tode vollendet; die Pionierarbeit geleistet hat aber der bayerische Bischof zu Passau selbst.

Die Herkunft von Bischöfen des 10. Jahrhunderts ist oft unbekannt. Anders bei Pilgrim: Wir wissen, daß er aus einer „in Bayern heimischen Familie", aus einer „bayerischen Grafenfamilie" stammte. Pilgrim erhielt seine Bildung in einem der ältesten bayerischen Klöster, nämlich im Kloster Altaich, im Sprengel des Bistums Passau.

Der Erziehung und der Persönlichkeit Pilgrims sind gewisse weltliche, ja – mit dem Wort des Kirchenhistorikers Albert Hauck, – „aufklärerische" Wesenszüge eigen. Sein Präzeptor im Kloster Altaich ist wahrscheinlich der gelehrte Priester Oudalgis gewesen. Oudalgis (Udalgis) erzog seine Schüler, darunter nicht wenige bayerische Aristokratensöhne, in einem Geiste der „Freude an den nationalen Sagen und Gesängen", an „Pferden, Schmuck und kostbaren Kleidern". Toleranz kennzeichnete später auch den Bischof Pilgrim, der „Hexen" gegenüber Milde walten ließ, der die Priesterehe – damals, vor der systematischen Einführung des Zölibats – zwar mißbilligte, aber sich dagegen aussprach, daß gegenüber

„Kriemhild und ihr Oheim Pilgrim von Passau". Die Darstellung bezieht sich auf
das Nibelungenlied, wonach der große Bischof von Passau, der die Christianisierung Ungarns mit einleitete (spätes 10. Jh.), Kriemhilds (5. Jh.) Onkel gewesen sei.
Ausschnitt aus einem Kolossalgemälde von Ferdinand Wagner (um 1885).
Großer Rathaussaal, Passau.

Söhnen von Priestern Konsequenzen gezogen werden. Die Ungarnmission betrachtete der 971 geweihte Bischof von Anfang an sehr bewußt als seine Lebensaufgabe. Die Umstände sollten das Missionswerk in der historischen Perspektive begünstigen, indem sich zwei geniale Herrscher, Großfürst Geysa (Géza) und sein Sohn, der Reichsgründer Stephan, konsequent für die Bekehrung ihres Volkes einsetzten, und indem sich die Ungarn als empfänglich für die Christenlehre erwiesen. Zum Teil, aber nur zum Teil, waren auch die Bedingungen innerhalb der Kirchenhierarchie günstig für die großangelegten Pläne Pilgrims, das Missionswerk in die Tätigkeit der Diözese Passau einzubinden.

Die bayerischen Diözesen und die Ungarnmission

Kirchliche Struktur war bei der damaligen administrativen Schwäche des weltlichen Staates gleichbedeutend mit Erschließung des Landes, Erziehung der Menschen zu gesitteter Ordnung durch ihre Verankerung im christlichen Weltbild, das dem Bildungsstand der Zeit entsprechend ausgelegt und vermittelt wurde. Eine stabilere Ordnung als die aus der Religion abgeleitete und mit deren jenseitigen Sanktionen versehene konnte es nicht geben, zumal in jenen wilden und halbbarbarischen Zeiten. Die Fürsten arbeiteten mit der Kirche im großen und ganzen Hand in Hand, weltliche Macht und kirchliche Organisation waren in der Praxis nicht zu trennen.

Dem Sprengel des bayerischen Erzbistums Salzburg gehörten im 10. Jahrhundert die Bistümer Freising, Passau, Regensburg, Gurk und Säben (Brixen) an. Aus welchen Gründen sollte die Ungarnmission Passau zufallen, wo doch das Erzbistum Salzburg selbst legitimen Anspruch auf dieses Missionswerk hatte? Es war einst zu Unrecht aus dem vormagyarischen Pannonien verdrängt worden, und zwar in Verbindung mit dem Auftritt des Methodius in Pannonien: Wir erinnern uns aus dem I. Kapitel an die Szene mit der Reitpeitsche während der bayerischen Synode 870.

Erzbischof Friedrich von Salzburg nun war mit Pilgrim verwandt, wahrscheinlich war er dessen Onkel. 971 wurde Pilgrim mit Unterstützung des Oheims Bischof von Passau. Onkel und Neffe starben im gleichen Jahr 991.

Zum Zeitpunkt des Amtsantritts Friedrichs in Salzburg (958) waren nur wenige Jahre seit der Lechfeldschlacht vergangen. Keiner konnte damals wissen, ob der Ungarnsturm nunmehr endgültig vorbei sei. Die Voraussetzungen ruhiger Missionsarbeit waren somit keineswegs gegeben. In jedem

Fall ließ sich aber Friedrich den Besitz der alten – mittlerweile wahrscheinlich zerstörten – Kirche in der pannonischen Moosburg (nicht identisch mit der Moosburg in Kärnten, wo der Karolinger Arnulf, Verbündeter der Ungarn 892, geboren wurde) und anderer kirchlicher Güter in Ostbayern und Ungarn durch Kaiser Otto II. (973–983) bestätigen. Der Erzbischof besaß zu jenem frühen Zeitpunkt allerdings noch kein fertiges Konzept für eine Ungarnmission.

Freising hatte ebenfalls Besitzungen im alten pannonischen Missionsgebiet und in Südostbayern, in der bayerischen Mark Kärnten. Die Missionsarbeit von Freising sollte sich dann auch auf den Südosten konzentrieren. Es galt, heidnische Slawen in Kärnten und im Krainischen (heutiges Slowenien) zu bekehren.

Auch das Bistum Säben, das „von dem schroffen Felsen Säben ins freundliche Tal nach Brixen" verlegt wurde, wandte sich dem bayerischen Südosten zu. Die Namen der Bistümer Regensburg und Freising sind mit Ungarn durch einzelne Bischöfe verbunden, in erster Linie durch die herausragende Persönlichkeit des Wolfgang von Regensburg, und im 12. Jahrhundert durch Otto von Freising. Die organisierte Missionsarbeit dieser Bistümer wandte sich aber in andere Himmelsrichtungen; sie kam anderen – slawischen – Völkerschaften zu Gute.

Die Bistümer Augsburg, Würzburg und Bamberg lagen im Sprengel des riesigen Erzbistums Mainz, das sich im Südosten nicht engagierte.

Des Bischofs Bubenstreich

Die Zeichen deuten darauf hin, daß Pilgrim zum Zeitpunkt seiner Weihe oder unmittelbar danach nicht nur unverzüglich Missionare nach Ungarn entsandte, sondern vielmehr schon über ein fertiges Konzept für die Bekehrung der Magyaren und auch für die Organisation der Kirche in einem christlichen Ungarn der nahen Zukunft verfügte.

971 sitzt die Höllenangst vor den „räuberischen Monstern" den Völkern Westeuropas und den leidgeprüften Bayern im Südosten des Reiches erst recht in den Knochen. Nur sechzehn Jahre sind seit der Lechfeldschlacht vergangen. Wer konnte da gleich auf ein erfolgreiches Missionswerk, oder gar auf eine schnelle Bekehrung dieses Volkes hoffen? Tollkühne Einzelgänger, wie ein Wolfgang von Regensburg, oder nach dem Märtyrertod trachtende Eiferer dürfen sich wohl als einsame Missionare in die Höhle des Löwen begeben. Großangelegte, weitreichende Pläne schmieden kann

da aber eher nur ein in die Ferne blickender Geist, eben ein Mann wie Bischof Pilgrim, der früh erkannte, daß der Glaube Christi den „magyarischen Ungeheuern" so unwillkommen doch nicht war.

Auch Pilgrim zögert nicht, die Ungarn als Feinde zu bezeichnen. Doch kann er sich des Verdienstes rühmen, die Toleranz der Magyaren den Christen und auch ihren Priestern gegenüber erkannt zu haben, die im Ungarland lebten. In seinem Brief an Papst Benedikt VI. (973–74) berichtete Pilgrim vom friedlichen Zusammenleben heidnischer Ungarn und Christen, indem er die Vision Jesaja zitierte: „Wölfe und Schafe werden nebeneinander weiden". Zugleich legte er dem Heiligen Vater programmatische Entwürfe zur Bekehrung dieses Volkes vor. Seine Pläne gingen weit über die unausweichliche Wiedererschließung des verwüsteten und menschenleeren Grenzgebiets im Osten Bayerns durch Kolonisierung und durch den Wiederaufbau der kirchlichen Organisation bis etwa zur Leitha hinaus. Das heißt, der Bischof gab sich nicht mit den Grenzen seines Amtssprengels zufrieden. Vielmehr schwebte ihm die Bekehrung des ganzen Ungarlandes und der systematische Ausbau einer Kirchenorganisation dort als Krönung des großen Missionswerkes vor!

Für die Verwirklichung des hochgestochenen Zieles, ein Netz von Bistümern in Ungarn auszubauen und damit zugleich die Erweiterung der Passauer Diözese zu erzielen, bedurfte es freilich eines Erzbistums an der Spitze.

Pilgrim dachte sich ein unredliches – aber für die damalige Zeit durchaus nicht ungewöhnliches – Manöver aus, denn er wollte als Erzbischof auftreten! Um eine Aufwertung der Diözese Passau in der Kirchenhierarchie zu begründen, ließ er Urkunden fälschen, die einen Nachfolgeanspruch der Bischöfe von Passau auf eine ehemalige „Erzdiözese von Lorch" belegen sollten. Die Fälschungen unterbreitete Pilgrim dem Papst Benedikt, den er zur „Erneuerung des Lorcher Erzbistums und zur Wiedererrichtung der von ihm ehemals in Pannonien abhängigen Bistümer" bewegen wollte. Die ebenso sorgfältig wie systematisch angefertigten Fälschungen sollten „belegen", 1. daß die frühchristliche Kirche im antiken Laureacum (Enns im heutigen Österreich) „ein Erzbistum dargestellt" hatte, 2. daß der Sprengel dieser „Erzdiözese" das Gebiet des späteren Ungarlandes umfaßt hatte und 3. daß „ihr Sitz von Lorch nach Passau verlegt" worden war. Daraus folgte nach der Darstellung Pilgrims, daß das Bistum Passau Nachfolger des „Erzbistums Lorch" gewesen wäre – versteht sich, mit Anspruch auf den „Wiederaufbau" einer Kirchenorganisation in Pannonien, nunmehr innerhalb des Sprengels eines „Erzbistums (Lorch-)Passau". Da es aber ein „Erzbistum Lorch" nie gegeben hat,

*Scherffenbergkapelle in der Basilika zu Enns-Lorch, oben der Passauer Dom.
Bischof Pilgrim versuchte, den Anspruch auf ein Erzbistum Passau, Träger der
Ungarnmission, von der Existenz eines „Erzbistums Lorch" abzuleiten.*

konnte dessen Sitz auch nicht – so wie es Pilgrims Fälschungen vorgaben – irgendwann „nach Passau verlegt" worden sein.

Der Listenreiche versuchte gleichzeitig, den Oheim Friedrich zu entwaffnen, oder besser gesagt, zu bestechen, indem er die Urkunde dergestalt manipulierte, daß dem Salzburger Erzbistum die südlichen und dem „Passauer Erzbistum, dem Nachfolger von Lorch", die nördlichen Teile des Ungarlandes als Sprengel zugewiesen worden wären.

In Rom und in Salzburg kam Pilgrims „Beweismaterial" allerdings nicht an, der Streich mißlang. Sein unlauteres Gebaren soll aber Pilgrims geschichtsträchtige Verdienste um die Bekehrung der Ungarn und somit um ihre Einbindung in das westliche Christentum in keinem Fall schmälern.

War Pilgrims Manöver erfolglos, so endete es jedoch ohne Eklat und Demütigung oder gar Strafe. Zwar war es Pilgrim nicht vergönnt, die Ungarnmission nach seinen kühnen Plänen als Erzbischof souverän zu führen. Als Bischof von Passau konnte er allerdings Hand in Hand mit Oheim Friedrich von Salzburg agieren, dem die alten Rechte seiner Erzdiözese in Pannonien am Herzen lagen. Zu diesem Zweck verlegte auch Friedrich sich aufs Urkundenfälschen: Er behauptete gegenüber Kaiser Otto II., schon der Karolingerkönig Arnulf von Kärnten habe diesbezügliche Schenkungen erteilt. Die Missionsarbeit selbst überließ er weitgehend dem tatkräftigen Neffen in Passau. Pilgrims Missionare, sowohl Mönche als Weltgeistliche, schwärmten aus, um die Barbaren zum Christentum zu bekehren.

Pilgrim selbst hat das Land der Magyaren ebenfalls aufgesucht. In seinem bereits genannten programmatischen Brief an Papst Benedikt erwähnt er, daß 5000 Ungarn schon anfangs getauft worden seien. Diese Zahl ist nicht zu unterschätzen, zumal wenn – was wahrscheinlich ist – die ersten ungarischen Christen dem fürstlichen Hof und der einflußreichen Oberschicht angehörten. Jedenfalls haben der bayerische Kirchenfürst und seine Missionare den Magyaren und ihrem großen Herrscher Geysa entscheidende Hilfe geleistet, den Grundstein eines christlichen europäischen Staates zu legen.

Reichspolitik und die Bekehrung der Ungarn

Die außenpolitische Lage Anfang der siebziger Jahre war Pilgrim und der Ungarnmission förderlich. Der Bayer konnte sich auch der Unterstützung des Kaisers sicher sein: In den Auseinandersetzungen mit den Ottonen hatte sich Pilgrim stets als kaisertreu erwiesen, und dies wurde gebührend anerkannt.

Der kaiserliche Hof und Großfürst Geysa, dessen Regierungszeit auf die Jahre 972–997 entfiel, tauschten Gesandtschaften aus, und ein sicherer Friedensstand wurde hergestellt. Pilgrim versäumte es nicht, in seinem Brief an den Pontifex darüber nach Rom zu berichten, daß nunmehr ein Friedensvertrag mit den Ungarn vorliege und somit die Voraussetzungen für die Missionsarbeit gegeben seien.

Ein kurzes, undatiertes, aber für das Missionswerk wichtiges Schreiben des Kaisers an Pilgrim ist ebenfalls erhalten. Es stammt entweder noch von Otto I. oder – was wahrscheinlicher ist – von Otto II., und dann ist es mit einer der ersten Amtshandlungen des neuen Herrschers verbunden: Der Bischof Bruno von Verden wurde – nicht als Missionar, sondern als Diplomat: eine völlig normale Tätigkeit der Kirchenfürsten vom Mittelalter bis in die Neuzeit – an der Spitze einer Gesandtschaft nach Ungarn entsandt. Die Delegation sollte in Passau bei Pilgrim Zwischenstation machen. Knüpfte das Nibelungenlied etwa an diesen Empfang vornehmer deutscher Durchreisender in Passau an, als es Kriemhild, Gunther und Giselher von Pilgrim empfangen ließ ...?

Nun forderte der Herrscher Pilgrim auf, seinen Boten auf alle Weise zu fördern, was wohl nicht nur großzügige Beherbergung, sondern auch eine Beratung durch den „Ungarnexperten" Pilgrim einschloß. Gewiß waren die Schlußworte viel mehr als leere protokollarische Floskeln: Der Herrscher versprach, daß dem Bischof von Passau und den Seinen, d. h. seiner Herde, aus einem Erfolg der Sendung Brunos großer Nutzen erwachsen würde: ein vielsagendes, verantwortungsvolles Kaiserwort.

Es unterliegt keinem Zweifel, daß dem Kaiser politische Ziele vorschwebten, daß er den deutschen Einfluß in Ungarn, in dem Land, das es zu bekehren galt, durch Mittel der Diplomatie ebenso wie durch die Ausdehnung des Sprengels deutscher Erzdiözesen und Bistümer auf ungarisches Gebiet mittel- und langfristig zu mehren gedachte.

Die Wandlung der Magyaren

Soweit aus den Quellen ersichtlich, hatten die bayerischen Kleriker keine Opfer in Ungarn zu beklagen. Die Missionare wirkten unter friedlichen Bedingungen. Es gibt keine Spur von Märtyrern der bayerischen Ungarnmission im 10. Jahrhundert. Erst später, Mitte des 11. Jahrhunderts erlitten dann mehrere – übrigens nicht deutsche – Priester den Märtyrertod, als heidnische Ungarn gegen den etablierten christlichen Staat rebellierten.

Hält man sich die Beschreibungen über die „asiatischen Monster" vor Augen, deren Heimsuchungen den Jüngsten Tag ankündigten, oder berücksichtigt man die Lechfeldschlacht allein, also aus dem komplizierten geschichtlichen Zusammenhang herausgerissen, so ist es unerklärlich, weshalb denn dermaßen verwilderte Barbaren – nur unter dem Hammerschlag der Niederlage bei Augsburg – innerhalb weniger Jahre zwar nicht zu Lämmern, so doch zu vernünftigen Leuten geworden sind, die einer Bekehrung friedlich und sogar aufgeschlossen entgegensahen. Es gibt den Wolf im Schafspelz, nicht jedoch „das Schaf, das den Wolfspelz abschüttelt".

Die Gründe einer unbestreitbaren, doch keineswegs so radikalen Metamorphose sind mehrschichtig, aber gut erkennbar:

Mitte des 10. Jahrhunderts waren die Ungarn ausgeblutet. Ihre Raubzüge gen Westeuropa waren einfach nicht mehr durchführbar; sie waren militärisch gescheitert.

Das staatsmännische Genie des Ungarnfürsten Geysa hatte das Gebot der Zeit erkannt. Nur durch die Anpassung an den Westen, was der Annahme des Christentums und dem Aufbau eines christlichen Staatswesens gleichkam, konnten sich die Ungarn behaupten; ansonsten würden sie untergehen und das Schicksal anderer Nomadenvölker früherer Jahrhunderte teilen.

Das Volk der Magyaren war so abgeneigt nicht, zum christlichen Glauben bekehrt zu werden, zumal es mit dem Christentum bereits mehrfach in Berührung gekommen war. Pilgrims Eindrücke bei seiner ersten Ungarnreise faßt Hauck so zusammen: „Was er dort sah, erfreute ihn auf das höchste. Denn er traf eine viel größere Bereitwilligkeit, die christliche Religion anzunehmen, als er sie bei einem Volke erwarten konnte, das bis vor kurzem der Schrecken Europas gewesen war".

Von Anfang an sind die Ungarn in Mitteleuropa vielfach Christen begegnet: Sie trafen auf die slawische Bevölkerung in West- und Nordwestungarn, wo eine frühe Kirchenorganisation, wie erwähnt, schon im 9. Jahrhundert bestand.

Weder die Zahl, noch die ethnische Zusammensetzung, noch Einzelheiten über das Schicksal der aus Westeuropa nach Ungarn verschleppten Christen sind uns bekannt. Nach einer Quelle sollen bei den Ungarn nach deren Beutezügen mehr christliche Gefangene als heidnische Magyaren gelebt haben, was nicht unbedingt glaubwürdig ist. Allerdings kann man aber auf eine recht beachtliche Zahl von Gefangenen folgern. In jedem Fall gaben die Ungarn der einigermaßen menschlichen Behandlung von für sie wertvollen Westeuropäern – von Arbeitskräften, „Entwicklungshelfern" und Konkubinen – gegenüber einem nicht nur grausigen, sondern vor allem sinnlosen Dahinmorden ihrer Opfer den Vorzug.

Die selbstaufopfernde Arbeit der bayerischen Missionare Pilgrims galt somit nicht nur der Bekehrung des magyarischen Staatsvolkes; sie umfaßte auch eine seelsorgerische Betreuung der verschleppten und dann in Ungarn niedergelassenen Westeuropäer, wohl zahlreicher Deutscher, vieler Bayern.

Dann soll man auch die Erfahrungen der Magyarenkrieger im blühenden christlichen Westeuropa psychologisch nicht unterschätzen. Der Anblick der Häuser, der Gärten, der stolzen Kirchenbauten mit ihren Türmen, Statuen und Altären, dürfte seine Wirkung auf die Ungarn nicht verfehlt haben. Während ihrer Beutezüge gen Südosten begegneten den Ungarn auch bekehrte Völkerschaften auf dem Balkan. Ihre Emissare erblickten die glitzernde Metropole Byzanz, unterhielten doch die Ungarnfürsten rege diplomatische Kontakte zum Oströmischen Imperium, dessen Verbündete sie in verschiedenen Perioden auch waren.

Vor der Landnahme, jahrhundertelang im Khasarischen Großreich lebend, gerieten schon die frühen Ungarn wohl auch in irgendeine Berührung mit der dortigen, historisch recht eigenartigen Form des Monotheismus. Aus staatspolitischen, viel eher als aus religiös-ethischen Gründen hatten nämlich die Khasarenherrscher – die Khagane – und die Oberschicht dieses Turkvolkes den jüdischen Glauben übernommen. Eingeschlossen zwischen bedrohlichen islamischen Arabern im Südosten und der rivalisierenden Großmacht, dem christlichen Byzanz im Südwesten, wollten damit die Khasarenfürsten Eigenständigkeit zeigen: Dies ist übrigens das einzige historische Beispiel für die Übernahme des – nicht missionierenden – Judentums durch ein fremdes, nichtjüdisches Volk. – Nun waren die Beziehungen der Ungarn zum Staatsvolk der Khasaren recht wechselhaft, mal feindselig, mal friedlich, Kabaren, aufständische Khasarenstämme, waren Weggefährten der Magyaren bei der Landnahme im Karpatenbecken. Einer Quelle zufolge soll Ahnherr Árpád eine khasarische Fürstentochter zur Gemahlin gehabt haben. Jedenfalls ist es vorstellbar, daß die Ungarn, allen voran Fürst Geysa, von den Khasaren gelernt haben, daß der Umgang mit Religion auch einen politischen Hintergrund hat, und daß sie sich dessen bei der Annahme des Christentums bewußt waren.

Entscheidend für die günstigen Voraussetzungen und den friedlichen

Verlauf der bayerischen Ungarnmission war das staatsmännische Konzept des Herrschers, der bald nach Pilgrims Amtsantritt die Geschicke der Ungarn bestimmen sollte. Geysa, Vater des späteren heiligen Königs Stephan, verfolgte das Ziel, sein Volk endgültig seßhaft zu machen und ins christliche Europa zu integrieren. Wann und unter welchen Umständen Geysa getauft wurde, wissen wir nicht genau. Was die Taufe seines Sohnes, des Kronprinzen Vajk (Wajk) anlangt, erhielt er den christlichen Namen Stephan sehr wahrscheinlich nach dem Diözesanheiligen des Bistums Passau, das so eine entscheidende Rolle bei der Bekehrung der Ungarn zum Christentum gespielt hatte.

Die westliche Orientierung Ungarns zu Geysas Zeiten ist auch aus der dynastischen Politik des Fürsten und insbesondere aus der späteren Heirat seines jungen, hochbegabten Sohnes mit Gisela von Bayern ersichtlich. Das Fürstenpaar Stephan und Gisela sollte das Werk der frühen Missionare vollenden: Anfang des neuen Jahrtausends wird das ganze Volk der Ungarn zum christlichen Glauben bekehrt. Mit der für die Bindung Bayern – Ungarn herausragenden Persönlichkeit der Königin Gisela werden wir uns noch ausführlich beschäftigen.

Wolfgang von Regensburg

Das frühe Missionswerk am Anfang der Regierungszeit Geysas ist außer mit dem Namen Pilgrims auch mit demjenigen des Wolfgang von Regensburg verbunden. Pilgrim zog anscheinend mit der großen Aufgabe, die er im Südosten eröffnete, gerade die Wagemutigsten an. Wolfgang war nicht mehr der Jüngste, als er sich der Ungarnmission zuwandte. Er hatte die Schule in Reichenau und in Würzburg besucht, in Trier gelehrt; er war ein aufrechter Mann, ein Mensch mit Ecken und Kanten. Durch Konflikte mit Kleingeistern geplagt, zog er sich ins Kloster Mariä Einsiedeln zurück. Doch sah er bald ein, daß er sich „in der Einöde am Alpbach" nicht vergraben durfte. Vielmehr wollte Wolfgang, der Tatkräftige, aktiv arbeiten, Heiden bekehren. So verließ er das Kloster, zwar mit Zustimmung des Abtes, aber ohne die vorgeschriebene Einwilligung der kirchlichen Obrigkeit einzuholen. Auch durch die Art, wie er, begleitet von anderen Klerikern, die Missionstätigkeit in Ungarn aufnahm, verstieß Wolfgang gegen die kirchliche Ordnung. Er ging auf eigene Faust, hatte es versäumt, sich mit dem bischöflichen Leiter der Mission wenigstens abzusprechen. Da mußte er Pilgrim ins Gehege geraten.

Bald orderte Pilgrim den mit mehr Selbstaufopferung und Gelehrsamkeit als rhetorischer Begabung im Magyarenland Missionierenden – Wolfgang war ein schlechter Redner, er war sogar mit einem Sprachfehler behaftet – nach Bayern zurück. Man kann Haucks Bewertung des Vorgehens von Wolfgang zustimmen: „Das spätere Leben Wolfgangs schützt ihn vor jedem Verdacht der Extravaganz. Aber es ist doch nicht zu leugnen, daß seine Handlungsweise den Argwohn nahe legte, er gehöre zu jenen unruhigen Priestern, die, unfähig in geordnete Verhältnisse sich zu fügen, auf eigene Hand Mission trieben und dadurch der Ausbreitung der Kirche mehr Schwierigkeiten als Förderung bereiteten."

In Passau begegneten sich nun Pilgrim und der vorgeladene Wolfgang. Die lautere Persönlichkeit und die Bildung des Bruders Wolfgang schienen ihn jedoch dermaßen beeindruckt zu haben, daß er den eigenmächtig und disziplinwidrig Handelnden nicht nur ungestraft davonkommen ließ, sondern ihm zum Bischofsstab verhalf! Pilgrim befürwortete resolut die Ernennung Wolfgangs zum Bischof von Regensburg: Er erwies sich in seiner Diözese als hervorragender Kirchenfürst. Wolfgang machte sich ganz besonders verdient um die Förderung des Mönchtums in Bayern; er tat viel für den Benediktinerorden; Pilgrim sollte er überleben: Wolfgang starb 994; sein gutes Werk ging in die bayerische Kirchengeschichte ein. Er hatte auch in den späteren Verbindungen zu Ungarn – wir werden sehen –, nunmehr als Bischof von Regensburg, eine glücklichere Hand als bei seiner einsamen Mission als Frater Wolfgang.

Die Beteiligung Adalberts von Prag an der Ungarnmission darf zumindest nicht unerwähnt bleiben, obgleich sie mit den Verbindungen zwischen Bayern und Ungarn nur sehr mittelbar zu tun hat. Der Bischof von Prag – die Prager Diözese gehörte dem Sprengel der Erzdiözese Mainz an – stammte aus einem mit dem sächsischen Königshause verwandten slawischen Fürstengeschlecht. Historiker erblicken in ihm einen Asketen, dessen Handlungen wenig Erfolg brachten – ein Gegenteil des weltlich gearteten Aktionsmenschen Pilgrim. Adalberts Missionstätigkeit in Ungarn wird – vielleicht allzu sehr – relativiert, indem es heißt, seine Aufmerksamkeit galt weniger der Bekehrung der Ungarn als der Seelsorge für die dortige slawische Bevölkerung – allerdings auch eine durchaus legitime Zielsetzung.

Das bayerisch-ungarische Grenzgebiet
um die Jahrtausendwende

Vom erst menschenleeren, dann allmählich durch bayerische und später fränkische Siedler dünn besetzten, anschließend durch die Ungarnzüge verwüsteten Grenzgebiet zwischen Bayern und Ungarn war bereits die Rede. Dort – im heutigen Niederösterreich, Kärnten und in der Steiermark – entstanden auf bayerischem Gebiet im 10. Jahrhundert Grafschaften, Markgrafschaften; von irgendwelcher stämmischer Eigenständigkeit aber wie anderenorts, bei Schwaben, Franken, Sachsen und Bajuwaren, war im Ostalpenraum, dem damaligen Ostbayern, überhaupt nicht die Rede. Diese losen territorialen Einheiten in Ostbayern entstanden eher als Ergebnisse dynastischer Politik der deutschen Könige: Machtverteilung auf dem Schachbrett des bunten Reichsgebietes. Die spätere Eigenständigkeit eines Machtgebildes, das sich allmählich zwischen die so oft verfeindeten und befreundeten, nach der Jahrtausendwende eng miteinander verbundenen unmittelbaren Nachbarn Bayern und Ungarn schob, hatte auch später gar nichts mit einem ethnischen Profil, sondern vielmehr mit dem Machtstreben eines Geschlechts zu tun: Die Babenberger betrieben über die folgenden Jahrhunderte die allmähliche Verselbständigung ihres Machtgebietes, einer Markgrafschaft, aus der unter Barbarossa das von Bayern endgültig lehensunabhängige „Herzogtum Österreich" wurde. Noch später wurde es zum Erzherzogtum Österreich, ein Status, den es bis 1806 beibehielt. Erst dann, als das Heilige Römische Reich in den Napoleonischen Kriegen endgültig untergegangen war, entstand das „Kaiserreich Österreich". Ein Königreich Österreich hat es nie gegeben. Der Name: „Ostarrichi" – etwa: Ostgebiet –, ein Wort, aus dem dann die Bezeichnung: Österreich werden sollte, finden wir übrigens erstmalig in einer Urkunde aus dem Jahre 996 vor; damals war dies ein rein geographischer Begriff für den Teil Ostbayerns, der sich bis zur Grenze Pannoniens erstreckte.

Zu Zeiten Geysas und Stephans und noch lange danach waren also Bayern und Ungarn unmittelbare Nachbarn.

Zwischen die erste Periode engster bayerisch-ungarischer Verbindungen, gekennzeichnet durch das Pilgrim'sche Missionswerk und durch die Rezeption der Christianisierung durch Geysa, und die zweite, nämlich die Periode der Aufbauarbeit von Stephan, die durch tatkräftige bayerische Hilfe gefördert wurde, fällt die Jahrtausendwende, mit einem Zwischenspiel welthistorischer Prägung.

Die weltpolitische Verankerung der ungarischen Reichsgründung

Eine kurzlebige – einzigartig günstige – weltgeschichtliche Konstellation verhalf dem jungen Herrscher Stephan dazu, daß der unmittelbare, der symbolträchtige, der handfeste Akt der Reichsgründung, nämlich die Krönung mit der päpstlichen Krone zum König von Ungarn im Jahre 1000 vollzogen und daß gleichzeitig mit dem Aufbau der eigenständigen ungarischen Kirchenorganisation begonnen werden konnte: Es gab da ein Einverständnis und ein Zusammenwirken des Kaisers Otto III. mit Papst Silvester II., wenn auch nur für kurze Zeit. Im 11. Jahrhundert nämlich

Papst Silvester II. (999–1003), von dem Reichs-gründer Stephan im Jahre 1000 die Königskrone erhielt. Skulptur an einem Taufbecken in der St.-Bartholomäus-Kirche zu Rom. Spätes 10. Jh.

brach dann der Kampf zwischen Kaiser und Papst aus, der als „Investitur-streit" bekannt geworden ist.

Der junge Kaiser Otto verehrte in dem Mann mit dem Papstnamen Silvester seinen ehemaligen Lehrer Gerbert von Aurillac und handelte mit ihm in idealistischem Gleichschritt, um Europa zu einer wahrhaft christ-lich-brüderlichen Staatengemeinschaft zu formen.

KAPITEL III

Gisela von Bayern und Reichsgründer Stephan
(1000–1060)

Die bayerische Prinzessin

Gemahlinnen von Herrschern sind Persönlichkeiten mit individuellen Charakterzügen, wie alle anderen Frauengestalten auch; gleichzeitig müssen sie die schwere Last ihrer Würde tragen; gewollt oder ungewollt, aktiv oder passiv können sie in die Politik verwickelt werden. Manche Königinnen führen das Zepter selbst; andere üben gelegentlich großen Einfluß aus als Wohltäterinnen oder als Intrigantinnen; die meisten nehmen Vorlieb mit karitativen oder protokollarischen Aufgaben, zumal im Zeitalter der konstitutionellen Monarchien; viele verblassen neben ihrem königlichen Gemahl, sie gehen – oft zu Unrecht – nur als „unbedeutende Persönlichkeiten" in die Geschichte ein.

Die historische Bedeutung der Gisela von Bayern für die Geschichte des Ungarnreiches ist unumstritten. Wenn sie – vor allem in der Vergangenheit – unterschiedlich beurteilt worden ist, so handelt es sich um eine politisch bedingte, eher böswillige „Überbewertung" von Giselas Rolle: Die Hintergründe solcher längst widerlegter tendenziöser Darstellungen werden in diesem Kapitel ausgeleuchtet. Die geschichtliche Wahrheit über Gisela steht heute fest:

Die erste Königin von Ungarn war eine zielbewußte, aktive Mitstreiterin von Stephan in der gigantischen Arbeit der Reichsgründung und im Aufbau der katholischen Kirche im Magyarenreich; sie hatte ihre eigene Machtstellung als gesalbte *regina Hungariae*. Gisela widmete sich Aufgaben der Mildtätigkeit und auch dem Kunstgewerbe; gesteuert oder gar beherrscht hat sie den König nie: Diese weit herausragende Gestalt der ungarischen Geschichte handelte stets souverän; gestärkt durch die tatkräftige, treue Gemahlin und Gefährtin, die tief gläubige Christin, die gebildete deutsche Frau, schuf Stephan mit eiserner Hand das stabile, zentral regierte, über ein halbes Jahrtausend durch keine Staatskrise geschüttelte Ungarnreich, eine europäische Großmacht.

Ein immer noch führendes Geschichtswerk über tausend Jahre ungarischer Historie (Hóman-Szekfü, 1935) charakterisiert wie folgt die Grundlagen des Verhältnisses zwischen Bayern und Ungarn zur Zeit der Reichsgründung: „Was Charakter und Bildung anbelangt, standen die Ungarn den Bayern näher als irgendeinem anderen Nachbarn ... Die Magyaren erkannten und liebten die Bayern als ihnen ähnliche hervorragende Krieger, disziplinierte Soldaten, offenherzige Feinde und ehrliche Freunde, als ein freiheitsliebendes, unabhängiges Volk, das jedes fremde Joch nur schwer verträgt."

Mag sein, daß die Analyse der Tugenden und Parallelismen übertreibt; in ihren Grundzügen trifft sie dennoch zu.

Diesem, der Herkunft nach grundverschiedenen, doch in wesentlichen Charakterzügen artverwandten Volk der Bajuwaren entstammte Gisela (Gisla, Gisila, ung.: Gizella), Tochter eines Herzogs, Schwester eines Kaisers, Gemahlin eines Königs. Zu den Vorfahren und Verwandten Giselas gehörten: Die schöne Liutswinda (†880), Lebensgefährtin von König Karlmann und Mutter jenes Königs Arnulf von Kärnten, der dank der Allianz von 892 zum „Ahnherrn" der bayerisch-ungarischen Freundschaft wurde; die bayerischen Herzogsgeschlechter der Luitpoldinger und der Wittelsbacher; die drei Ottonen, deutsche Könige und Kaiser.

Giselas Vater war der Bayernherzog Heinrich (II.) der Zänker, der diesen Beinamen wegen seiner turbulenten Rolle, welche er in der Reichsgeschichte gespielt hat, wohl zu Recht erhielt. In ständigem Streit mit dem deutschen König, war Heinrich 955–976, und dann wieder 985–996 Herzog von Bayern. Zur Gemahlin hatte er Gisela, Tochter des Königs Konrad von Burgund, eine kluge, fromme Frau, die sich um die Kirchenorganisation verdient gemacht und die ihre Kinder im Geiste tiefer Religiosität erzogen hat. Ältester Sohn war Heinrich, nach dem Tode seines streitbaren Vaters (996) Herzog von Bayern, das damals außer Kärnten auch Oberitalien einschloß; nach dem Ableben von Kaiser Otto III. (1002) wurde Heinrich deutscher König und deutsch-römischer Kaiser; er starb 1024; 1146 wurde er heiliggesprochen. Des Zänkers zweiter Sohn, Bruno, wurde Bischof von Augsburg (1006).

Brigitta, die jüngere Schwester der Gisela nahm den Nonnenschleier und wurde später Äbtissin des Regensburger Mittelmünsterklosters. Eine andere Schwester, Gerberga, soll Äbtissin des Klosters Frauenwörth-Chiemsee oder Frauenchiemsee gewesen sein. Auch Gisela war für das

Kloster bestimmt. Doch 995 erschien in Regensburg eine hochkarätige Delegation des Großfürsten Geysa.

Brautwerbung und Heirat des ungarischen Thronfolgers

Die Ungarn hielten im Namen des Thronfolgers Stephan um die Hand der Herzogstochter Gisela an. Allerdings habe die Brautwerbung, so berichten einige Quellen, damals noch nicht zum Erfolg geführt. Nicht der Bruder, der spätere deutsche Kaiser Heinrich, sondern vielmehr die Umgebung von Gisela habe Widerstand geleistet: Das Herzogsfräulein sollte doch, wie geplant, ins Kloster und nicht als Gemahlin eines „Barbarenfürsten" ins Ausland gehen. Insbesondere die Gandersheimer Äbtissin, eine von Giselas Erzieherinnen, habe hartnäckig opponiert. Daraufhin habe Herzog Heinrich den ungarischen Thronerben selbst nach Regensburg eingeladen und dieser kam auch an der Spitze einer zweiten Freiergesandtschaft.

Der Verfasser einer neuen Biographie Giselas, Konrad Szántó, schildert die Legende um die letzte Entscheidung über die Heirat: Im fernen Kloster Gandersheim, das Stephan ebenfalls besucht habe, sei die Äbtissin durch das vornehme und höfliche Benehmen des Jünglings schnell zur Aufgabe ihres Widerstandes bewegt worden. Dann habe sie „Stephan noch vor eine letzte Probe gestellt, indem sie das Treffen der beiden jungen Menschen lange hinausgezögert und dies später so organisiert habe, daß der ungarische Thronerbe Gisela zuerst im Klostergarten, im Gebet vor einer Statue kniend, gesehen habe. Die Äbtissin habe Stephan die kniende Schwester gezeigt und aufgepaßt, wie sich der ‚barbarische' Fürst verhalte. Stephan habe daraufhin die Waffen abgelegt, sei unbemerkt hinter Gisela getreten, habe sich vor dem Bild verbeugt und bewegungslos gewartet, bis Gisela ihre Andacht beendet habe. Er habe mit seiner disziplinierten Haltung die Äbtissin davon überzeugt, daß er der Hand von Gisela würdig sei."

Sowohl die romantisch-naive Beschreibung der Brautwerbung als auch die historischen Realitäten erinnern ein bißchen an die Heirat einer anderen bayerischen Herzogstochter, die Königin eines gar nicht so „barbarischen Volkes" werden sollte: Der Langobardenchronist Paulus Diaconus schildert eine nicht weniger romantische Szene aus dem Jahre 588, als Authari, König der Langobarden, zum bajuwarischen Stammesherzog Garibald I. nach Regensburg reiste und um die Hand der Tochter des Agilolfingers, Theodelinde, anhielt. Authari gab sich erst nicht zu erkennen, so traf er zum ersten Mal seine Zukünftige. Theodelinde († 625) wurde eine große Königin der Langobarden.

Im Fall beider dynastischer Ehen ging es darum, daß Töchter von Herrschern des großen und mit viel Eigenständigkeit ausgestatteten Stammesfürstentums der Bajuwaren den Königen sich etablierender neuer Reiche als Gemahlinnen höchst willkommen waren. Eignete sich Gisela sowohl ihrer Herkunft nach als auch dank ihrer persönlichen Qualitäten bestens dafür, König Stephan bei der Reichsgründung, verbunden mit der Bekehrung des ganzen magyarischen Volkes zum Christentum mit Rat und Tat zu unterstützen, so hatte es Königin Theodelinde vier Jahrhunderte vorher geschafft, in dem Langobardenreich, das dem (von Rom verdammten) arianischen Christentum angehörte, „durch ihre Religionspolitik die konfessionelle Einigung Italiens unter dem römisch-katholischen Glauben entscheidend" zu fördern, schreibt die moderne Historikerin Roswitha v. Bary.

Es gibt viel Rätselraten um das Alter von Stephan und Gisela, um das Datum der Verlobung und der Vermählung. Auf all diese Daten kann der Historiker nur durch Spekulationen schließen, weil die zeitgenössischen Quellen schweigen. Es ist wahrscheinlich, daß Gisela zum Zeitpunkt der Brautwerbung – der steht fest: 995 – etwa zehn, Stephan etwa achtzehn Jahre alt war. Dynastische Ehen im Kindesalter galten bis in die Neuzeit als selbstverständlich. Sogar schon Kleinkinder wurden auf Geheiß ihrer königlichen Väter in der Ehe vereint.

Die Trauung fand irgendwann zwischen 996 und 1000 mit großer Wahrscheinlichkeit in Regensburg statt. Es ist nicht sicher, ob Stephan persönlich zugegen war, denn der Bräutigam konnte sich nach altem Brauch vertreten lassen und seinen Entschluß, die Ehe einzugehen, durch einen Bevollmächtigten kundtun. Bei manchen Völkern gibt es noch heute die „Handschuhehe".

Regensburg als Trauungsort widerspricht eine Legende, wonach die Vermählung in Scheyern, in der Burgkapelle der Grafen Scheyern-Wittelsbach stattgefunden hätte; die dort eingerichtete Benediktinerabtei war Familienkloster und Begräbnisstätte der bayerischen Herzöge. – Vielleicht war die Verlobung, nicht aber die Trauung in Scheyern ...

Nach einer Überlieferung brach der Festzug nach der Vermählung auf dem Schiffsweg nach Ungarn auf, Herzog Heinrich soll seine Schwester Gisela stromabwärts begleitet haben. In Passau wurde die Reise unterbrochen: Pilgrim war nicht mehr am Leben; sein Nachfolger, Bischof Christian führte den Festzug in die Stadt, wo den Gästen ein feierlicher Empfang bereitet wurde. Gisela begab sich dann in ihre neue Heimat, sie überschritt die Friedensgrenze zwischen Bayern und Ungarn. Die Ehe zwischen den beiden Fürstenkindern besiegelte zugleich den dauerhaften

Frieden zwischen dem bayerischen und dem ungarischen Staat. Der Grenzverlauf wurde neu geregelt: Ungarn verzichtete auf das Territorium westlich der Leitha einschließlich des Wiener Beckens, das erst als Aufmarschgebiet für die Beutezüge, dann (in der zweiten Hälfte des 10. Jahrhunderts) als eine Art von Glacis zum Schutz der Grenzen des eigentlichen Ungarn diente. „Das Deutsche Reich und Bayern verzichteten im Gegenzug... auf die Ausweitung ‚ihres Hoheitsgebiets' nach Pannonien", so Györffy, Autor der Monographie über „König Stephan und sein Werk" (1977). Durch die Ehe Stephans mit Gisela und durch den Vertrag mit Bayern krönte Großfürst Geysa sein Lebenswerk. Nach seinem Tod (997) konnte Stephan die Reichsgründung vollenden, das Reich organisieren, festigen und erfolgreich verteidigen.

Der Thronerbe und spätere Großfürst (997–1000) Stephan hielt Hof in Neutra (Nyitra, in der heutigen Westslowakei). In seine dortige Pfalz nahm er Gisela mit. Bald wurde eine Kirche zu Ehren des hl. Emmeram, des Regensburger Bistumspatrons, errichtet. Für diese Kirche brachten die bayerischen Priester, die Gisela begleiteten, Reliquien des Bayernapostels Emmeram mit. Gleichzeitig wurde auf dem Berggipfel von Zobor (sprich: Sobor), nahe Neutra, ein Kloster dem hl. Hyppolit gewidmet.

Gisela begründete damit den Kult zweier Heiliger in Ungarn, die von den Bayern in großer Ehre gehalten worden sind. Der hl. Emmeram (Fest: 22. September), nach dem Gisela und Stephan später auch ihren Sohn Imre (Emmerich) benennen sollten, war zur Zeit der Agilolfinger von einem Herzog nach Regensburg gerufen worden (8. Jahrhundert): Herzog Theodo hielt den aus Poitiers (Frankreich) gekommenen Missionar davon ab, nach Pannonien (Ungarn) weiterzureisen, wo er die heidnischen Awaren – ferne Verwandte der Magyaren – bekehren wollte. Emmeram sollte vielmehr in Bayern wirken, da es dort an Priestern fehlte. Der Wanderbischof blieb dann auch und machte sich in der Donaugegend um die Festigung des Glaubens verdient. Den Märtyrertod erlitt er bei Aibling in Oberbayern. Reliquien des hl. Emmeram wurden dann zu Giselas Zeiten, wie wir sahen, nach Ungarn gebracht.

Hyppolit, dessen Name nach Giselas Ankunft dem Bergmünster Zobor verliehen wurde, ist ein antiker Heiliger (Fest: 13. August). Den Märtyrertod erlitt er im 3. Jahrhundert. Nach der Legende wurde er an wilde Pferde gebunden und dann zu Tode getrampelt. Er ist Patron der Pferde und der Gefängniswärter. Im östlichen Teil des Bayerlandes wurden im Frühmittelalter Stadt und Diözese St. Pölten nach ihm benannt.

In Neutra verbrachte Gisela längere Zeit, ehe die große Stunde schlug und das junge Herrscherpaar im Jahr 1000 nunmehr in den königlichen Sitz nach Gran (Esztergom), in die historische Stadt zog, mit deren Namen die Genese des Reiches und der katholischen Kirche in Ungarn verbunden ist.

Person und Persönlichkeit Stephans und seiner Gemahlin Gisela

Welches waren die Wesenszüge Stephans, wie war das Äußere des ersten Königs von Ungarn und seiner Gemahlin? Es fällt nicht leicht, die Realitäten aus spärlichen zeitgenössichen Quellen und vielen Legenden herauszuschälen.

König Stephan der Heilige (1000–1038), Reichsgründer und Gemahl Giselas von Bayern. Stich aus der Brünner Ausgabe der Chronik von Túróczi, 15. Jh.

45

Stephan wurde im christlichen Glauben, in tiefer Religiosität erzogen. Auch Vater Geysa war früh getauft worden, Mutter Sarolt (sprich: Scharolt) war vermutlich sogar seit ihrer Geburt Christin. Großfürst Geysa ließ sich jedoch aus Staatsraison taufen, zum Christen im wahren Sinne ist der geniale, zugleich aber zur Zügellosigkeit und Grausamkeit neigende Herrscher nie geworden. Die Quellen berichten einhellig darüber, daß solche Eigenschaften Geysa und Sarolt gemein waren.

Erziehen ließen die Eltern Sohn Stephan in tiefer christlicher Religiosität, auf einer Insel des wahren Glaubens inmitten des Magyarenreiches heidnischer Prägung, dessen Volk auf den Spuren des frühen Missionswerkes Pilgrims von Passau und Wolfgangs von Regensburg in seiner Ganzheit erst nach der Jahrtausendwende zum Christentum übergeführt werden sollte.

Stephan war ein Mann von außergewöhnlicher staatsmännischer Größe, davon zeugt das, was man unzweifelhaft sein Jahrtausendwerk nennen darf. Zugleich kennzeichnen ihn – kein Widerspruch! – Härte und eisernes Durchgreifen gegen ungezügelte heidnische Magyaren, Rebellen und selbsternannte Rivalen in der Thronfolge, die seine Herrschaft wie sein Werk der Christianisierung und der Reichsgründung gefährdeten. Grausam oder blutrünstig war er indes nicht. Tiefer christlicher Glaube begleitete Stephan sein ganzes, für die damalige Zeit langes Leben hindurch; er wurde über 65 Jahre alt.

Auf dem Krönungsmantel, vermutlich einem eigenhändigen Stickwerk von Königin Gisela, der jetzt im Budapester Nationalmuseum aufbewahrt wird, erblicken wir die Gestalten Stephans und Giselas, die heute leider nur noch blaß und ungenau zu erkennen sind. Und wer weiß, ob der aufrechte, edle Jüngling des „Bamberger Reiters" tatsächlich den Thronfolger Stephan darstellt, der zur Brautwerbung nach Regensburg kam? Immerhin wurde dies von namhaften Kunsthistorikern und auch von österreichischen Historikern behauptet. Otto Zarek hat das Wort: „Dieser Arpáde, der aus einem Volk stammte, welches so lächerlich gemacht und für äußerst häßlich gehalten worden ist, wurde in der Nähe des Bamberger Doms verewigt..." „Der Reiter" verkörpert den Mann, „vervollkommnet und ritterlich, der eine Reinkarnation des Ideals dreier Jahrhunderte darstellt. Sein in Stein gehauenes Ebenbild zeigt die ausgewogenen, weisen, spiritualisierten und entschlossenen Züge eines herrschenden Denkers, eines denkenden Herrschers."

Die Geschichtsschreibung vermutet heute in erster Linie aufgrund jener Abbildung von 15 cm Durchmesser auf dem Krönungsmantel, daß der damals etwa 50jährige Stephan große, offene Augen, ein eher längli-

Detail aus dem Krönungsmantel: König Stephan hält eine Lanze und den Reichsapfel in der Hand, Königin Gisela einen Kirchturm, Symbol für ihr Mitwirken am Ausbau der Kirche in Ungarn. Einzige zeitgenössische Darstellung des königlichen Paares. Ungarisches Nationalmuseum, Budapest.

47

ches Gesicht und einen kurzen Bart hatte. Von der Gestalt her war er wohl mittelgroß.

Giselas Konterfei auf dem Gewand zeigt eine Frau mit herzförmigem Gesicht, deren Züge weniger zu erkennen sind als diejenigen von Stephan. Dafür gibt es einen sicheren Anhaltspunkt für die Körpergröße Giselas anhand der anthropologischen Untersuchung ihrer sterblichen Überreste im Jahre 1908. Danach ruht im Giselagrab zu Passau eine Frau, deren „Körpergröße ... mit aller Wahrscheinlichkeit 170 cm" überstieg, „was ... geradezu eine Seltenheit war", mit „langen Knochen, manchmal ausgesprochen lang ... und doch außerordentlich grazil ..." (W. M. Schmidt).

Bilder aus späterer Zeit können die Gesichtszüge Giselas nicht authentisch wiedergegeben haben. Dennoch ist das Barockgemälde eines unbekannten Malers recht beeindruckend, das sich im Kloster Niedernburg zu Passau befindet und die Äbtissin Gisela darstellt.

Eine Würdigung der Charakterzüge von Gisela möchten wir nicht vorwegnehmen; sie werden sich aus ihrem Gebaren als Gemahlin und Mitstreiterin des Reichsgründers, als Mutter, als fromme Christin ergeben, die eine Vollendung des Bekehrungswerkes und den Ausbau der Kirche in Ungarn tatkräftig und liebevoll vorangetrieben hat und die dann als Äbtissin bis ins hohe Alter der guten Taten viele vollbrachte.

Gegen Ende des Jahres 1000 wurden Stephan durch den seinerzeit berühmten Prälaten und päpstlichen Diplomaten Asrik (Astrik, Ascherik, auch Anastas genannt) eine Krone und andere königlichen Insignien gleichzeitig mit dem Segen und einer Bulle des Heiligen Vaters überbracht.

Krönungszeremonie

Im II. Kapitel haben wir gesehen, daß die Voraussetzungen für die Schaffung eines völlig unabhängigen ungarischen Königreiches durch die einmalige Gunst der Stunde, nämlich durch die Harmonie der Politik von Papst Silvester II. und des jungen Kaisers Otto III. gegeben waren; die Gründung der ungarischen Erzdiözese zu Gran ging mit der Erhebung des magyarischen Großfürstentums zum christlichen Königreich einher. Stephan wurde um die Jahreswende 1000/1001 – zugleich die Jahrtausendwende! – zu Gran vom ersten Erzbischof Domonkos (sprich: Domonkosch, deutsch: Dominik) zum König gekrönt. Wie über fast tausend Jahre, ziert die Stephanskrone heute wieder das ungarische Staatswappen:

Kreuz der Königin Gisela (Rückseite), nach 1006. Residenz, München, Schatzkammer.

SACRA. ANGELICA, ET APOSTOLICA REGNI HVNGARIÆ CORONA.

Nobile cæligeno refplendens lumine fydus
Dignius anne polo, dignius anne folo,
Fulge fic pafriæ ne fati fera potesfas
Te cæli rurfus cogat adire lares.

D. Phil. Kra. C. T.

Wolfg. Kilian. Aug. exc.

*Die Stephanskrone. Die Abbildung entspricht an-
nähernd dem heutigen Zustand der Heiligen Krone (aufbewahrt in Budapest), dem Symbol des
tausendjährigen Ungarnreiches. Kupferstich von
Wolfgang Kilian, Augsburg 1613.*

Dieses Kleinod, ein heiliges Symbol, das die ungarische Staatlichkeit verkörpert, wurde durch einen Beschluß des Parlaments der Republik Ungarn im Sommer 1990, zusammen mit dem rotweißen Streifenfeld der Arpadendynastie (1000–1301) und dem Apostolischen Doppelkreuz wieder in das Staatswappen Ungarns inkorporiert.

Das komplizierte Ritual der Krönung gehorchte der „Mainzer Ordnung", dem Mainzer Ordo. Die Einzelheiten der Krönung zu Gran sind nicht überliefert, man kann sie aber aufgrund der Krönung Heinrichs II., des Bruders von Gisela, und seiner Gemahlin, der hl. Kunigunde 1002 zu Paderborn zum deutschen König bzw. zur Königin gut rekonstruieren, da diese nach derselben Ordnung erfolgte.

Gisela wurde von Domonkos gleichzeitig mit Stephan gekrönt und mit dem heiligen Öl gesalbt. Mit der Königskrone berührte der Prälat nur die Schulter von Gisela; er berührte sie auch mit dem Zepter. Gekrönt wurde Gisela mit einer eigenen Königinnenkrone, die wahrscheinlich ihr Bruder Heinrich gestiftet hatte. Die Krone ist im frühen 13. Jahrhundert verschollen. Ihre Silhouette soll aber nach Stephan-Biograph Györffy einer Krone auf dem Haupt der Muttergottesstatue ähneln, die sich heute in der Essener Kathedrale befindet. Diese Madonnenkrone wiederum gleicht der Königinnenkrone, mit der Gisela – zu Füßen von Christus kniend – auf dem sogenannten Giselakreuz (Vorderseite) zu sehen ist, welches in der Schatzkammer der Münchner Residenz aufbewahrt wird. Die Königin von Ungarn ließ es anfertigen, um das Grab ihrer verstorbenen Mutter († 1006), Gisela von Burgund, zu schmücken.

Geht man vom Mainzer Ordo aus, hat Domonkos bei der Krönung mit der Königinnenkrone Gisela mit den folgenden Worten angesprochen: „Nimm die Krone des Ruhms und wisse, daß auch du an der Leitung des Reiches beteiligt bist, und sorge immer erfolgreich für das Volk unseres Herrgottes!"

Bei der Berührung mit dem königlichen Zepter ermahnte er die Königin: „Nimm das Zepter der Tugend und Gerechtigkeit, sei gegenüber den Armen barmherzig und milde! Sorge mit der größten Hingabe für die Witwen und Waisen!"

Welche waren nun die Pflichten der Königin von Ungarn? Wie wurde Gisela ihren Aufgaben gerecht? Tat sie mehr als das, was ihr oblag?

Durch die Wahl der bayerischen Herzogstochter zur Gemahlin Stephans, durch die Erziehung und die Persönlichkeit Giselas waren die Aufgaben der ersten Königin des Reiches gewissermaßen vorgezeichnet. Gisela sollte ja, anstatt den Schleier zu nehmen, wie ihre Schwestern, zum großen Werk der Bekehrung eines heidnischen Volkes, zur Festigung des christlichen Glaubens der Magyaren und zum Aufbau der katholischen Kirche in Ungarn tatkräftig beitragen.

Von dem frommen und auch in den Wissenschaften höchst bewanderten großen Wolfgang von Regensburg erzogen sowie dank ihrer angeborenen Klugheit war Gisela diesen Aufgaben gewachsen. Sie brachte die christliche Kultur des bayerischen Hofes und ihrer stolzen Ahnen mit. Gisela ergänzte recht günstig Stephan, der neben herausragendem Organisationstalent eben auch die Urkraft seiner unmittelbaren Vorfahren besaß. Er war zu großer Härte fähig, und ohne sein Durchsetzungsvermögen hätte er sich im Kampf gegen rebellische magyarische Stammesfürsten, Thronprätendenten und gegen äußere Angriffe nicht behaupten können.

Naturgemäß kann man das tatsächliche Mitwirken Giselas an der Regierungsarbeit, einzelne Handlungen der Königin recht schwer belegen. Biograph Szántó schreibt: „Die Königin war ... kein Mitglied des Königsrates. Sie nahm an den Landesversammlungen auch nicht teil (d. h. wir verfügen über keine Dokumente, die das Gegenteil behaupten). Trotzdem spielte sie bei der Erledigung der wichtigsten innen- und außenpolitischen Angelegenheiten nicht nur als Gemahlin, sondern auch als die durch die Krönung zur Regierungsgefährtin gewordene eine große Rolle. Die Königin können wir in der Rolle der geheimen Ratgeberin des Königs ansehen, mit der er jede grundlegende Frage besprechen konnte. Die Entscheidung fällte er jedoch allein.

Hauptsächlich legte Gisela ihre Meinung in den Angelegenheiten der Kirchenorganisation und der Außenpolitik dar. Als treuester Unterstützer der Kirchen- und Außenpolitik Stephans erwies sie sich – wie in allen anderen Dingen auch – als sicherste Stütze des Königs."

Ist die Aussagekraft dieser Zeilen, was faßbare Tatsachen anbelangt, nicht groß, so ist doch die Grundsubstanz der Charakterisierung richtig.

Bevor wir uns einzelnen Bereichen zuwenden, in denen das Wirken Giselas historische Gestalt annimmt, lassen wir die großartigen Ergebnisse einer schnellen und zugleich planmäßigen Organisation der katholischen Kirche in Ungarn Revue passieren. Diese war ein Werk Stephans, an dem Gisela und Vertreter des bayerischen Klerus besonders intensiv mitgearbeitet haben.

Kirchenorganisation nach 1000

Herzstück der Reichsgründung war der konsequente Ausbau der Kirchenorganisation; gleichzeitig wurden die Verwaltungseinheiten – die Komitate – organisiert. Als Grundlage für den Aufbau der Kirche in Ungarn diente die Entscheidung des Hl. Stuhls über die Errichtung eines Erzbistums zu Gran, von der schon die Rede war. Nachdem die Erzdiözese um die Jahrtausendwende entstanden war, folgte die Gründung von sieben Bistümern bis zum Jahre 1009. Gegen Ende der Regierungszeit Stephans umfaßte die katholische Kirche in Ungarn zwei Erzbistümer, Gran und Kalocsa (sprich: Kalotscha) und acht Bistümer. Die Diözesen erstreckten sich auf das Territorium des neuen Königreiches, eben auf das gesamte Karpatenbecken. Das kurz nach – und manchen Quellen zufolge sogar vor – dem Erzbistum Gran gegründete Bistum von Veszprém (Wesprim) wird uns mehr als die übrigen beschäftigen, weil es mit der Person der Königin eng verbunden war. Weitere Bischofssitze waren: Pécs (sprich: Peetsch = Fünfkirchen) im südwestlichen Teil des heutigen Ungarn, auf den Hängen eines hübschen Mittelgebirges (Mecsek, sprich: Metschek), unweit einer Weinlandschaft, dort, wo heute ein Teil der deutschen Minderheit lebt. Der Sitz des Erzbistums von Kalocsa liegt weiter östlich, an der Donau, ebenfalls im Süden des heutigen Ungarn, nördlich der jugoslawischen Grenze. In seiner Nähe befindet sich das berühmte Naturschutzgebiet von Gemenc mit seiner reichen Fauna, ein Lieblingsrevier von Jägern aus der Bundesrepublik.

Noch weiter ostwärts an der Tisza (Theiß) schuf Stephan das Bistum von Csanád (sprich: Tschanaad), das heute seinen Sitz in Szeged (sprich: Seged), der Großstadt hat, deren Name an den scharfen Paprika erinnert, welcher Szegediner Paprika genannt wird.

Im Donauknie, dreißig Kilometer nördlich der heutigen Hauptstadt wurde das Bistum von Vác (sprich: Waaz) gegründet. In der unmittelbaren Nähe liegt das Ausflugs- und Urlaubsgebiet des 750 m hohen Pilisgebirges (sprich: Pilisch). In der alten ungarischen Sprache bedeutet das Wort „pilis": Tonsur. Der Name wird davon abgeleitet, daß es dort schon seit der Arpadenzeit viele Klöster gab und andererseits auch davon, daß mehrere Bergkuppen kahl sind, etwa wie in der Rhön.

Zwischen Gran und der bayerischen Grenze an der Leitha gründete Stephan in Györ (Raab) an der Donau ebenfalls ein Bistum.

Die Stadt Eger (Erlau), etwa 120 Kilometer nordöstlich von Budapest, auch bekannt durch den Rotwein: Erlauer Stierblut, vor allem aber durch den Sieg der ungarischen Verteidiger ihrer Burg gegen ein riesiges Türkenheer 1552, wurde zum Sitz eines Bistums, später eines Erzbistums. Eger ist Ausgangspunkt von Ausflügen in das größte und reizvollste, wenn auch nicht das höchste ungarische Mittelgebirge: Das Bükk-Gebirge liegt 950 m über dem Meeresspiegel; es lockt mit seinen malerischen Laubwäldern, seinen Wildbächen und Heilquellen.

Außerhalb des Territoriums des heutigen Ungarn – der tausendjährige Staat Ungarn wurde nach dem I. Weltkrieg (1920) zerstückelt – wurden das Bistum von Nyitra (Neutra) und das Bistum von Siebenbürgen gegründet. Neutra in der heutigen Westslowakei kennen wir bereits, dorthin war Gisela aus Regensburg gekommen, bevor das Herrscherpaar nach Gran zog. Das Bistum zu Gyulafehérvár wurde 1009 errichtet. Die Diözese umfaßte Siebenbürgen, so genannt nach den sieben Burgen, welche dort von den Ungarn errichtet worden waren. Von den in Siebenbürgen nach dem Friedensvertrag von Trianon (1920) herrschenden Rumänen wird Gyulafehérvár heute Alba Julia genannt, eine treue Übersetzung aus dem Ungarischen: Gyula = Julius, weiß = alba. In der Stadt Gyulafehérvár selbst leben heute fast nur Griechisch-Orthodoxe, aber der rumänische Staat hat den katholischen Bischofssitz dort erfreulicherweise geduldet. Die ungarischen und wenigen deutschen Katholiken leben zerstreut auf dem riesigen Territorium dieser Diözese.

Veszprém: Giselas Sitz, Bischofsstadt, Hof der Königinnen von Ungarn

Der Bischofssitz Veszprém liegt in einer reizvollen Landschaft, etwa 100 Kilometer südwestlich von Budapest, knapp 20 km nördlich vom Plattensee. Veszprém war für Gisela und dann auch für die Königinnen der gesamten Arpadenzeit von besonderer Bedeutung: es wurde zu ihrem ständigen Sitz. Ein Bistum entstand dort schon um die Jahrtausendwende, also nicht später als das Erzbistum Gran, Eckpfeiler der Kirche im christlichen Ungarnreich. Wenn man die frühe Gründung gerade dieses Bistums mit der „Institutionalisierung" des Hofes und des ständigen Sitzes der Königin in derselben Stadt gleichzeitig beachtet, ist die wichtige Rolle unverkennbar, welche Gisela von Bayern in der Reichsgründung und im Ausbau der Kirchenorganisation von Anfang an spielte. An einem Bischofssitz durfte es dort, wo die Königin Hof hielt, doch nicht fehlen. Auch wurde der Bischof von Veszprém bald zum Hofkaplan der Königinnen von Ungarn.

Der Name der Stadt wird auf einen Knaben namens Besprim (Besprem, Wesprem) zurückgeführt, der die Gastfreundschaft von Gisela genoß und der später zum Würdenträger im Magyarenreich wurde. Besprim war Sohn des großen Polenfürsten Boleslaw I., des Tapferen und einer ungarischen Prinzessin. Boleslaw mag historische Verdienste um die Festigung des christlichen Polenreiches erworben haben; aus dem Holz geschnitzt wie ein Stephan von Ungarn war er nicht. Hatte sein Vater, Fürst Mesko, der 966 getauft worden war, sieben Ehefrauen, so war auch Nachfolger Boleslaw nicht zimperlich in seinen familiären Beziehungen. Brutal verstieß er seine Gemahlin mit ihrem Sohn Besprim; die beiden fanden bei Geysa und Sarolt Zuflucht. Nach dem Tod von Stephans Eltern kümmerte sich Gisela liebevoll um die Flüchtlinge. Jung Besprim wurde bald „Hofgespan" – eine Art Kanzler – der Pfalz von Königin Gisela, eben in der Stadt, die seinen Namen trägt.

In Veszprém weilte als Flüchtling 1004 auch Bischof Bruno, Bruder von Gisela, der sich gegen Kaiser Heinrich aufgelehnt hatte. Es war das ungarische Königspaar, das die beiden Brüder miteinander versöhnte und Bruno nach Deutschland zurückführte. 1024–1029 war er Präzeptor jenes späteren Kaisers Heinrich III., der nach Stephans Tod, wir werden sehen, Witwe Gisela gut aufnehmen und nach Passau holen wird.

Wiederum in Veszprém hielt sich die byzantinische Braut von Thronfolger Imre auf. Gisela fühlte sich für die Erziehung der zukünftigen Schwiegertochter persönlich verantwortlich. Somit war die junge Prinzessin in guten Händen. Das grausame Schicksal – des Thronfolgers früher Tod – sollte es aber verhindern, daß sie je Königin von Ungarn wurde.

Die drei wichtigsten Bauten von Veszprém: die Residenz des Bischofs, die Pfalz der Königin und die Kathedrale, mit deren Bau 1009 begonnen wurde, standen dicht nebeneinander. Es war Gisela, die den Bau der dreischiffigen Kirche aus ihrem eigenen Vermögen finanzierte. Die Grundmauern der frühromanischen Kathedrale, die aus rotem Stein gebaut wurde, blieben erhalten. Eine Gisela-Kapelle wurde im 13. Jahrhundert errichtet, sie diente den Königinnen von Ungarn als Hofkapelle. Im heutigen Veszprém erblickt man mehrere dieser Denkmäler, die zum Teil rekonstruiert worden sind.

Unweit von Veszprém erstreckt sich der Bakonywald, ein ausgedehntes Waldgebiet, das nicht höher liegt, als der bayerische Spessart, mit dem es landschaftlich eine gewisse Ähnlichkeit aufweist. Auch der Bakonywald ist noch wenig für den Tourismus erschlossen; das Mittelgebirge ist reich an weiten Waldflächen mit beachtlichem Wildbestand, an idyllischen Lichtungen im malerischen Tal des Cuha-Flüßchens (sprich: Zucha), nicht weniger als an geschichtsträchtigen Denkmälern. In Bakonybél (übersetzt: Bakonysinnere) befand sich Giselas Sommerresidenz, eine „Kurie" der Königin. Zuverlässige Quellen berichten darüber, daß sich ein Verwandter Giselas, Gunther, dort öfters aufgehalten hat. Der fromme Mann soll Stephan und Gisela dazu bewegt haben, neben der Sommerresidenz im Zeichen des Kultes des hl. Moritz eine Kirche zu erbauen und später sogar das gesamte Anwesen der Kirche zu übergeben. Zu Bakonybél entstand denn auch noch zu Stephans Zeiten eine Benediktinerabtei, die dem hl. Moritz gewidmet war.

Den Kult dieses Heiligen förderte Gunther – der später als hl. Gunther der Einsiedler in die Hagiographie einging –, weil er einst selbst in die Altaicher Abtei des hl. Moritz eingetreten war, nachdem er die Ausschweifungen seiner jungen Jahre bereut hatte. Gunther hat dann die Besuche bei seiner Cousine Gisela von einer Einsiedelei ausgehend abgestattet, die er in Rinchnach im Bayerischen Wald selbst gegründet hatte. Auch in Ungarn soll er gerne in der Stille des Bakonywaldes meditiert und gebetet haben.

Am Hof Giselas zu Veszprém wurden die Besitztümer der Königin verwaltet. In den Namen von Ortschaften im Umkreis von Veszprém, aber auch in anderen Gebieten West- und sogar Ostungarns lebt das Andenken der ersten Königin bis zum heutigen Tage weiter. Ihre Königin nannten die alten Ungarn schlicht: „Dame", „Frau", auf ungarisch: „Asszony". Nun erinnern die Ortsnamen mit Kombinationen dieses Wortes an Höfe und Güter der Königin: Asszonylaka = Königinnenhof, Asszonyfalva = Königinnendorf, Asszonyvására = Königinnenmarkt, Asszonynépe = Königinnenvolk, allesamt Namen, die nach der einstimmigen Meinung von Mediävisten und Philologen dem Netz von Gütern der Königin entsprechen. Die Organisation aller Besitztümer der Königin Gisela glich übrigens derjenigen der Güter des königlichen Gemahls.

Das Ungarn Stephans und der Arpadenzeit unterschied sich von den mittelalterlichen Königreichen Westeuropas: Im Karpatenbecken entwickelte sich eine Eigenart des Herrschaftssystems der feudalen Epoche, das „patrimoniale Königreich." Seine beiden Eckpfeiler waren der enorme Grundbesitz des Herrscherhauses und die territoriale Organisation des Reiches in der Form von Komitaten. Diese waren im wesentlichen territoriale Verwaltungseinheiten; später wurden sie mit einer beachtlichen Autonomie ausgestattet, deren Träger die Gesamtheit des lokalen Adels war und nicht – hier liegt der große Unterschied zur Entwicklung in Westeuropa – irgendein mächtiger Regionalherr. Während in westeuropäischen Königreichen, insbesondere auch in Frankreich, lokale Feudalherren schalten und walten, zuweilen die Macht des Monarchen überschatten oder gar verdrängen konnten (an die Stammesfürstentümer und die spezifische Entwicklung in Deutschland wird hier weniger gedacht), verzeichnet die Geschichte Ungarns nur kurze Perioden einer Übermacht von Feudalherren, Ausnahmen eher als die Regel im ungarischen Mittelalter. Stephans schöpferische Weitsicht, gestärkt durch angeborene Eigenschaften und mitgebrachte Organisationsformen seiner Magyaren, ge-stützt durch die Persönlichkeit der klugen und gebildeten Gemahlin wie auch durch bayerische Ratgeber, die Gisela begleiteten – all diese und zusätzliche günstige Faktoren ermöglichten, daß die Grundlagen eines zentral regierten starken Staates für die nächsten 500 und, trotz aller Erschütterungen nach 1500, gewissermaßen für die nächsten 1000 Jahre gelegt werden konnten. Voraussetzung war, versteht sich, der Anschluß an das westliche Christentum und der Aufbau der Kirchenorganisation, von welcher in diesem Kapitel die Rede war.

Mit Veszprém und mit Gisela hängen noch weitere wichtige Tatsachen zusammen, die hier erwähnt, aber später noch weitererzählt werden: Gisela hinterließ vor ihrer Rückkehr nach Bayern die Königinnenkrone dem Bistum zu Veszprém, wo diese bis 1217 blieb. – Der Veszprémer Bischof erwarb ein verbrieftes Recht, die Königinnen von Ungarn zu krönen und zu salben, so noch bekräftigt durch eine päpstliche Urkunde aus dem Jahre 1216. – In der Pfalz Giselas zu Veszprém und in dem in der Nähe gegründeten Nonnenkloster richtete die Königin Werkstätten ein, aus welchen wunderschöne Kunstgegenstände, insbesondere Stickereien hervorgingen, auch der Königsmantel, den Gisela eigenhändig gefertigt haben soll.

Förderung sakraler Kunst

Ist die althergebrachte staatstragende Begabung der Magyaren durch die historische Kontinuität ihres Staates über ein Jahrtausend seit der Reichs-gründung bewiesen worden, wobei freilich Gisela und ihre Bayern eine entscheidende Hilfe bei der Geburt des christlichen Ungarnreiches gelei-stet haben, so steht es auf der anderen Seite fest, daß dort auf dem Gebiet der sakralen Kunst vom Nullpunkt begonnen werden mußte. Das heißt, daß die bayerischen Gold- und Silberschmiede, die Stickerinnen und Weberinnen anfangs allein wirken mußten; erst später konnte man mit dem Heranwachsen von Generationen ungarischer Künstler rechnen; auch fehlte da den Magyaren zwangsläufig jegliche Tradition.

Es ging um viel mehr, als nur um die Förderung der sakralen Kunst in einem vormals halbbarbarischen Land. Diese Aufgaben gehörten zur Kirchenorganisation und sie dienten zugleich der Gewinnung der Seelen für das Christentum, auch durch die Feierlichkeit der Messen und durch den edlen Schmuck der Pfarrkirchen. Ein Eckpfeiler der Stephan'schen Gesetzgebung war das Gebot – enthalten in § 1 des II. Gesetzbuches –, wonach jeweils zehn Dörfer verpflichtet waren, eine Kirche zu bauen. Schätzungsweise 300–350 Gotteshäuser mußten entsprechend ausgestattet werden, gleichzeitig auch die neu errichteten Klöster. Die Quellen berichten einstimmig und sogar mit einer gewissen Ausführlichkeit darüber, daß es eine zentrale Aufgabe der Königin war, diese Arbeiten zu organisieren und zu lenken. Um den Bau der Kirchen kümmerte sich der Monarch selbst, wir haben aber gesehen, daß auch Gisela Kirchen stiftete, zumal an ihrem Sitz in Veszprém.

Einen kleinen Teil des Kirchenschmuckes brachte Gisela aus Bayern mit und stiftete ihn für die Kirchen in Ungarn. Die gesamte Aufgabe aber, Ungarns Kirchen und Klöster mit Kreuzen, mit Kelchen, Krügen, Weihrauchgefäßen und Kerzenständern, mit Meßgewändern, Kelchtüchern, Altardecken und Altartreppenteppichen zu versehen, sollte aber vor Ort bewältigt werden.

Gisela gründete mehrere Werkstätten. Dort wurde nach ihren Anweisungen gearbeitet. In einem Nonnenkloster bei Veszprém entstand eine große Werkstatt für die Herstellung kirchlicher Gewänder. Der sogenannte ungarische Stich („point de Hongrie") sei dort entwickelt und als Giselas Erfindung oder als diejenige ihrer Arbeitsgemeinschaft weltweit bekannt geworden, so ihr Biograph Szántó. Auf einer Donauinsel bei Esztergom (Gran) stiftete die Königin ein benediktinisches Nonnenkloster, wo „aus Regensburg gekommene Schwestern, die das Schneider- und Weberhandwerk gut verstanden", arbeiteten.

Es ist bekannt, daß die Königin selbst mitwob und mitstickte. Mehrere – identifizierte, aber leider nicht erhalten gebliebene – Kostbarkeiten der sakralen Kunst stammen aus ihrer Hand. In der Werkstatt der Königin wurde – im Schicksalsjahr 1031 (s. S. 67 f.) – eines der ungarischen königlichen Insignien, das Krönungsgewand hergestellt, von welchem bereits die Rede war.

Das aus byzantinischer Purpurseide angefertigte und mit Gold bestickte Prachtstück diente ursprünglich als Meßgewand. Es trägt eine lateinische Inschrift, die auf deutsch lautet: „Dieses Meßgewand wurde im 1031. Jahre der Menschwerdung Christi, in der XIV. Indiction, von König Stephan und Königin Gisela angefertigt und der Kathedrale der Jungfrau Maria in der Burg zu Stuhlweißenburg geschenkt."

Der auf dem Gewand abgebildete, über dem Löwen und Drachen triumphierende Christus wird dahingehend interpretiert, daß das Kunstwerk an den gewonnenen deutsch-ungarischen Krieg erinnern soll. Beachtet man vorrangig das Datum – 1031 –, neigt man zu dieser Auslegung; doch kann es sich bei der Darstellung durchaus auch um einen Hinweis

Der ungarische Krönungsmantel, ein 1031 in der Werkstatt Königin Giselas hergestelltes Stickwerk von einmaligem historischen Wert. Ungarisches Nationalmuseum, Budapest.

auf das Lebenswerk des Herrscherpaares, den Sieg über das Heidentum handeln.

Erst Ende des 12. Jahrhunderts wurde das Gewand in einen Mantel umgewandelt, indem man aus einem aus dem Brustteil herausgeschnittenen Teil den Kragen bildete. Das Gewand ist zwar nicht so gut erhalten wie der berühmte Wandteppich von Bayeux in der Normandie, an historischem Wert kann sich das Prachtstück aus Giselas Werkstatt mit ihm allerdings messen: Beide verewigen die Geburt von tausendjährigen Königreichen. Den ungarischen Krönungsmantel trugen die Könige von Ungarn, als sie auf den Krönungshügel ritten und dort, so gebot es die Tradition, mit vier Schwertstreichen in alle Himmelsrichtungen hieben.

Die bayerischen Begleiter Giselas und Stephans Gastfreundlichkeit

Nach Neutra, Gran und Veszprém begleiteten Gisela bayerische Priester und Ritter. An all diesen Stationen ihres Lebens war sie von Dienern und Dienerinnen umgeben, die aus der alten Heimat kamen. Aus Bayern siedelten gleichzeitig mit der Königin ganze Adelsgeschlechter ebenso wie Handwerker, auch Bildhauer und Goldschmiede nach Ungarn um. Dort hatten sie alle Hände voll zu tun.

Wir haben gesehen, daß die Ehe zwischen Stephan und Gisela schon in sich einen Meilenstein in der Fortentwicklung Ungarns darstellte: Sie verkörperte und förderte zugleich die Einbindung Ungarns in das westliche Christentum und in das System der Reiche europäischer Prägung.

Es ist Stephan gelungen, das bewußt in Kauf genommene, ja ersehnte ausländische – vor allem bayerische – Mitwirken mit der souveränen, eigenständigen Entwicklung des neuen Reiches glücklich in Einklang zu bringen. Seine Toleranz den „Gästen" (hospites) gegenüber kommt mit großer Deutlichkeit in der VI. Regel des Königsspiegels zum Ausdruck, den er seinem Sohn, Thronfolger Imre, mit auf den Weg geben wollte und den er „Ermahnungen" nannte.

Eingehende historische Analysen ergaben, daß der Verfasser der „Ermahnungen", welche die Prinzipien des Königs wiederspiegeln und deren Text von Stephan genehmigt worden ist, höchstwahrscheinlich ein – namentlich nicht bekannter – bayerischer Priester war.

Sind verschiedene Maximen Stephans auf karolingisches Gedankengut oder auf andere Königsspiegel des ausgehenden ersten Jahrtausends zurückzuführen, wie zum Beispiel die Ratschläge über die Achtung der

Frömmigkeit und des Hochadels, so ist die VI. Regel über die Fremden in Stephans Zeitalter von einer geradezu sensationellen Originalität. Mediävist Balogh verzeichnet gar „eine höchst überraschende, auch in ihrer Formulierung eigenartige These.".

Es ist nicht zu bezweifeln, daß die Landsleute der Königin, die klugen bayerischen Berater – „Entwicklungshelfer" jener Zeit –, an erster Stelle unter den Ausländern gemeint wurden: „Die Gäste (hospites) bringen unterschiedliche Sprachen und Bräuche, verschiedene Wissenschaften und Waffen mit sich, die den königlichen Hof zieren und bereichern." (VI. Regel)

Die Bayern haben da nicht etwa nur aus courtoisie der Königin gegenüber den Vorrang, sondern vielmehr aufgrund der Außenpolitik und der dynastischen Ehe zwischen Stephan und Gisela, kurzum, anhand des Gesamtzusammenhangs, der hier bereits beschrieben worden ist.

Der unmittelbare bayerische Einfluß war bei so entscheidenden Bereichen wie der Gesetzgebung und der territorialen Organisation der Komitate unverkennbar. Dazu heißt es in dem 1984 edierten I. Band des neuen großen Geschichtswerks der Ungarischen Akademie der Wissenschaften über die Geschichte Ungarns: „Wenn Stephan bei seinem Organisationswerk Ratschläge von Gästen beherzigte, so kamen in erster Linie die bayerischen Begleiter seiner Gemahlin in Betracht."

Auf dem Gebiet der Gesetzgebung kann man festhalten, daß Stephan auf der einen Seite eigenständiges magyarisches Rechtsdenken jener frühen Epoche in seine Kodizes eingeführt hat; auf der anderen Seite sind mehrere Bestimmungen der Stephan'schen Gesetzbücher dem bayerischen Volksrecht entnommen, einige auch wortwörtlich.

Ist es somit unumstritten, daß Giselas Bayern den stolzen ersten Platz unter den mit offenen Armen empfangenen Gästen einnahmen, so geht die Bedeutung der Regel VI der „Ermahnungen" doch weit über die freudige Aufnahme der bayerischen Berater und Siedler hinaus.

Stephan begnügt sich nicht damit, daß er die hilfreichen Werke von Gästen aus fremden Ländern für das Wohl des königlichen Hofes und des Reiches preist: Vielmehr ist die Regel VI ein Lobgesang auf die Vielfalt der Völkerschaften schlechthin, und im gleichen Atemzug geißelt der Verfasser die Einfalt von Reichen mit nur einer Sprache und einem Brauch, die schwach und brüchig sind. Dies bedeutet, daß der König nicht etwa nur wenige kluge Ausländer – eben „Entwicklungshelfer" – willkommen heißt. Eine Mehrsprachigkeit umfaßt nämlich viele Ausländer, auch Siedler, die sich im Lande niederlassen, ihre Muttersprache pflegen und beibehalten.

Sodann beruft sich der Text auf das Beispiel Roms, das schon zur Zeit der Könige (753–510 v. Chr.) dadurch zu Größe und Ruhm gelangte, daß viele edle und weise Ausländer in die Stadt strömten.

Die Folgerung, die Stephan am Ende dieses Passus zieht, ist die folgende: „Deswegen befehle ich dir, mein Sohn, daß du die Neuankömmlinge wohlwollend betreust und schätzt, damit sie sich lieber bei dir aufhalten, eher als daß sie bei anderen wohnen würden."

Eine Magna Charta tausendjähriger ungarischer Nationalitätenpolitik? Nein, es wäre geschichtswidrig, Kategorien und Probleme der Neuesten Zeit in Stephans Epoche zurückzuprojizieren. Mit einer „Magna Charta" ungarischer Toleranz und Gastfreundlichkeit dürften wir es aber sehr wohl zu tun haben, aus welcher sich dann allerdings Entwicklungen späterer Jahrhunderte in der Behandlung von Minderheiten ableiten lassen.

Die ungarische Geschichte kennt nämlich keine grausame Unterdrückung von Minderheiten. Palastrevolutionen gegen ausländische Hofcliquen, durchgeführt von wenigen rivalisierenden Aristokraten, kamen wohl vor, gerade auch zur Arpadenzeit, gegen deutsche Höflinge; wir werden über die Verschwörung von 1213 erfahren, die rückwirkend sogar mit Giselas geschichtlicher Rolle in Verbindung gebracht wurde. Massives Auftreten gegen Fremdsprachige ist jedoch der Historie Ungarns unbekannt, schon gar nicht gegen Deutsche. Auch mörderische Judenpogrome wie im mittelalterlichen England, Frankreich und in manchen Teilen Deutschlands, später in Rußland und in Polen hat es übrigens in Ungarn nie gegeben. „Es ist höchst eigenartig", vermerkt ein englischer Historiker eher beiläufig, daß sich die Arpadenkönige den Juden gegenüber viel toleranter verhielten als andere Herrscher ihrer Zeit. In einem Geheimbericht vom 10. Dezember 1943 spottet und klagt denn auch Hitlers Emissär und späterer Statthalter in Ungarn, Veesenmayer, in seiner – von ihm so genannten – „biologisch-wissenschaftlichen" Analyse des „rassisch minderwertigen Nomadenvolkes der Ungarn", daß „der Ungar kein Antisemit" sei. Und es ist viel zu wenig bekannt, daß Ungarn nach 1945 den Potsdamer Befehl zur Deportation der Deutschstämmigen halbherzig ausführte, ja sabotierte, so daß der größere Teil der Ungarndeutschen – vor allem Franken – im Lande blieb.

Zu Stephans und Giselas Zeiten waren es zahlreiche bayerische Priester und Ritter, welche die Gastfreundschaft der Ungarn genossen. Sie waren es, die sich als die wichtigsten und zuverlässigsten Ratgeber in der Organisation der Kirche, der weltlichen Macht mit ihrem Verwaltungsapparat sowie auch im militärischen Bereich erwiesen haben. Es ist kein

Links: Der bayerische Ritter Vencellin (Wenzelin), Ahnherr des ungarischen Adelsgeschlechts von Ják. Rechts: König Stephan in voller Rüstung, in der Rechten die Königsstandarte, in der Linken der Schild, beides mit dem Doppelkreuz über dem Dreierhügel, dem Wappen des apostolischen Königs von Ungarn. Aus: Chronicon Pictum (14. Jh.). Széchényi Nationalbibliothek, Budapest.

Zufall, daß die Regel VI der Ermahnungen auch „neue Waffen" begrüßt, die fremde Gäste mit sich bringen.

Deutsche, vor allem bayerische Ritter, hatten sich in Ungarn auf Dauer niedergelassen. Unter den bayerischen Adelsgeschlechtern, die – auch nach der Rückkehr der Witwe Gisela nach Bayern – in Ungarn blieben, wird beispielsweise die Familie Herman (Hermany) genannt. Wir erfahren die Namen der stolzen ungarischen Geschlechter ausländischer, auch bayerischer Herkunft aus einem Register des Meisters Akos (sprich: Akosch), das in der späten Arpadenzeit entstand.

Giselas Kinder

Als Mutter wurde Gisela mehr Schmerz als Freude zuteil: die Söhne des Herrscherpaares sind, bis auf den späteren Thronfolger Imre, im Säuglings- oder im Kindesalter verstorben. Die genaue Zahl ihrer Kinder ist nicht überliefert. Sohn Stephan starb früh. Sohn Otto, der diesen Namen nach Kaiser Otto III. erhielt, teilte das traurige Schicksal des Erstgeborenen. Imre war höchstwahrscheinlich der drittgeborene Sohn. Es sind auch Namen von Töchtern, wie Hedwig und Ágota (Agathe), bekannt, doch streiten die Historiker heftig über die Daten der Vita, ja über die Identität beider Frauengestalten. Waren Hedwig und Ágota überhaupt Kinder von Stephan und Gisela, oder nur Verwandte irgendeines Grades?

Hedwig habe einen Grafen von Nellenburg geheiratet; als Witwe habe sie an einem Ort (im Sprengel der Mainzer Erzdiözese), der Schwabenheim genannt wurde, ein Nonnenkloster zu Ehren der Muttergottes gegründet. Ágota, deren Identität weniger umstritten ist, soll einen englischen Prinzen namens Edward geheiratet haben, der in Ungarn Zuflucht gesucht hatte. Aus Ágotas Ehe sei eine Tochter Margit hervorgegangen (geb. 1046), die den schottischen König Malcolm III. zum Gemahl hatte und die als Margarete von Schottland 1246 heiliggesprochen wurde (Fest: 10. Juni). Diese hl. Margarete ist nicht identisch mit der hl. Margarete von Ungarn (1242–1270), die ihren Namen der Margareteninsel, einem hübschen Park im heutigen Budapest, gegeben hat.

Hatten Gisela und Stephan tatsächlich auch eine Heilige zur Enkelin? Ihr Sohn Imre (Emmerich) jedenfalls, der Kronprinz, wurde 1083 heiliggesprochen. Sein früher Tod 1031 öffnete ein neues, trauriges Kapitel im Leben des Herrscherpaares, ein Kapitel, das sich deutlich vom Zeitabschnitt 1000–1030, das heißt, von den Jahren der Gründerzeit, des Aufbaus und der Siege unterscheidet.

Deutsch-ungarischer Krieg und Familientragödie

Stephan war kein kriegerischer Fürst, wenn sich aber der Kampf als unvermeidbar erwies, führte er eine scharfe Klinge. So bezwang er die Heere von Thronprätendenten aus der Familie der Arpaden und anderer aufständischer Herren, die selbst die Taufe empfangen hatten, deren Truppen sich aber aus heidnisch gesinnten magyarischen Hitzköpfen rekrutierten. Schon in seinen frühen Feldzügen gegen diese Aufständischen bediente sich Stephan der Waffenhilfe bayerischer Ritter, heute würde man von „Militärberatern" und „Freiwilligen" sprechen. Der König war auch in die Kriege zwischen dem deutschen Kaiser Heinrich II. und Polen verwickelt – etwa 1007 bis 1017 – und bekämpfte Boleslaw den Tapferen, der das Verhältnis zu Ungarn vergiftet hatte, indem er Ehefrau und Sohn nach Hause jagte: Wir kennen bereits die Geschichte von Besprim und seiner bedauernswerten ungarischen Mutter.

Die schwerste Kraftprobe für Stephans Heer bedeutete der Krieg des Jahres 1030. Diesmal hatte er es mit einem deutschen Reichsheer zu tun. 1024 war Schwager Heinrich II. gestorben und der Königs- und Kaiserthron auf die Dynastie der Salier übergegangen. Konrad II. (1024–1039) respektierte die Friedensgrenze zwischen Bayern und Ungarn nicht mehr.

Sicherlich war der Salier ein martialischer Herrscher, der gerne zum Lehnsherrn von Polen, Böhmen und Ungarn geworden wäre. Dennoch kann man den Großangriff von 1030 nicht ohne weiteres ausschließlich nur als Produkt von Kaiser Konrads Expansionslust einstufen. Die Lage war komplizierter und die zahlreichen Quellen, die – jeweils knapp – über den Feldzug berichten, geben Historikern, welche die echten Kriegsgründe ermitteln wollen, noch heute Rätsel auf.

Uns interessiert jedoch die Verwicklung Bayerns – und darüber wird hier in Verbindung mit dem Krieg von 1030 recht viel zu sagen sein – eher als das „gesamtdeutsch"-ungarische Verhältnis.

Vier mögliche Kriegsgründe soll es gegeben haben. Davon sind die zwei letzteren direkt mit Bayern verbunden:

1. Expansionslust des Salierkaisers, der Ungarn als Vasallen einfach ins Reich holen wollte.

2. Gegensätze durch Verwicklungen beider Reiche in die Politik der benachbarten Republik Venedig, insbesondere in Verbindung mit dem Dogengeschlecht der Orseolo.

3. Zwischenfälle und Kleinkrieg entlang der ungarisch-bayrischen Grenze.

4. Anspruch der Ungarn auf den Thron von Bayern nach dem Tod von Heinrich, Bruder der Gisela, 1024.

Insbesondere kommen die Grenzzwischenfälle an der bayerischen Grenze in Verbindung mit allen anderen möglichen Ursachen des Krieges in Betracht, als vordergründiger – und bestimmt nicht als eigentlicher – Kriegsgrund. Zu Punkt 3 räumt der Hofkaplan und Chronist Konrads, Wipo, ein, daß die Zwischenfälle „von den Bayern verschuldet" wurden („culpa Baioariorum"); erst danach hätten die Ungarn das Grenzgebiet verwüstet.

Wir wenden uns hier hauptsächlich der Version zu, wonach sich die Ungarn in die Regelung der bayerischen Erbfolge einmischten. Stephan und Gisela wollten nach dieser Darstellung ihren einzigen überlebenden Sohn, Imre, den ungarischen Thronfolger, zum Bayernherzog machen und damit eine zukünftige Personalunion zwischen den Nachbarländern anstreben, versteht sich, mit Schwerpunkt in Ungarn. Um Imre als Herzog durchzusetzen, sollen Stephan und Gisela ihre Bevollmächtigten zu einem Reichstag nach Regensburg entsandt haben. Einen Anspruch des Herzogs Imre auf Bayern wollten die Ungarn aus einem Erbfolgerecht von

Imres Mutter Gisela, das heißt aus der Abstammung über den weiblichen Zweig der bayerischen Herzöge ableiten. Nachdem aber der Reichstag diesen Anspruch ablehnte, hätten die Ungarn „dem Kaiser und König den Krieg erklärt und die Heimreise angetreten."

Die Version über die Ansprüche des ungarischen Herrscherhauses auf den bayerischen Thron findet sich in zwei Geschichtswerken: in der Chronik des Mönches Ortilo de Lilienfeld (12. Jh.), der seinen Bericht wiederum den Schriften eines Hofkaplans des Markgrafen Albert von Babenberg entnahm; und in der „Bayerischen Chronik" von Johannes Turmair, Aventinus genannt († 1534), eines Bayern, der das erste umfassende Geschichtswerk in deutscher Sprache schrieb.

Bis zuletzt haben Historiker diverse Argumente gegen diese Version ins Feld geführt: Die Behauptung über das Auftreten ungarischer Gesandter in Regensburg sei widersprüchlich, ja anachronistisch, da Kaiser Konrad seinen Sohn Heinrich, den späteren Kaiser Heinrich III., bereits beim Reichstag von 1027, also lange vor dem Krieg von 1030 zum Herzog von Bayern ausrufen ließ, und damit vollendete Tatsachen geschaffen hatte; die Chronik des Ortilo de Lilienfeld sei nachträglich gefälscht worden; die ungarische Einmischung sei einfach erfunden worden, um die Kriegsschuld den Ungarn in die Schuhe zu schieben und um die nackte Aggression Konrads zu verschleiern.

Ein letztes Urteil über die wahren Kriegsgründe zu fällen, ist kaum möglich.

Für den Krieg rief der Kaiser „die Streitkräfte des gesamten Germanien" zwischen Lothringen und der bayerisch-ungarischen Grenze zu den Waffen. Wie sah die bayerische Beteiligung aus? Wir wissen es nicht. Es wird zwar über die Teilnahme des Bischofs von Paderborn und der Babenberger Albert und Ernst, nicht jedoch über Truppen aus Bayern berichtet, was aber keineswegs ausschließt, daß bajuwarische Kontingente mitkämpften. Waren aber die Bayern so glücklich über die Wahl des Kaisersohnes Heinrich zum Herzog, wodurch eine imperiale Lehnsherrschaft über Bayern etabliert worden ist? Versprachen sie sich etwas von einer blutigen Auseinandersetzung mit dem guten Nachbarn, mit dem Reich des großen Christenkönigs Stephan und seiner bayerischen Königin? Im Jahre 1030 waren die Reichsgründung, die Christianisierung Ungarns weit und breit bekannt, Stephan und Gisela genossen ein hohes Ansehen an europäischen Höfen. Ein militärischer Großangriff auf dieses Ungarnreich wurde keineswegs von vornherein als eine edle Tat betrachtet.

Über den Kriegsverlauf ist bekannt, daß das Reichsheer über Bayern nach Ungarn zog. Nach einer Zwischenstation in Regensburg hielt sich der Heerführer Konrad am 15. Juni in Altaich auf, davon berichtet die Altaicher Chronik, die zuverlässigste Quelle über diesen Feldzug.

Einstimmig berichten alle schriftlichen Überlieferungen, daß Konrads Heer vom Wiener Becken ausgehend auf sehr schwierigem Wald- und Sumpfgelände etwa 100 km südostwärts in Ungarn eindrang.

Mit den Tücken des Terrains und mit Schwierigkeiten der Truppenversorgung wurde die Armee nicht fertig, woraufhin sie sich nach Verwüstung des Gebietes zurückzog. Von einer Schlacht spricht keine der Quellen, auch nicht von der Größenordnung der Verluste, welche die Deutschen durch Hunger und Krankheit erleiden mußten. Man weiß auch nicht, inwiefern die Ungarn dem vordringenden Gegner Rückzugsgefechte geliefert haben.

Der deutsch-ungarische Krieg von 1030 kann als klassisches Beispiel für Clausewitz' spätere Thesen über eine Strategie des „Rückzuges in das Innere des Landes" verstanden werden; „Wir haben den freiwilligen Rückzug in das Innere des Landes als eine eigene mittelbare Widerstandsart angesehen, bei welcher der Feind nicht sowohl durch das Schwert als durch seine eigenen Anstrengungen zugrunde gehen soll ... Der Zweck dieses Rückzugs ist, bei dem Angreifenden eine solche Schwächung zu veranlassen und abzuwarten, daß er ... in seinem Vorschreiten von selbst innehalten muß."

Nach einer Vermutung moderner Historiker, die zwar nicht unlogisch, aber durch keinen Chronisten bestätigt ist, soll allerdings auch eine Botschaft von Königin Gisela an ihre deutschen Landsleute dazu beigetragen haben, daß man sich zum Rückzug entschied ...

Über das Ende des Feldzuges berichtet die Altaicher Chronik, daß Konrads Heer bei Wien gefangengenommen worden sei. Die Historiker vermerken, daß dieser Name, der möglicherweise mit dem römischen Heerlager „Vindobona" zu tun hat, das 406 aufgelöst worden war, hier, bei der Kesselschlacht von 1030 erstmalig vorkommt. „Die Eroberung Wiens" durch die Ungarn soll man jedoch nicht überbewerten, da es sich damals noch um eine unbedeutende Ortschaft in Ostbayern handelte.

Die Friedensverhandlungen dauerten über ein Jahr. Von deutscher Seite verhandelten der Bayernherzog Heinrich – Sohn von Kaiser Konrad – und vor allem Eigilbert, Bischof von Freising, „aus dem simplen Grunde, daß die Sache des Friedens Bayern von sehr nahe berührte und andere Teile des Reiches nur mittelbar interessierte", schreibt der ungarische Historiker Gombos 1938. Man kann die „federführende" Rolle der Bayern allerdings auch dahingehend interpretieren, daß der ehrgeizige – aber im Felde besiegte – Kaiser Konrad seinen Namen nur ungern für den Friedensschluß nach einem verlorenen Krieg hergegeben hätte. „Ausbaden" sollten die Niederlage die Bajuwaren, denen an diesem Feldzug wohl gar nicht so sehr gelegen hatte.

Der Friedensvertrag von 1031 verlegte die bayerische Grenze nur geringfügig nach Westen, bis zum Flüßchen Fischa. Stephan ging es um die Behauptung der Unabhängigkeit Ungarns, nicht um territoriale Gewinne, und schon gar nicht um die Demütigung des Reiches.

Tod des Thronfolgers Imre

Der frühe Tod mehrerer Kinder von Stephan und Gisela war schmerzlich. Als Tragödie galt jedoch im Mittelalter das Kindersterben an sich noch nicht: Die katastrophalen hygienischen Verhältnisse hatten zur Folge, daß etwa die Hälfte der Neugeborenen das zehnte Lebensjahr nicht überlebte. Der Tod machte keinen Halt vor den fürstlichen Palästen. In den Königsgruften Europas reihen sich die kleinen Särge und die in Stein gehauenen Gestalten der im Kindesalter verstorbenen Prinzen aneinander, wie beispielsweise in der Basilika St. Denis bei Paris.

Viel trauriger, ja geschichtsträchtig war der frühe Tod des Thronfolgers Imre 1031: Der einzige überlebende Sohn des Herrscherpaares, ein Hoffnungsträger des mächtigen neuen Reiches, ein Jüngling mit edlem Charakter, der Adressat von Stephans „Ermahnungen", ein Prinz, der wahrscheinlich ein würdiger Nachfolger auf dem Thron des hl. Stephan geworden wäre, starb unter tragischen Umständen. Es war sein Tod, der den Lebensabend Stephans überschattete und blutige dynastische Kämpfe heraufbeschwor. Der Name Imre entspricht dem deutschen Emmerich und ist dem Thronfolger wohl in Erinnerung an den Bayernapostel Emmeram gegeben worden, dessen Kult in Ungarn uns schon beschäftigt hat. Gleichzeitig ist Imre die ungarische Version von Heinrich; in den Chroniken wird er denn auch oft „Henricus" genannt.

Imre wurde zwischen 1000 und 1007 geboren. Er überlebte seine älteren Brüder und wuchs zu einem jungen Mann heran, dessen herausragende Frömmigkeit ebenso überliefert ist wie seine Leidenschaft für die Jagd — eine Leidenschaft, die ihn das Leben kosten sollte. Imre heiratete eine Fürstentochter, wahrscheinlich aus dem byzantinischen Herrscherhaus. Kinder hinterließ er nicht, die Quellen berichten über die Josephsehe von Imre. Inwiefern diese Überlieferung der Realität entsprach, oder aber eher nur dem Geist der Zeit seiner Biographen – der Institutionalisierung des Zölibats – Rechnung trug, wer kann das heute wissen?

Kronprinz Imre übernahm den ihm gebührenden Oberbefehl über das königliche Heer. Er schlug sich wahrscheinlich auch im deutsch-ungarischen Krieg von 1030. Wenige Monate nach dem Friedensschluß zwischen Stephan und Kaiser Konrad ereilte Imre der Tod, er wurde, so berichten die Hildesheimer Jahrbücher, während der Jagd „von einem Eber zerfleischt".

Attentat auf König Stephan

In der Geschichtsschreibung erscheint Stephan – der geniale Reichsgründer und Organisator, der stahlharte Gegner rebellischer Heiden, der stolze Kriegsherr des Jahres 1030 – nach Imres Tod plötzlich als ein passiver, in der Frömmigkeit allein Trost suchender, schwerkranker Greis. Die Frage der Thronfolge war völlig offen: Fest stand nur, daß der zweite König von Ungarn aus dem Blute Árpáds stammen mußte. Vettern und Neffen Stephans schärften ihre Klingen. Noch hatte der König den neuen Thronfolger wohl nicht endgültig bestimmt, da schlich sich nachts ein Meuchelmörder an das Krankenlager Stephans. Doch der Zufall wollte es, daß der Dolch im Gewande zu Boden fiel und Stephan erwachte. Der Mordbube verzichtete auf die frevelhafte Tat, er flehte um Gnade, die ihm großzügig gewährt wurde.

Der reumütige Attentäter soll dann Vazul (sprich: Wasul), den Vetter Stephans und Anwärter auf den Thron, belastet haben, der, so berichten einige Quellen, aus der Thronfolge ausgeschlossen werden sollte. Warum? Wegen seines unsteten Charakters, so heißt es, auf Betreiben von Königin Gisela, die wiederum die Erbfolge von Stephans Neffen, des venezianischen Dogensohnes Peter Orseolo energisch durchsetzen wollte.

Steckte tatsächlich Vazul hinter dem mißlungenen Attentat? Sollte er zu Recht oder zu Unrecht aus der Thronfolge – wenn überhaupt – ausgeschlossen werden? Wie groß war der Einfluß Giselas auf den alternden König? Sichere Antworten auf diese Fragen gibt es heute nicht. Unzweifelhaft ist, daß die Königin sich für Peter einsetzte und daß Vazul nach dem Attentat auf Befehl des Hofes geblendet worden ist – eine damals übliche, besonders in Byzanz praktizierte krudele Maßnahme, um die Regierungsunfähigkeit des Opfers sicherzustellen. Vazuls drei Söhne mußten in die Verbannung; zwei von ihnen sollten jedoch noch Könige von Ungarn werden: Endre (Andreas) I. (1046–1060) und Béla I. (1060–1063).

Giselas Rolle bei der Blendung Vazuls ist in der Historiographie umstritten. Ungarische Chroniken, die auf die Regierungszeit von Königen aus dem Vazul-Stamm zurückzuführen sind, oder aber spätere, die mit gewissen Ereignissen des frühen 13. Jahrhunderts in Verbindung stehen, machen „die böse Deutsche" für die Blendung verantwortlich. Es geht um eine Zurückprojizierung der Beurteilung von Königin Gertrud († 1213) auf Gisela. Gertrud von Meranien – im nächsten Kapitel wird sie uns beschäftigen, weil Meranien einst zu Bayern gehörte – machte sich mit ihrem meranischen Gesinde am Hofe ihres Gatten, König Endre II. (1205–1235), allzu breit und wurde samt Gefolgschaft durch ungarische aristokratische Verschwörer ermordet. Diese Zurückprojizierung kann einfach dadurch erklärt werden, daß sich die Chronisten zu Lebzeiten von König Endre II. und unter Béla IV. (1235–1270), dem Sohn von Endre und Gertrud, nicht trauten, die verhaßte Gertrud direkt zu beschimpfen, dafür aber – symbolträchtig – eine längst verstorbene Königin aus Deutschland herabwürdigten: kurzum, sie zielten auf Gertrud, indem sie Gisela trafen.

Das Schicksal sollte es Gisela ermöglichen, sich in der letzten Periode ihres langen Lebens ausschließlich dem Gebet, der Mildtätigkeit und eben auch dem Kunsthandwerk zuzuwenden. Vorher aber mußte sie ihren Leidensweg gehen, denn der königliche Gemahl, ihr Mitstreiter und ihre Stütze, Stephan, verschied am 15. August 1038. Das große Werk der Reichsgründung blieb zwar erhalten, doch mußte das Volk der Magyaren viele Wirren, viel Leid ertragen, die gleich nach dem Tod von Stephan das Land heimsuchten. Noch heute gedenken die Ungarn mit Nostalgie und mit großer Ehrfurcht ihres heiligen Königs Stephan, dessen einbalsamierte rechte Hand erhalten blieb. Jahraus-jahrein führt der Erzbischof von Esztergom eine feierliche Prozession über die Straßen von Budapest und zeigt dem Volk „die Heilige Rechte".

Leidensweg einer Königin

Politik und Dankbarkeit gehen selten Hand in Hand. Besonderen Tadel verdienen allerdings unritterliche Handlungen der brutalen Undankbarkeit, die nicht einmal durch eine – oft so zynisch verherrlichte – Staatsraison diktiert werden. Solcher brutalen Undankbarkeit machte sich König Peter I. (1038–1041, 1044–1046) Königin Gisela gegenüber schuldig: Sie hatte doch Peters Thronanspruch gegen den konkurrierenden legitimen Prätendenten Vazul nach Kräften unterstützt.

Peters Missetaten gegen Witwe Gisela, die gleich geschildert werden, kamen nicht völlig überraschend: Stephan und Gisela waren nicht ohne

Mißtrauen gegen Peter Orseolo gewesen, dessen Bestimmung zum Thronfolger eine Verlegenheitslösung war; unter den verwandten Arpaden fanden sie keinen besseren. Die Altaicher Jahrbücher berichten über einen feierlichen Eid, den Peter vor dem greisen Stephan und den versammelten Würdenträgern des Reiches leisten mußte: Er werde Gisela als Herrin ehren, schützen, ihre Güter nicht antasten.

Doch brach König Peter – eine der dunkelsten Figuren der frühen ungarischen Geschichte schlechthin – schon im zweiten Jahr seiner Herrschaft den Eid; zugleich trat er Werte wie Ehrfurcht und Ritterlichkeit mit Füßen. Die Witwe des Reichsgründers wurde ihrer Freiheit und ihrer Güter beraubt, von ihren bayerischen Landsleuten und anderen Treuergebenen isoliert. Sie verbrachte mehrere Jahre in Unfreiheit. Durch wechselvolle Kämpfe um den Thron und gegen den neuen Kaiser, Heinrich III., der, wie sein Vater Konrad, bestrebt war, Lehnsgewalt über Ungarn auszuüben, änderte sich nicht viel an ihrem traurigen Schicksal. Als dann die Vazul-Partei an die Macht kam (1041–1044), beeilte sich der neue Herrscher, der Arpade Samuel Aba, nicht, Gisela zu befreien: Unritterlich und töricht, aber zumindest psychologisch ein wenig verständlich. Verschlechtert hat sich allerdings die Lage Giselas unter Aba nicht, ein weiterer – indirekter aber klarer – Beweis dafür, daß sie selbst von dieser Partei nicht als die „böse deutsche Intrigantin" betrachtet wurde.

Nachdem dann König Samuel Aba besiegt und getötet, und Peter den Ungarn 1044 als Vasalle Heinrichs II. durch den Kaiser mit Waffengewalt erneut aufoktroyiert worden war, entschloß sich Gisela, die Rückkehr in die alte Heimat beim Kaiser zu erwirken. Der deutsche Herrscher war einst von Bischof Bruno, Giselas Bruder, erzogen worden. Als Bayernherzog hatte Heinrich beim Friedensschluß 1031 Ungarn besucht und Gisela kennengelernt. 1044 nutzte dann Gisela die erneute Anwesenheit des Kaisers in Ungarn, um ihr Anliegen vorzutragen. Sie berief sich zu Recht darauf, daß ihr Leben und die Sicherheit ihrer bayerischen Landsleute in Ungarn gefährdet sein würden, wenn der verhaßte Peter einmal, des kaiserlichen Schutzschildes verlustig geworden, von den Ungarn wieder verjagt würde (Peters zweite Dethronisierung – 1046 – ließ dann tatsächlich nicht lange auf sich warten).

Heinrich ließ nach längerem Zögern Vernunft und wohl auch persönliche Sympathie Gisela gegenüber walten und erklärte sich mit ihrer Heimkehr einverstanden; Peter, seiner Marionette, befahl er, Stephans Witwe freizugeben.

Rückkehr in die alte Heimat.
Die Äbtissin zu Niedernburg (1045–1060)

Erhobenen Hauptes bestieg Gisela das Schiff, das sie und ihre große Gefolgschaft zurück nach Bayern bringen sollte. Was mag sie empfunden haben, als sie ihre ungarische Heimat für immer verläßt? Welche Gefühle mögen sie bewegt haben, als sie dieselben reizvollen Landschaften wiedersieht, die sie als Braut bei der Donaufahrt stromabwärts, fast ein halbes Jahrhundert davor erstmals erblickt hat?

Erleichterung empfand Gisela ganz gewiß: Sie hatte die Freiheit wiedergewonnen; ihr und ihren bayerischen Weggefährten würden die Gefahren nicht mehr drohen, die Ungarns Geschicke nach Stephans Tod in sich bargen. Die Königin hatte den Sturm sehr wohl vorhergesehen und Kaiser Heinrich auf die tödliche Gefährdung ihrer Bayern durch einen bevorstehenden Aufstand gegen Peter dargelegt. In der Tat, die Heimkehr 1045 rettete Gisela und ihre bayerischen Freunde gerade noch vor den Gemetzeln des Jahres 1046. Ein blutiger Bürgerkrieg, welcher als der Heidenaufstand von Vata (spricht: Wata) bekannt ist, in dem es allerdings um die Thronfolge von Vazuls Sohn Endre, dem späteren König von Ungarn (1046–1060) ging, kostete vielen Christenmenschen magyarischer und ausländischer Herkunft, besonders Bischöfen und anderen Geistlichen das Leben. Die bayerischen Geschlechter, die sich in Ungarn niedergelassen hatten, lebten auf ihren Gütern abseits der Stürme des Bürgerkrieges; sie waren der Wut der Aufständischen weniger ausgesetzt. Die bayerischen Prälaten und die Ritter aus Giselas Gefolgschaft hatten das Land mit der Königin zusammen im Vorjahr verlassen.

Bei der frommen Christin wird wohl jede Verbitterung ob der Qualen der letzten Jahre, einer Vergebung den Undankbaren gegenüber und zugleich einer stillen Vorfreude über den ruhigen arbeitsamen Lebensabend gewichen sein, der sie in der bayerischen Heimat erwartete. Und tatsächlich, den letzten Abschnitt ihres langen Lebens wird Gisela im Zeichen des Gebets, der Wohltätigkeit und des künstlerischen Schaffens verbringen. Die wohlverdiente Genugtuung über das große Werk, das sie an der Seite Stephans vollbracht hatte, zeugte bei Gisela keinen Hochmut. Im Augenblick der Heimreise versinkt sie aber auch nicht in passiver Demut. Erhobenen Hauptes, voller Würde geht Gisela an Bord.

Ziel der Reise ist Passau, wo sich Gisela in die Reichsabtei Niedernburg begibt. Sie war als Kind für das Kloster bestimmt worden, wie ihre Schwestern auch; doch war ihre Laufbahn, die wir verfolgt haben, eine andere. Erst die Sechzigjährige nimmt dann den Schleier, nach einem halben Jahrhundert weltlichen Ruhms und geschichtsträchtigen Schaffens. Nach dem Novizinnenjahr wird Gisela bald zur Äbtissin des Klosters Niedernburg gewählt, eines Frauenstifts, in dessen Frühgeschichte wir wohlbekannten Namen begegnen: Es ist kein anderer als der König und Kaiser Arnulf – immer wieder kehrt der Name dieses Bayernfürsten, des ersten Verbündeten der Magyaren (892) in der Historie zurück, die Ungarn und Bayern verbindet –, der in einer Urkunde aus dem Jahre 888 dies Kloster erstmalig nennt. 976 übergibt Kaiser Otto II. das Kloster „in das Eigentum des hl. Stephanus", somit dem Passauer Bistum: Pilgrim ist zu diesem Zeitpunkt Bischof zu Passau!

Als Gisela in das Kloster eintritt, gehorcht das Frauenstift den Regeln des hl. Benedikt, ist Niedernburg eine reichsunmittelbare Abtei, die „zu den ältesten kontinuierlich besetzten Klöstern Bayerns" gehört. Der Name Niedernburg, der später das ganze klösterliche Stadtviertel umfassen wird, ist auf die „Niedere Burg", gleich einer „Unteren Herzogspfalz", zurückzuführen.

Nichts Sicheres ist über einzelne Handlungen Giselas in Niedernburg überliefert; wir wissen auch nicht, inwiefern sie noch Kontakte mit Ungarn pflegte. In den Jahrzehnten nach dem Tod des Reichsgründers Stephan kam das Land nicht zur Ruhe. Es herrschte zwar kein Chaos, doch immer wieder Bürgerkrieg. Die deutschen Kaiser ergriffen jeweils Partei für den einen oder anderen König oder Thronprätendenten, den sie dann militärisch unterstützten. Auch 1060, dem vermutlichen Todesjahr der Äbtissin Gisela, tobte der Bürgerkrieg zwischen König Endre I. und seinem Bruder Béla. Die Deutschen kamen Endre mit einem Heer zu Hilfe. Von der Beteiligung bayerischer Kontingente weiß man nichts Bestimmtes. Es ist nur bekannt, daß sich der Bayer Graf Poto gegen Ende der verlorenen Schlacht auf einem Hügel bis zuletzt mit besonderer Tapferkeit geschlagen hat.

Legendenbildung und Verehrung der seligen Gisela

Die herausragende Gestalt Giselas ging nicht nur in die Historie, sie ging auch in die Legende ein. Ihr Schicksal nach Stephans Tod erregte die Phantasie. Nach einer Legende, die auch von einigen Historikern übernommen wurde, sei Gisela in Ungarn geblieben und an ihrem Sitz zu Veszprém gestorben. Nach einer phantasiereichen Version habe es zwei Königinnen namens Gisela gegeben. Die eine sei früh verstorben, worauf Witwer Stephan eine Dame zur Gemahlin genommen haben soll, die ebenfalls Gisela hieß.

Mit der Behauptung – keiner Legende, sondern einer tendenziösen Geschichtsfälschung –, wonach sie von den Ungarn ermordet worden sei, haben wir uns schon auseinandergesetzt. Schließlich verknüpft man Giselas Vita mit dem Nibelungenlied: Keine Legende, keine Geschichtsfälschung diesmal, sondern ein intellektueller literarisch-historischer Gedankengang von einiger Plausibilität. So soll die Kriemhild des Nibelungenliedes, die in der Dichtung „zu Pilgrims Zeiten" über Passau nach Ungarn zog, einfach mit Gisela identisch gewesen sein, die nun tatsächlich Pilgrims Zeitgenossin war: Eine deutsche Prinzessin, die sich in ein barbarisches und zum Christentum zu bekehrendes Land begibt und dessen Herrscher heiratet. Die Beweisführung dieser Germanisten könnte das Rätsel um die anachronistische Rolle Pilgrims von Passau im Nibelungenlied allerdings lösen, von welcher im II. Kapitel die Rede war. Danach handle es sich nicht um eine willkürliche dichterische Vorverlegung der Wirkung Pilgrims vom 10. ins 5. Jahrhundert, in die Zeit Kriemhilds und Attilas, sondern um eine Art von Symbolik: Unter dem Namen Kriemhild verberge sich Gisela von Bayern, die über Passau nach Ungarn zu ihrem königlichen Gemahl zog. Es ist die Aufgabe weiterer Forschungen und Überlieferungen der Literaturwissenschaft, ein Urteil über diese Version zu fällen.

Heute gilt historisch als sicher, daß Gisela ihren Lebensabend als Äbtissin zu Niedernburg verbrachte und hochbetagt im Jahre 1060, nach manchen Quellen 1065, starb. Das Giselagrab in der Maria-Parz-Kapelle der Heiligkreuzkirche in Niedernburg „besitzt als einziges Heiligen- und Königs-Grab für Passau verehrungsgeschichtlich hohe Bedeutung", so Gottfried Schäffer, Verfasser der neuesten Beschreibung von Kloster Niedernburg. Das Grab und die Verehrung Giselas, die Pilgerfahrten zahlloser Ungarn zur Ruhestätte ihrer ersten Königin haben ihre eigene lange Geschichte: Eine Historie der Bindungen zwischen Ungarn und Bayern, deren herausragende geschichtliche Gestalt und zugleich Symbolfigur Gisela ist.

Eine zeitgenössische Grabplatte – Gisela hat sie angeblich beim Nahen ihres Todes selbst entworfen und herstellen lassen – trägt die Inschrift: „Gisylla Abbatissa". Auf dem Patibulum, einem waagrechten Balken, stehen sich zwei Adler mit erhobenen Schwingen gegenüber: Sie symbolisieren die Herrscherwürde der Toten – Gisela war die einzige Königin unter den Äbtissinnen dieses Klosters. Über der Grabplatte wurde um 1420 ein gotisches Hochgrab errichtet: Dieses bewundern und verehren die heutigen Besucher.

Die Königin und Äbtissin wurde seit Jahrhunderten als „Heilige Gisela" oder als „Selige Gisela" verehrt. Ihr Kult entspricht einer festverwurzelten Tradition; vom Heiligen Stuhl heilig- oder seliggesprochen wurde sie jedoch nicht. Die Öffnung ihres Grabes, die Untersuchung ihrer Gebeine, wovon wir gesprochen haben, als von Giselas Äußerem, von ihrem hohen Körperwuchs und ihrer grazilen Figur die Rede war, diente kirchenhistorischen Zwecken und war mit keinem Kanonisationsverfahren verbunden.

Die Gestalt, die historische Bedeutung von Königin Gisela, ihr Wirken für die Schaffung des ungarischen Staates, für die Kirche in Ungarn, für die Kirche in Bayern als Äbtissin zu Niedernburg – sie stehen kristallklar vor der späten Nachwelt. Gisela verbindet Bayern und Ungarn wie keine andere historische Persönlichkeit. Die bayerische Prinzessin, die Königin der Magyaren wurde, wird noch heute in Passau als „Gisela von Ungarn" verehrt.

KAPITEL IV
Die Arpadenzeit –
Ein Wittelsbacher auf dem ungarischen Thron
(1060–1308)

König Stephan und Ungarns erste Königin, Gisela von Bayern, hatten den Grundstein für einen tausendjährigen ungarischen Staat gelegt. Dieser lebte mit Bayern und mit Deutschland in Frieden und Freundschaft über all die Jahrhunderte. Nachdem die Auseinandersetzungen um die ungarische Thronfolge und die Bürgerkriege in den siebziger Jahren des 11. Jahrhunderts zu Ende gegangen waren, gaben die deutschen Kaiser ihre Versuche auf, sich als Lehnherren des jungen ungarischen Königreichs zu etablieren.

Die Nachbarn Ungarn und Bayern, zwei Flächenstaaten mit zusammenhängenden großen Territorien, knüpften die politischen, dynastischen und kulturellen Bande immer weiter; diese Beziehungen hatten nunmehr Tradition. Auch der große Strom verband diese Länder miteinander, der Handel florierte, die Donauschiffahrt errang wachsende Bedeutung; die Flußschiffahrt bot bei aller Primitivität der Barken immerhin noch mehr Sicherheit als der Landweg.

Einmal in der ungarischen Geschichte schmückte die Stephanskrone das Haupt eines Bayernfürsten, es war König Otto von Wittelsbach, Anfang des 14. Jahrhunderts, von dem dieses Kapitel in der Hauptsache handelt. Noch einmal, genau vier Jahrhunderte danach, boten die Ungarn den Thron erneut einem Bayern an, dem Kurfürsten Max Emanuel.

Die kurze Regierungszeit Ottos (1305–1307) und der gar gescheiterte Plan, Max Emanuel im frühen 18. Jahrhundert zum König von Ungarn zu küren, können den falschen Eindruck erwecken, daß es sich da um Zufälle der Geschichte, um unbedeutende Episoden handelte, die sich zwangsläufig im unübersichtlichen Gestrüpp ephemerer dynastischer Kombinationen und unrealistischer Planspiele jener Jahrhunderte verloren.

Allerdings könnten sich selbst solche kurzlebigen und erfolglosen Versuche einer Personalunion durchaus dazu eignen, daß sie in den elfhundertjährigen bayerisch-ungarischen Beziehungen mit einem gewissen

Stolz vorgezeigt werden. Doch ging es in beiden Fällen um viel mehr. Auch hatte die Auswahl der Person von Otto oder von Max Emanuel mit solchen, doch mehr oder weniger zufälligen Entwicklungen wie die Berufung von Fürsten deutscher Kleinstaaten auf den Thron neu entstandener oder wiederentstandener Balkanstaaten im 19. Jahrhundert nichts zu tun: Rumänien, Hohenzollern – Sigmaringen, Bulgarien, Sachsen – Coburg – Gotha.

Ganz anders bei Otto und bei Max Emanuel von Wittelsbach. Wir werden sehen, daß beide historische Konstellationen tief in der bayerisch-ungarischen Interessengemeinschaft verwurzelt waren. Mehr noch: Über beide Vorgänge weht der Wind der Weltgeschichte.

Das Fürstentum der Babenberger und die territoriale Trennung Bayerns von Ungarn

Die direkte Nachbarschaft zwischen Ungarn und Bayern endete im 12. Jahrhundert mit der Einsetzung der Babenberger als österreichische Herzöge in der ehemaligen Ostmark.

Die Ursprünge der Familie Babenberg verlieren sich im Dunkel der Jahrhunderte: Die Herkunft des Geschlechts ist noch nicht völlig geklärt, so Schlesinger im Gebhardt'schen Geschichtswerk. Immerhin haben sich die Babenberger als Markgrafen im damaligen Ostbayern bereits im ausgehenden 10. Jahrhundert etabliert. Ein Streben nach Verselbständigung war ihnen immer schon eigen. Sie verstanden sich meist auch als Grenzhüter und Gegner in den Beziehungen zu Böhmen und Ungarn, auch dann noch, als die Magyaren die Metamorphose von heidnischen Räuberscharen zur christlichen Großmacht längst vollzogen hatten.

Die langersehnte Eigenständigkeit dem bayerischen Mutterland gegenüber errangen die Babenberger eher durch Zufall, und zwar durch eine momentane Konstellation der Reichspolitik, auf die im I. Kapitel schon hingewiesen wurde, und die in ihren Details wie folgt geartet war:

Der junge Stauferkaiser Friedrich Barbarossa war am Anfang seiner Regierungszeit (1152–1190) darauf angewiesen, sich mit dem mächtigen Gegner seiner Dynastie, dem Welfenherzog Heinrich dem Löwen (1152–1180), zu arrangieren. Der Welfe beanspruchte Bayern ebenso für sich wie der Babenberger Markgraf Heinrich II., „Jasomirgott" († 1177), so genannt wegen seiner Redewendung: „Ja, so mir Gott helfe." Barbarossa fällte nun eine Art „Salomonisches Urteil". Nach diesem, durch einen Reichstag in Regensburg im September 1156 sanktionierten und verkündeten Beschluß fiel das Herzogtum Bayern zwar an Heinrich den Löwen, doch wurde es geteilt. Friedrich Barbarossa erhob dessen Ostteil, die sogenannte Ostmark, zum Herzogtum Österreich und übertrug es Heinrich Jasomirgott und seiner Gemahlin Theodora. Eine symbolträchtige Zeremonie besiegelte den Kompromiß. Heinrich Jasomirgott übergab Kaiser Barbarossa sieben Fahnen, welche die Herrschaft über Bayern symbolisierten: Aus der Hand des Kaisers erhielt Heinrich der Löwe, nunmehr Herzog von Bayern, fünf Fahnen. Zwei Fahnen reichte Friedrich dem Jasomirgott zurück: Dadurch wurde dieser als Herzog von Österreich anerkannt und – wegen seines nun endgültigen Verzichts auf Restbayern – dank einer feierlichen Urkunde, dem „Privilegium minus" (dem kleinen Privileg), mit beachtlichen Vollmachten im frischgebackenen Kleinstaat ausgestattet. Dieser erstreckte sich damals nur auf einen Bruchteil des heutigen Österreich, etwa auf den Nordostteil der Republik. Länder wie die Steiermark, Kärnten, Salzburg, Tirol, das Innviertel, Mühlviertel und der Traungau wurden dem Herzogtum erst später, zum Teil Jahrhunderte später, einverleibt.

War der Name „Ostarrichi" als geographische Bezeichnung eines bayerischen Ostgebiets 996 erstmalig aufgetaucht, so kam seit 1157 nunmehr auch die lateinische Version „Austria" vor, kein Stammesfürstentum also – zumal es einen „österreichischen Germanenstamm" nie gegeben hat –, sondern ein durch das meisterhafte Spiel Barbarossas auf dem Schachbrett der Reichspolitik künstlich geschaffenes Gebilde. Dieses Österreich erlebte allerdings schon im 13. Jahrhundert eine Blütezeit, und es sollte zum Kernland einer Großmacht werden. Durch das Entstehen des Herzogtums Österreich wurden Bayern und Ungarn, die guten Nachbarn, zwei miteinander langfristig befreundete Völker, geographisch getrennt.

Diese Trennung hatte zunächst keine unmittelbaren Folgen für den Austausch zwischen Bayern und dem Magyarenland. Die vielseitigen Beziehungen und die Sympathien verblaßten keineswegs; auch die dynastischen Verbindungen nicht. Der Handel blühte weiter; erst viel später wurde er durch Wiens Stapelrecht gestört.

Viel früher aber, noch vor der Etablierung des legitimen Wiener Stapelrechts, baute das babenbergische Österreich ein „Stapelrecht" eigener merkwürdiger Art aus. Stapelrecht bedeutet das Recht, Warenzüge aufzuhalten und deren Verkauf auf dem eigenen Territorium zu sichern, praktisch zu erzwingen. Nun schienen die Babenberger dieses Recht mehrfach so ausgelegt zu haben, daß eben nicht nur Waren im Herzogtum aufgehalten werden durften.

Große christliche Könige, und zwar Herrscher, die sich gegen die

Heiden tapfer geschlagen hatten, wurden von den babenbergischen Herzögen als eine Art von „Ware" betrachtet, aufgehalten und eingekerkert, dann „feilgeboten" und für legendäre Summen „verkauft" oder gegen horrendes Lösegeld freigelassen.

Der erste „Präzedenzfall" einer Ausübung dieses Babenbergischen „Stapelrechts" (1192), ein frühes Beispiel von Kidnapping also, ist der Weltgeschichte wohl bekannt. Der Kreuzfahrer, König Richard Löwenherz von England braucht nicht vorgestellt zu werden. Als Löwenherz vom III. Kreuzzug unterwegs zurück auf seine Insel – gezwungenermaßen inkognito – über Österreich reiste, ist er in einem Gasthof nahe Wien erkannt und von Herzog Leopold V. verhaftet worden. Im Heiligen Land hatten die beiden Fürsten zwar einen Streit um die Beute sowie einen Konflikt „protokollarischer" Art, aber Blut war nicht geflossen, und nichts rechtfertigte das – milde ausgedrückt unritterliche – Verhalten Leopolds Richard gegenüber. Leopold „verkaufte" dann Richard an dessen politischen Gegner, den Stauferkaiser Heinrich VI. Ein enormes Lösegeld wurde eingetrieben, das Österreichs Finanzen entscheidend stärkte – allerdings nicht sein Ansehen: Für das Vorgehen gegen den Kreuzfahrerkönig wurde Leopold mit dem Kirchenbann belegt.

Nachdem sich dieses „Stapelrecht" so „etabliert hat", fiel ihm ein Ungar zum Opfer: Knappe fünfzig Jahre nach Richard Löwenherz geriet König Béla IV. (1235–1270) in äußerste Not. Er hatte sich dem furchtbaren Mongolenangriff, der zur Besetzung von Rußland, Polen und Ungarn führte, heldenhaft gestellt, wurde aber 1241 vernichtend geschlagen. Er geriet in die Hände des Babenberger Herzogs Friedrichs II. von Österreich. Der große Ungarnkönig, der sein verwüstetes Land dann wiederaufbauen und das Prädikat „Zweiter Reichsgründer" verdienen sollte, kam nur frei, nachdem er vom Herzog gezwungen worden war, drei Komitate Österreich zu überlassen.

Gertrud von Meranien

Béla IV., dem der Babenberger Friedrich II. so übel mitgespielt hatte, war Sohn des Arpadenkönigs Endre II. (Andreas, 1205–1235) und jener Gertrud von Meranien, der wir in Verbindung mit Königin Gisela im vorausgehenden Kapitel bereits begegnet sind.

Meranien hatte bis 1180 zu Bayern gehört und wurde – wie (1156) das Gebiet der Babenberger, das spätere Österreich – durch Friedrich Barbarossa vom bayerischen Stammesherzogtum abgetrennt. Wiederum handelte es sich um eine Regelung im Zusammenhang mit dem Machtkampf zwischen Staufern und Welfen. Die Grafen von Andechs, seit Anfang des 11. Jahrhunderts Vögte des bayerischen Bistums Brixen, wurden 1180 Titularherzöge von Meran. Aus diesem Hause stammte Gertrud, keine „waschechte" bayerische Fürstentochter also wie die große Gisela, doch mit Bayern eben dank dieses Mosaiks mittelalterlicher Herrschaftssysteme verbunden. Ihr Vater, Herzog Berthold IV. von Andechs-Meranien, gab sie dem ungarischen Thronfolger zur Frau.

Endre ging in die ungarische und zugleich in die europäische Verfassungsgeschichte durch seine Goldene Bulle von 1222 ein, eine mit der berühmten Magna Charta von England (1215) vergleichbare Urkunde, welche Freiheiten des Adels und bedeutsame Garantien gegen königliche Willkür bis hin zum Beschwerde- und Widerstandsrecht (Artikel 31) verkündete. Endre war kein Schwächling, aber wiederum auch keine besonders stabile Persönlichkeit. Seine Gemahlin Gertrud dagegen hatte überaus große politische Ambitionen, die sie größtenteils auch durchsetzen konnte. Am Hofe von ihrem meranischen Gesinde umgeben, dehnte sie den unmittelbaren Einfluß ihrer Landsleute auf immer mehr Bereiche der Politik Ungarns aus. Auf ihr Betreiben hin wurde ihr Bruder Erzbischof von Kalocsa, d. h., er erhielt das zweite ungarische Erzbistum (nach Esztergom). Gertruds Leute waren nicht mehr die guten Ratgeber und Organisatoren aus Giselas Gefolgschaft, die bayerischen „Entwicklungshelfer" der Gründerzeit. Auch konnte der kräftige ungarische Staat, um 1200 eine etablierte Großmacht, äußere Hilfe dieser Art kaum mehr gebrauchen. Die fremden Würdenträger, die Gertrud den Magyaren aufzwang, waren also überflüssig, lästig, zudem arrogant.

Die Magyaren waren empört, hohe Würdenträger aus altem ungarischem Adel mußten um ihre Ämter bangen. Bánk, der zweite Mann im Staat, Träger des spezifisch ungarischen Amtes eines Palatinus, eine Art Stellvertreter des Monarchen, mußte auch noch um die Tugend seiner Ehefrau fürchten: Es ging das Gerücht, daß Gertrud seine Gemahlin an einen Meraner verkuppelt habe. (Ein literarisches Denkmal mit politischer Dimension wurde dieser Affäre im 19. Jahrhundert gesetzt, wiederum mit Symbolik. Im populärsten aller ungarischen historischen Dramen (Autor: József Katona) – und Opern –, „Banus Bánk", werden Gertruds böse Meraner gerügt, gemeint sind aber die Habsburger und ihre Österreicher des 19. Jahrhunderts. Im Drama von Katona benutzt übrigens Gertrud einen Liebestrunk, um Bánks Gattin ihrem Verführer gefügig zu machen.)

Die Verschwörung gegen Gertrud und ihre Clique ließ nicht lange auf sich warten: Ungarische Magnaten mit Bánk an der Spitze, schlugen im September 1213 zu, als König Endre im Ausland Krieg führte. Im Pilisgebirge überfielen sie die Königin und ihren Hof, töteten Gertrud und mehrere Meraner; andere konnten flüchten, darunter Gertruds Bruder, Erzbischof Berthold.

Bei der Vergeltung wurden mehrere Rädelsführer geschont. Bánk ging zwar seines Amtes als Palatinus verlustig, hatte aber auch weiterhin wichtige Funktionen inne. Wenige adelige Verschwörer wurden hingerichtet. Die relative Milde erklärt sich wohl durch irgendwelche politische Überlegungen; welche –, darüber schweigen die Quellen.

Béla IV.: sein Schwiegersohn und Enkel

Gertruds Sohn, Kronprinz Béla, zum Zeitpunkt des Todes seiner Mutter noch ein 17jähriger Jüngling, übernahm 1235 die Nachfolge seines Vaters. Nach seiner Schwester, der heiligen Elisabeth, Landgräfin von Thüringen, benannte er eine seiner Töchter (ung.: Erzsébet). Diese Tochter gab Béla 1244 dem Wittelsbacher Heinrich XIII., dem Sohn des niederbayerischen Herzogs Otto des Erlauchten, zur Frau, wohl in der Absicht, die ungarisch-bayerische Freundschaft zu festigen. Aus dieser Ehe ging Otto von Niederbayern, der spätere König von Ungarn hervor, einer der Enkel des „zweiten Reichsgründers."

Und so beschreibt der Historiker Max Spindler die politischen Zusammenhänge und die geschichtsträchtigen Folgen dieser dynastischen Ehe zwischen den Häusern Árpád und Wittelsbach: „Die bayrisch-ungarische Freundschaft trug nicht die erhofften politischen Früchte, zumal als sich den niederbayerischen Wittelsbachern Rudolf von Habsburg in den Weg stellte, der ... 1278 von den Ungarn bei Dürnkrut" in der Entscheidungsschlacht gegen König Ottokar von Böhmen „entscheidend unterstützt" wurde ... „1290 versuchte er schließlich, die Hand auf das Land zu legen, in seinem Machtstreben dem Böhmenkönig nicht unähnlich, der gleichfalls seine Oberhoheit auf Ungarn hatte ausdehnen wollen. Unter Rückgriff auf" Handlungen des 1241–1242 von den Mongolen bedrängten und in eine verzweifelte Lage versetzten Béla IV., „beabsichtigte Rudolf, Ungarn an seinen Sohn Albrecht zu bringen, indem er ihm mit der Begründung, Béla habe 1241 die kaiserliche Lehenshoheit anerkannt, Ungarn als erblichen Lehensbesitz verlieh, wobei er die Erbansprüche" von Bélas „drei Schwiegersöhnen beiseite schob: es waren diese Bélas IV. Enkel Herzog Otto III. von Niederbayern, Bélas Enkel König Wenzel II. von

Böhmen (1278–1305) und Karl Martell von Anjou, dessen Mutter Maria als älteste Schwester König Ladislaus' IV. diesem am nächsten verwandt war."

Der Machtkampf der drei Thronprätendenten nach dem Tod Königs Endre III. († 1301) und zwar 1. des Wittelsbachers Otto von Niederbayern, 2. Wenzels von Böhmen und 3. des Sohnes des – 1290 verstorbenen – Karl Martell von Anjou, Karl Robert, wird noch ausführlich beschrieben: Vorher soll aber die weltgeschichtliche Dimension dieser Pläne und Vorgänge, und insbesondere der potentiellen Bedeutung des ungarischen Königtums des Wittelsbachers Otto, anhand von Spindlers Darstellung erläutert werden.

Die Schicksalsjahre bayerischer, österreichischer und ungarischer Geschichte (1278–1308)

Aus der oben zitierten Zusammenfassung Spindlers geht folgendes hervor:

1. Bereits König Béla IV. strebte durch die Vermählung seiner Tochter mit dem Wittelsbacher eine ungarisch-bayerische Allianz – damals mit Spitze gegen Böhmen – an, allerdings bereits auch gegen Österreich, das gegen Béla mehrfach Krieg führte.

2. Die Gefahr, die von dem expansiven Böhmen ausging, eine Gefahr für das Herzogtum Österreich und für Ungarn, wurde durch den Sieg von Dürnkrut bei Wien 1278 gebannt: Rudolf aus dem Geschlecht der Habsburger, die das Erbe des 1246 ausgestorbenen Hauses Babenberg beanspruchten und dann auch übernommen haben, wurde bei der eigentlichen Begründung der Macht des Hauses Habsburg durch den Sieg über den Böhmenkönig bei Dürnkrut „von den Ungarn entscheidend unterstützt". Man kann dem jungen ungarischen König László IV., der bei Dürnkrut dem Habsburger die Kastanien aus dem Feuer geholt hat, fürwahr nicht vorwerfen, daß er nicht den Weitblick hatte, das Verhängnis der späteren Übermacht Habsburgs für sein Reich vorauszusehen.

3. Kaum war der ungarische Thron 1290 – nach dem erbenlosen frühen Tod von László IV. (1272–1290), Enkel Bélas IV. und Sohn Stephans – vakant, wollte Rudolf „Ungarn als erblichen Lehensbesitz" für Habsburg sichern, was zwar nicht seine Ritterlichkeit dem guten Verbündeten von 1278 gegenüber, jedoch seinen Weitblick und sein staatsmännisches Genie bezeugt: Ungarn, die große Landmasse mit seinem natürlichen Reichtum, zum Erbland der Habsburger und damit dem kleinen Öster-

reich untertan machen zu wollen, wurde zum Eckpfeiler habsburgischer Politik, an der sich von 1290 bis ins späte 19. Jahrhundert nichts, aber auch gar nichts änderte. Daß sich Rudolf dabei auf Handlungen des von den Mongolen arg bedrängten Béla IV. 1241 berief, war aus seiner Sicht verständlich. Aus diesem Grunde darf die Ehrlosigkeit des Friedrich von Babenberg, der das österreichische „Stapelrecht" gegen den gejagten Mongolenbekämpfer Béla IV. gelten ließ und den Ungarn erpreßte, nicht auf Rudolf von Habsburg übertragen werden.

4. Eine Etablierung Ottos auf dem Thron von Ungarn sollte die Garantie für eine dauerhafte Allianz zwischen Bayern und Ungarn in einer neuen Lage sein: Sie waren keine unmittelbaren Nachbarn mehr, es ging nicht einfach um die Erneuerung einer Politik, die ihre Ursprünge in Stephans und Giselas Zeiten hatte, einer Politik der fruchtbaren Zusammenarbeit zweier christlicher Staaten in allen Bereichen, die jedoch unter ganz anderen außenpolitischen Voraussetzungen gedieh. Um die Jahrhundertwende 1300 galt es in erster Linie, der Expansion anderer Mächte Halt zu gebieten, erst Böhmen, dann Österreich.

5. Die Vision Bélas IV., dem ein ungarisch-bayerisches Bündnis vorschwebte, das durch die Vermählung Elisabeths von Ungarn mit Heinrich von Wittelsbach begründet und eben durch diese dynastischen Bande zementiert werden sollte, schien zwar mit Ottos Krönung zum König von Ungarn in Erfüllung zu gehen. Doch trug, so faßt Spindler zusammen, „die bayerisch-ungarische Freundschaft nicht die erhofften politischen Früchte", denn Otto von Wittelsbach konnte sein ungarisches Königtum nicht halten.

Wir werden gleich sehen, daß es in der Gemengelage des Machtkampfes der Anwärter auf den ungarischen Thron im Endeffekt weltpolitische Verwicklungen und nicht die – vordergründigen – Machenschaften ungarischer Feudalherren waren, die den großen Plan der Bayern und der Ungarn vereitelt haben.

Das Interregnum 1301–1308.
Kampf um den ungarischen Thron

Mit dem Tod von König Endre III. (1290–1301) erlosch die Gründerdynastie der Arpaden. „Der letzte goldene Zweig vom Baum der Familie der heiligen Könige ist abgestorben", klagten die Ungarn. Ihre Trauer war berechtigt. Es trat eine jener wenigen und relativ kurzen, aber folgenschweren Episoden der ungarischen Geschichte ein, wo die zentrale

Macht des Herrschers, die doch das mittelalterliche Ungarn – im Gegensatz zu den meisten europäischen Monarchien – immer schon geprägt hat, der Übermacht von regionalen Potentaten wich.

Wir wissen bereits, daß Ungarn immer eine Wahlmonarchie war: der König wurde in der Arpadenzeit aus den Reihen der königlichen Familie gewählt. Mit anderen Worten, es gab keine automatische Erbfolge, nur war die Autorität der Arpadendynastie so groß, daß die Wahl des Königs aus einer anderen Familie nach einem ungeschriebenen Gesetz nicht in Frage kam. Der durch den Monarchen designierte Nachfolger hatte Vorrang, zumal wenn der alte König großes Ansehen genoß. Nicht anders sollte es unter der Dynastie der Anjou (1308–1387) und später sogar bis 1687 sein: Der König wurde durch die Stände – in der Regel aus der herrschenden Dynastie – *gewählt*, bis dann die Habsburger die automatische Erbfolge erzwangen: Die Vision des Rudolf von Habsburg sollte im späten 17. Jahrhundert in Erfüllung gehen.

Und dies waren die Ereignisse und die Verwicklungen im Interregnum 1301–1308:

Unter den Enkeln und Urenkeln von Béla IV. drängte sich nur einer, besser gesagt die Familie eines der Anwärter, nach dem Thron von Ungarn: Karl Robert von Anjou, 1301 ganze zwölf Jahre alt. Die beiden anderen, Wenzel von Böhmen aus dem Haus der Přemysliden, ein Kind wie Karl Robert, und Otto von Wittelsbach, wurden von den Ungarn gerufen. Freilich geschah dies aufgrund der Abstammung beider Fürsten von Béla IV. Aber weder Wenzel noch Otto wollten die Stephanskrone um jeden Preis tragen.

Karl Robert von Anjou war Urenkel von Béla IV., Enkel der Tochter Maria des „zweiten Reichsgründers". Die Familie der Anjou stammte aus Frankreich; sie herrschte in Neapel, verbündete sich eng mit dem Heiligen Stuhl und prägte ein recht trauriges Kapitel der Weltgeschichte: Es war ein Karl von Anjou, der die Enthauptung des letzten Staufers, des 16jährigen Konradin, nach dessen militärischer Niederlage 1268 rücksichtslos erzwungen hatte.

Die Thronfolge Karl Roberts in Ungarn wurde von Papst Bonifaz zielbewußt und mit großem Nachdruck unterstützt. Diese einzige massive und geschichtsträchtige Einmischung Roms in die ungarische Thronfolge sollte sich als erfolgreich erweisen; sie gab letzten Endes den Ausschlag dafür, daß Karl Robert im Thronkampf schließlich die Oberhand gewann. Dieser Herrscher (1308–1342) und sein Sohn Lajos (sprich: Lajosch = Ludwig) der Große (1342–1382) prägten eine glanzvolle Epoche der ungarischen Geschichte. Die spätere historische Rechtfertigung der Anjou-

Herrschaft sollte aber nicht darüber hinwegtäuschen, daß Karl Robert den Ungarn mehr oder weniger auferzwungen wurde.

Karl Robert kam bald nach König Endres Tod ins Land und wurde in Esztergom gekrönt, jedoch nicht mit der Stephanskrone, die nicht im Besitz der Anjoupartei war, sondern mit einer anderen Krone. Ein rechtmäßiger König war Karl Robert somit noch nicht.

Eine „antipäpstliche Partei" als solche hat es in Ungarn – im Gegensatz zu Deutschland – zwar nicht gegeben, zumal sich Rom – abgesehen von mehrfachen Einflußnahmen bei isolierten Problemen – in eigentliche Schicksalsfragen Ungarns bisher nicht eingemischt hatte. Jetzt ging es aber um nichts Geringeres, als um die Nachfolge der Arpaden, um die Frage einer neuen Dynastie für Ungarn.

„Ein Teil der ungarischen Großen lehnte den Anjou als einen von der Kirche eingesetzten König ab und schickte Boten an die Herzöge Otto III. und Stephan I. von Niederbayern, die Söhne der Arpadin Elisabeth, der jüngeren Tochter Bélas IV., und ließ ihnen die ungarische Krone anbieten. Als die Brüder ablehnten und die Boten ,cum honore' (ehrenhaft) wieder heimsandten, ging eine ungarische Gesandtschaft nach Prag zu König Wenzel II. (1278–1305), Enkel der Arpadin Anna, der älteren Tochter Bélas IV. Wenzel verzichtete und gab den Ungarn als König seinen gleichfalls zwölfjährigen ... gleichnamigen Sohn, der als Ladislaus V. (1301–1305) Ende August 1301 in Stuhlweißenburg unter dem Beifall des Volks gekrönt wurde ..." (Spindler)

Mittlerweile organisierte sich die Anjoupartei weiter, sie wartete auf ihre Stunde. Einen blutigen Bürgerkrieg um die Thronfolge hat keiner der Anwärter, auch der Beharrlichste, Anjou, nicht vom Zaun gebrochen. Der Unterstützung Roms und damit der meisten – doch nicht aller – ungarischer Kirchenfürsten sicher, warb Anjou um die Gunst der Feudalherren (etwa ein Dutzend), deren Machtzuwachs schon gegen Ende der Arpadenzeit zu verzeichnen war und welche die Bildung großer unabhängiger Territorialherrschaften nach westlichem Vorbild erstrebten.

König Wenzel von Böhmen gab 1304 auf und kehrte samt der Stephanskrone nach Prag zurück, dem prächtigen Kleinod, dessen schon damals tief in der ungarischen Staatsphilosophie verwurzelte Bedeutung diejenige von anderen Kronen weit übertraf. In der ungeschriebenen ungarischen Verfassung verkörperte nämlich die Stephanskrone eine harmonische Einheit der königlichen Macht und des Adels; keiner der beiden Träger des Reiches durfte sich willkürlich und übermächtig gebaren.

Die „Lehre über die Heilige Krone" wurde durch Verfassungsrechtler noch im „Königreich Ungarn ohne König" 1920–1944 bis zur Perfektion ausgearbeitet und verherrlicht, eine Lehre, die der Verfassungstradition seit dem 13. Jahrhundert entsprach.

Otto von Wittelsbach: rex Hungariae (1305–1307)

Die ungarischen Magnaten, die sich den Anjoukönig nicht wünschten, wandten sich 1305 erneut an den Wittelsbacher. Fürst Ottos Berater am bayerischen Hofe rieten ab, doch der Fünfundvierzigjährige sagte diesmal zu. Er genoß 1305 die Unterstützung mehrerer mächtiger, zum Teil mit den Wittelsbachern verwandter Feudalherren, an erster Stelle der Familie von Németujvár, sodann der Parteigänger des Wenzel von Böhmen, der zugunsten Ottos und nicht seines Gegners Karl Robert verzichtet hatte, einer Minderheit von Bischöfen und anderen Geistlichen, des Palatinus

Otto von Wittelsbach, 1305–1308 König von Ungarn.
Stich aus der Augsburger Ausgabe der Chronik
von Túróczi, 15. Jh.

István, sowie der schon damals dort ansässigen Siebenbürger Sachsen, die in Otto bewußt einen „deutschen Herrscher" begrüßten.

Nachdem der rechtmäßige König der Magyaren, der Přemyslide Wenzel, in Brünn am 9. Oktober 1305 auch offiziell abgedankt hatte, übergab er die Stephanskrone feierlich an Otto. Otto war sich der verfassungsrechtlichen Bedeutung der Heiligen Krone nur zu gut bewußt und hütete das Kleinod wie seinen Augapfel. Bei all seinen, den Umständen entsprechend zwangsläufig gefährlichen Reisen nach und durch Ungarn, trennte er sich nie von der Krone. Ein Drechslermeister fertigte für ihn einen Behälter an, in dem das symbolträchtige Juwel versteckt und zugleich beim Ritt bequem mitgeführt werden konnte. Ottos Sattler leistete aber eine weniger gute Arbeit als der Drechsler, denn der Riemen, mit dem der Behälter am Sattel befestigt war, löste sich während eines Nachtrittes südöstlich von Wien. Erst nach Stunden bemerkte man den Verlust. Ottos Recken kehrten um und siehe! welch' ein Wunder, sie fanden die Krone wieder – nach einer Quelle am Wegrand in einem Sumpf, nach einem anderen ungarischen Chronisten gar mitten auf der vielbenutzten Straße, was wenig glaubhaft, aber um so eher geeignet ist, das „Wunder" auszumahlen. Man deutete es nämlich dergestalt, daß die ewige Heilige Krone für Ungarn nie verloren gehen könne, daß sie aber Otto, der sie nicht gebührend gehütet habe, nicht bis zum Ende seiner Tage werde tragen dürfen (s. Umschlagmotiv).

Otto und sein kleiner Haufen waren gezwungen, von Mähren nach Ungarn bei Nacht und Nebel zu reiten, denn sie durchquerten feindliches, habsburgisches Gebiet. Bis zum Tod seiner ersten Frau (1283), der Tochter Rudolfs von Habsburg, war Otto mit der aufsteigenden neuen Dynastie verwandt und in einem erfolglosen Böhmenfeldzug noch 1304 verbündet gewesen. Doch beim wiederholten Durchzug durch Ottos bayerisches Fürstentum hauste das Habsburgerheer so rücksichtslos, daß der Wittelsbacher das Bündnis zu Recht (und erst nach mehrfacher Vorwarnung) löste. Rudolfs Sohn Albrecht, nunmehr auch deutscher Kaiser (1298–1308) bezichtigte daraufhin Otto des „Verrats". Die Habsburger verwehrten ihm demzufolge 1305 die Durchreise nach Ungarn durch österreichisches Gebiet. Damit, daß er dennoch diesen kürzeren aber inzwischen für ihn höchstgefährlichen Weg einschlug, bewies Otto recht viel Mut. Allerdings war ihm bei der Durchquerung Österreichs ein listenreicher Schneidermeister namens Perchtold mit Rat und Tat behilflich, der es in Wien zum Großmeister der Schützen gebracht hatte. Ottos Reise endete glücklich, er kam heil bei seinen ungarischen Parteigängern in Westungarn an.

Entscheidend für eine Gegnerschaft zwischen Habsburg und Wittelsbach war freilich die große Sorge König Albrechts, die Bayern könnten mit den Ungarn eine Personalunion eingehen, womöglich noch verbündet mit Prag! So schlug sich jetzt der Habsburger, der sich dem ungarischen Thronkampf bis 1305 mehr oder weniger ferngehalten hatte, an die Seite Karl Roberts, gegen Otto von Wittelsbach.

Im Jahre 1305 war Otto wie gesagt 45 Jahre alt, ein erfahrener Kriegsherr und mutiger Kämpfer. Seine staatsmännische „Schläue" und sein reifes Alter wußten seine Ungarn von jeher um so mehr zu schätzen, als die beiden anderen Anwärter 1301 noch zwölfjährige Kinder gewesen waren, keine gute Voraussetzung, wenn eine neue Dynastie das Erbe der Arpaden antreten sollte.

Die Partei Ottos umfaßte im Herbst 1305 den Adel von Transdanubien (Westungarn), der Tiefebene zwischen Donau und Theiß, allesamt auch Gefolgsleute seiner Hauptstütze, der mächtigen Familie von Németujvár, auch Herren von Köszeg, zu deutsch Güssinger genannt, sowie Magnaten und Landadelige des heutigen Nordostungarn. Auch die Bürger der historischen Königssitze, der Städte Esztergom (Gran), Buda und Székesfehérvár (Stuhlweißenburg), hielten zum Wittelsbacher. Die Siebenbürger Sachsen, vertreten durch die Grafen Blaufuß, Goblin und Nikolaus jubelten ihm zu. All diese Parteigänger Ottos hielten einen Reichstag ab, bei dem die Königswahl durchgeführt werden sollte. Am Nikolaustag, dem 6. Dezember 1305 war es endlich so weit: Zu Stuhlweißenberg wurde Otto von zwei Bischöfen zum König von Ungarn gesalbt und mit der Stephanskrone gekrönt. Ein feierlicher Zug begleitete ihn nach Buda. Mit der Stephanskrone auf dem Haupt, in königlichem Prachtgewand ritt der Wittelsbacher durch die Straßen der Hauptstadt, zeigte sich als rechtmäßiger König von Ungarn.

Und so sah in jenem Spätherbst 1305 die Kehrseite der Medaille aus:

Die Anjoupartei blieb nicht inaktiv. Ihr erster Schlag traf die Hauptstütze Ottos, die mächtigen Herren von Németujvár (Köszeg). Zur Abschreckung aller Anhänger Ottos wurden die Ländereien dieses Magnatengeschlechts in Westungarn verwüstet. Der erste Kirchenfürst des Reiches, Erzbischof Tamás (sprich: Tamasch) von Esztergom, belegte Iván und Henrik von Németujvár mit dem Kirchenbann: Von der Kanzel der Kirche seiner Probstei zu Stuhlweißenburg – sein erzbischöflicher Sitz Esztergom war in Ottos Hand – donnerte er gegen die Herren Iván und Henrik, sie hätten „König Karl Robert verraten, Güter des Erzstifts rechtswidrig beschlagnahmt, das Volk tyrannisiert", sie seien des Satans.

Gleichzeitig ermahnte der Erzbischof die übrigen Anhänger des Wittels-

Siegel Ottos von Wittelsbach.
Bayerisches Hauptstaatsarchiv, München.

bachers eindringlich, sie sollten „dem Usurpator Otto" abschwören. Die
Kirche statuierte ein Exempel. Es sollte seine Wirkung nicht verfehlen.

Die Mehrheit der Kirchenfürsten hielt zu Karl Robert, dem Schützling
Roms: Die Erzbischöfe von Esztergom und Kalocsa sowie alle Bischöfe,
bis auf die zwei, die Otto von Wittelsbach gekrönt hatten, unterstützten
den Anjoufürsten. Sie beharrten unumstößlich auf der Tatsache, daß die
Krönung Ottos von „unrechter Hand, nur den Bischöfen von Veszprém
und Csanád vorgenommen worden ist", nachdem sich die beiden zustän-
digen Erzbischöfe samt dem übrigen Episkopat Otto versagt hatten. Ein in
sich stichhaltiges aber viel zu schwaches Argument gegen die Legitimität
eines Königs, welcher durch den — wenn auch nicht vollständigen —
Reichstag gewählt, der von Bischöfen gesalbt und der mit der Stephanskrone gekrönt worden ist, einen Herrscher, in dessen Adern Arpáds Blut
floß.

Wichtig — wahrscheinlich entscheidend für den Ausgang des Thronkampfes zwischen Karl Robert und Otto — war der Umstand, daß sich der
König darauf einließ, einen einjährigen Waffenstillstand mit der Anjoupartei einzugehen, und daß die Zeit für Karl Robert arbeitete: Im Laufe des
Jahres 1306 erstarkte die Anjoupartei mehr und mehr, vornehmlich durch

die kirchliche Schirmherrschaft. Otto gelang es hingegen nicht, seine Positionen auszubauen. Was dieses Jahr anbelangt, schweigen die Quellen über Ottos Aktionen und über seinen Aufenthalt in Ungarn schlechthin.

Die Partei Karl Roberts nutzte also die Atempause, um zu überzeugen und zu drohen. Nach dem Ablauf des Waffenstillstands schlug sie zu: Esztergom wurde durch die Anjouanhänger belagert und eingenommen, die Hauptstadt Buda, wo auch die Kleriker Karl Robert recht energisch bekämpften – sie hatten sogar eine, kirchenrechtlich freilich irrelevante „Exkommunikation" des Papstes und des ungarischen hohen Klerus ausgesprochen! – wurde im Handstreich genommen. Die Drohung mit dem Kirchenbann gegen alle Anhänger Ottos, ja gegen das ganze Reich wurde nur allzu deutlich: Im wiedergewonnenen Esztergom verkündete Erzbischof Tamás die päpstlichen Dekrete, wonach „ihr erfahren und daran nicht zweifeln sollt, daß ganz Ungarn mit dem Kirchenbann gestraft wird und daß gegen die Rebellen, die König Karl Robert verraten und seiner Rechte beraubt haben, ein allgemeiner Kreuzzug geführt wird".

Verrat am Wittelsbacher

Es folgt das traurige Finale in Siebenbürgen, im Frühjahr 1307: Otto handelte dort nach einem bestimmten – einem logischen, einem an sich guten – Plan: Er begab sich nach Siebenbürgen, um den mächtigen Feudalherrn, László Kán durch eine dynastische Ehe für sich zu gewinnen. In Westungarn, in der Tiefebene, in den Komitaten nördlich und nordöstlich der Ebene hatte der Adel von Anfang an zu Otto gehalten. Doch das Damoklesschwert des Kirchenbanns schwebte über seinen Anhängern; sie waren verunsichert. Zwar hatte die Großaktion der Kirche somit ihre Wirkung nicht verfehlt; zwar begann die Front der Wittelsbacher Partei in West- und Nordungarn abzubröckeln; doch noch war Otto rechtmäßiger König und genoß Unterstützung in weiten Teilen des Landes. Ein festes Bündnis mit dem Herrn des Südostens bot sich an; dies Bündnis einzugehen, das Lager seiner Anhänger für die nächste Kraftprobe mit der Anjoupartei entscheidend zu stärken, sich auf das Bollwerk der Herren von Németujvár im Westen und zugleich auf Siebenbürgen im Osten zu stützen, dies war das Gebot der Stunde.

Otto war verwandt mit der Gemahlin von László Kán, des Woiewoden von Siebenbürgen; diese Bezeichnung soll allerdings nicht darüber hinwegtäuschen, daß László Kán seine Macht weniger diesem sowieso schlecht definierbaren Amt, als seinem Grundbesitz verdankte. Siebenbürgen war schon immer ein Teil Ungarns, wie alle anderen Gebiete des Karpatenbeckens auch; es sonderte sich keineswegs als eigenständige Einheit, höchstens geographisch, wegen seines Standortes im Südosten und seiner Hochgebirge, von der Tiefebene und den Mittelgebirgen des Magyarenreiches ab. László Kán nutzte diese Lage, wie alle Regionalpotentate: Er mehrte seinen Machtbereich mit allen, aber auch allen Mitteln. Durch einen direkten Eingriff in den Thronkampf konnte László also besonders viel gewinnen, aber auch verlieren. Auf welche Seite würde er sich schlagen? Otto hielt um die Hand seiner Tochter an; des Königs Schwiegervater zu werden, war höchst verlockend, und wir haben gesehen, Otto hatte noch eine echte Chance, seine Macht zu festigen, siegreich aus dem Thronkampf hervorzugehen.

Es ist wahrscheinlich, daß anfangs auch der Woiewode den Heiratsplan – und damit freilich ein echtes Bündnis zwischen ihm und dem königlichen Schwiegersohn – ernstgenommen hat; jedoch nur aus Kalkül: Er wollte auf der Seite des Gewinners sein und noch hielt er Otto für den Stärkeren. László war ein eiskalter, rücksichtsloser Machtmensch, und, wie sich bald herausstellen sollte, zugleich ein Schurke von der übelsten Sorte.

Der ungarische Historiker Pór beurteilt den Plan des Bündnisses und der Vermählung des Königs mit der Woiewodentochter als „ein Geschäft – denn Woiewode László betrachtete es nur als ein solches –, das sich in einem Teufelskreis verlor".

Den „Teufelskreis" und damit Lászlós finstere Gedankengänge beschreibt dann Pór wie folgt: „Ist er (László) in der Lage, Ottos Thron zu bewahren, kann er die eigene Macht und den eigenen Besitz ohne Otto leichter verteidigen; wenn er hingegen seine eigene Position nicht halten kann, ist er auch außerstande, Otto zu retten."

Wie dem auch sei, László ging es in seiner unbändigen Machtgier nur darum, sich zuletzt an die Seite des Stärkeren zu schlagen, an sich kein ungewöhnliches Verhalten in der Politik. Doch hätte er auch abwarten, sich zurückhalten, die Vermählung seiner Tochter hinauszögern können, bis er klarer gesehen hätte, wer im Machtkampf die Oberhand gewinnt. Auf den niederträchtigen Bubenstreich, den der Woiewode schließlich gespielt hat, war er fürwahr nicht angewiesen.

In Siebenbürgen, wo Otto sich erst in der Stadt Beszterce (sprich: Besterze) aufhielt, wurde er von den treuen Sachsen begrüßt. Sie luden den König herzlich nach Hermannstadt ein. Warnungen mögen von ihnen und auch von den bayerischen Begleitern Ottos ausgegangen sein: Er solle sich doch lieber nicht zum Woiewoden begeben. Doch Otto ging unbeirrbar

seinen Weg, der ihn in die Falle Lászlós führte. Der zur Hochzeit angerei-
ste König wurde überrumpelt, in Gefangenschaft geworfen, der Woiewode
bemächtigte sich der Stephanskrone, die der Monarch mit sich führte.
Otto wird gerade noch mit dem Leben davonkommen.

Wie unüberlegt handelte, wie blauäugig war Otto von Wittelsbach? Was
wir über seinen Charakter wissen, reicht aus, um festzustellen, daß er eine
starke, wenn auch keine überragende Persönlichkeit war, ganz gewiß ein
guter Heerführer und Staatsmann, kein Naivling, aber auch kein Abenteu-
rer. Vergessen wir auch seine Absage an die erste Delegation der Ungarn
nicht, die ihm 1301 schon einmal die Stephanskrone angeboten hatte.
Sein Verzicht zeugt da, wenn nicht zwangsläufig von staatsmännischer
Größe, so doch von Maß und Vorsicht.

Nach M. Spindler mißglückte das Unternehmen Ottos „wegen der
fehlenden persönlichen Kenntnis und nicht richtigen Einschätzung der
ungarischen Verhältnisse auf Seite Ottos und seiner Berater, wegen der
mangelnden Verbindung mit den heimatlichen Hilfsquellen, vor allem
aber wegen der Macht und Stärke der Gegner, die hinter Karl Robert
standen, der Kurie, die den Wittelsbachern ihre staufische Vergangenheit
nicht verzeihen konnte, und König Albrechts, dessen Plänen ein wittelsbachisches Königtum in Ungarn entgegenstand. Da Albrecht auch Verbindung zum Woiwoden Ladislaus besaß, konnte, kaum zu Unrecht, in
Bayern der Verdacht aufkommen, er habe bei dem an Otto begangenen
Verrat seine Hand im Spiel gehabt."

Ohne Zweifel hat sich der Waffenstillstand negativ auf die Sache Ottos
ausgewirkt. Doch wer konnte das im voraus wissen? Alles in allem
durften die „fehlenden persönlichen Kenntnisse" und eine Fehleinschät-
zung der ungarischen Verhältnisse seitens Ottos und seiner Berater aber
weniger ins Gewicht gefallen sein, als nach der Spindlerschen Darstellung.

Das Bündnis und die geplante Vermählung entsprachen grundsätzlich
einem klugen, realistischen Plan. Doch hätte der König den Ort der
Hochzeit in seinen gesicherten Machtbereich, nach West- oder Mittelun-
garn verlegen und nicht selbst zum Woiwoden reisen sollen. Wahrscheinlich wollte aber Otto verständlicherweise um die Unterstützung
ganz Siebenbürgens vor Ort werben, Prunk und Macht demonstrieren, wie
beim Königsritt zu Buda 1305. Außerdem stellte er Vertrauen über Argwohn. Letzten Endes mußte er doch nicht vermuten, daß sich ein ungarischer Magnat aus uraltem Adelsgeschlecht, wie László Kán, eines so
niederträchtigen Vertrauensbruchs schuldig machen würde.

Was die Komplizen Lászlós in der Anjoupartei und – wie Spindler sehr zu Recht vermutet – bei dem Habsburger anbelangt, ändert deren Anstiftung ganz und gar nichts an der Beurteilung des Woiewoden, des mächtigen Feudalherren, der ja schließlich nicht etwa als gedungener kleiner Vollstrecker der Missetat handelte. Bald hatte übrigens auch die Anjoupartei unter dem üblen Charakter, unter dem Größenwahn des Woiewoden zu leiden. Dieser erpreßte nämlich Karl Robert mit der Stephanskrone, die er in seinem Besitz hatte. Erst 1310 „rückte er sie heraus" und leistete Karl Robert den Treueeid.

Es war wohl Lászlós Gemahlin, die das Leben des Königs rettete; sie leitete seine Freilassung ein, die in Szeged noch im Laufe des Jahres 1307 erfolgte. Otto wurde dem Grafen Ugrin von Ujlak mit der Auflage übergeben, daß der entmachtete König das Land unverzüglich zu verlassen habe. Im Februar 1308 finden wir Otto bereits in Niederbayern. Der Bayernherzog wurde zu Hause liebevoll aufgenommen. Nach der Interpretation von Pór griff dann Otto Ende 1309, „um sich an den Böswilligen, den Herzögen von Österreich zu rechen", deren Burg Neuburg an der Inn an und nahm sie im Januar 1310 ein.

Otto von Niederbayern regierte in seinem Herzogtum bis zu seinem Tode, der am 9. September 1312 eintrat. Den Titel des Königs von Ungarn trug er bis zum Ende seiner Tage. Die bayerische Geschichtsschreibung berichtet ausgiebig über Ottos recht turbulente, bis zuletzt noch durch kriegerische Auseinandersetzungen mit Habsburg ausgefüllte Regierungszeit und über innenpolitische Ereignisse, die mit dem ungarischen Königtum Ottos wenig oder nur sehr mittelbar zu tun hatten ...

Ein Zeitgenosse gedachte erbittert des Sieges der – päpstlichen – Anjoupartei über Otto von Wittelsbach:

> Beata Ungheria se non
> si lascia più malmenare
> (Selig ist Ungarn, wenn es
> sich nicht mehr irreführen läßt)

Kein Geringerer als Dante Alighieri schrieb diese Zeilen in seiner „Göttlichen Komödie" nieder, jenem einzigartigen Meisterwerk der Kultur- und Literaturgeschichte, zugleich einer leidenschaftlichen Kampfschrift des antipäpstlichen Politikers Dante.

KAPITEL V
Die ungarische Großmacht –
Die Wittelsbacher Kaiser und Teilherzöge
(1308–1526)

Ludwig der Bayer und die ungarischen Anjou

Die deutsche Kaiserherrlichkeit in Italien starb im späten Mittelalter allmählich dahin. Rudolf von Habsburg, zu Beginn des Zeitalters, wagte den Romzug zur Kaiserkrönung nicht, um den Papst, dessen Wohlwollen er brauchte, nicht zu irritieren; Maximilian I. schließlich, der „letzte Ritter", glaubte gut zwei Jahrhunderte später, auf eine Kaiserkrönung durch den Papst überhaupt verzichten zu können.

Doch zu Beginn des 14. Jahrhunderts hatte Heinrich von Luxemburg (1308–1313) mit seinem verlustreichen Romzug das Thema Italien wieder in die deutsche Politik eingeführt, sehr zum Verdruß des Papstes, der in Avignon residierte, und folglich auch der Franzosen, die nicht nur in Paris, sondern auch in Neapel herrschten und keinen deutschen Einfluß in Italien dulden wollten. Sobald auf deutscher Seite die bayerischen Wittelsbacher auftraten und auf päpstlich-französischer Seite die Könige von Ungarn, wird dieser Dauerkonflikt der Jahrzehnte um 1300 zu einem dominierenden Thema der bayerisch-ungarischen Beziehungen.

1314 war Ludwig IV., Herzog von Oberbayern, Pfalzgraf bei Rhein und mütterlicherseits ein Enkel des erwähnten Rudolf von Habsburg, von einem Teil der Kurfürsten nach Heinrichs Tod zum deutschen König und Nachfolger gewählt worden; der andere Teil der Kurfürsten aber wählte Friedrich „den Schönen", Herzog von Österreich, und die Entscheidung zwischen Wittelsbach und Habsburg mußte mit den Waffen erzwungen werden. Auf der Seite Friedrichs stand Karl Robert von Anjou, den die Ungarn 1308 zu ihrem König gemacht hatten.

Hinter den Fronten des deutschen Thronkampfes tauchten dabei die politischen Fronten des östlichen Mitteleuropa auf: das habsburgisch-ungarische Bündnis war die Folge der Distanz Ungarns zu König Johann von Böhmen, die daraus herrührte, daß Karl Robert 1320 eine polnische Prinzessin, die Tochter des Königs Wladislaw Lokietek, geheiratet hatte – Böhmen aber beanspruchte den polnischen Thron. Ferner schwebten zwischen Habsburg und Karl Robert Bündnisverhandlungen, da Habsburg den Anjou gegen die böhmischen Absichten auf die ungarische Königskrone nach dem Tode Andreas' III. unterstützt hatte. So schloß Böhmen sich gegen Habsburg dem deutschen Thronanwärter Ludwig dem Bayern an, und Ungarn schickte daher Friedrich dem Schönen Hilfe.

Wer auch immer von den beiden deutschen Prätendenten den Streit für sich entscheiden konnte, mußte damit rechnen, daß seine Italienpolitik von den ungarischen Anjou ebenso wie von denen in Neapel argwöhnisch beobachtet werden würde. Ludwig von Oberbayern siegte, man muß sagen: trotz der ungarischen Unterstützung für Friedrich. Aber das von den Habsburgern während der ungarischen Thronwirren mit Beschlag belegte Preßburg bekam Karl Robert als ausbedungene Gegenleistung dennoch zurück.

Auf Anregung des Papstes rückte Friedrich, der lange gezögert hatte, im September 1322 in Bayern ein, mit 2200 österreichischen Rittern und mit ca. 4000 „Heyden und mit Ungern die im chunig Karel van Ungern sein öheym ze helffe gelihen hat", wie ein zeitgenössischer Salzburger berichtet, einer der ersten Geschichtsschreiber in deutscher Sprache, dessen Namen wir jedoch leider nicht kennen. Am 28. September trafen die beiden Heere südlich des Flußlaufes der Isen, zwischen Erharting und Ötting nordöstlich von Mühldorf aufeinander. 1500 „Behelmte", also Ritter, und 3000 Mann Fußvolk kämpften auf Ludwigs Seite. Auf Friedrichs Seite sprengten die Ritter voran, die „Heyden", wohl Kumanen, und die Ungarn als Leichtbewaffnete hinterdrein. Friedrichs Marschälle rieten zur Vermeidung der Schlacht, denn ein Blick über die Isen und auf den dortigen Anmarsch hatte ihnen Bedenken über die Stärke der bayerischen Armee eingegeben. Doch zornig fertigte sie der Herzog ab, „er hätte so viel Witwen und Waisen gemacht und so viel Unbill der Christenheit zugefügt, daß er den Streit nicht länger aufschieben wollte, egal, wie er ausginge". So kam es zum Zusammenstoß.

Mit der Schilderung der taktischen Einzelheiten ist es dabei eine etwas mißliche Sache, denn während nach der anonymen Salzburger Quelle die Einleitung der Schlacht von Friedrich gewollt war, berichtet ein anderer Zeitgenosse und, im Gegensatz zu dem Salzburger, ein Parteigänger Ludwigs, der Mönch von Fürstenfeld, der Bayer hätte dem Österreicher die Schlacht aufgezwungen. Ungarn und Kumanen hielten sich aus dem Kampf nicht etwa als Reserve heraus, sondern sollen besonders hohe

Verluste erlitten haben. „Alle die Herren, die da waren, die fochten tapfer, die Ungarn und die Heiden".

Was mit dem Schlagwort „die letzte Ritterschlacht" in die Geschichte einging, fand zu wesentlichen Teilen zu Fuß statt, denn Ludwig verfiel auf die durchaus un-chevalereske Taktik, Ritter absitzen zu lassen, um sie gegen die Pferde der österreichischen Ritter ins Feld zu führen. War den Eisenmännern ihr Roß unter dem Sattel abgestochen und zusammengebrochen, mußten sie mit lautem und hilflosem Rasseln ebenfalls zu Boden oder, falls sie wieder auf die Beine kamen, ihre Tapferkeit nunmehr als Infanteristen beweisen.

Die Entscheidung in dem Getümmel brachte Ludwigs Reserve, die Reiterei des Burggrafen von Nürnberg: ausgeruht stürzte sie sich auf die beiden Flügel des Feindes und verursachte damit einen solchen Schrecken, daß als erste Ungarn und Kumanen davonstoben und nur so der nachfolgenden Umzingelung und Niedermetzelung des habsburgischen Heeres entgingen. Man darf darüber spekulieren, ob Friedrich nicht gut daran getan hätte, sich ebenfalls eine Reserve zuzulegen, denn es war nicht die erste Schlacht, über die auch Friedrich Bescheid wissen konnte, bei der frische Ersatztruppen den entscheidenden Stoß führten. Allerdings wären Ungarn und Kumanen, da Leichtbewaffnete, für diese Bestimmung nicht in Frage gekommen.

Friedrich wurde gefangengenommen. Als die Sonne sank, war sein Heer vernichtet, der Thronstreit war entschieden. Beflissen bestätigte man dem Sieger, er habe ein Gottesurteil erstritten, denn die Österreicher seien unterlegen wegen ihrer heidnischen Hilfstruppen, die schon auf dem Anmarsch entlang der Donau und des Inns das christliche Land hart drangsaliert hatten.

Ludwig der Bayer hatte selbst nach diesem Sieg zu viele Sorgen, um den Krieg gegen den König von Ungarn fortzuführen. Er traf sich mit diesem in Zukunft lieber auf dem politischen Schachbrett, in den dynastischen Kombinationen und Machinationen, die im späten Mittelalter besonders vielseitig und schnellebig ausfielen. Jeder Dynast in Europa konnte mit jedem gegen jeden stehen; es gab keine Erbfeinde, und geographische („geopolitische") Zwänge nur recht bedingt. Bemerkenswert ist jedoch, daß Bayern als nur eines der Territorien des Heiligen Römischen Reiches, wenn auch als eines der gewichtigsten, sich seiner Haut gegen die umgebenden Territorialgewalten erwehren mußte. Deshalb konnte es nicht immer Politik im großen, ausgreifenden Stil betreiben. Seine Beziehungen zu Ungarn waren aus diesem Grunde auch nicht immer für beide Beteiligten von erstrangiger Bedeutung.

95

Ungarn dagegen, ein großes, in sich gefestigtes Reich, an die Dynastie der Anjou und damit an deren Europa umspannende Interessen gebunden, sogar mit Ambitionen im Orient, auch ohne die Ankoppelung an eine französische Dynastie bedeutend genug, da selbst ungefähr von der Größe Frankreichs – dieses Ungarn konnte stets europaweite Politik betreiben und hat es auch bewußt getan, bis hin zur Überwältigung durch die Osmanen.

Versuchen wir also, durch das politische Gewirr dieser Generationen Schneisen zu schlagen, indem wir es nach seinen bayerischen und seinen ungarischen Mitgestaltern ordnen und so in einen Teil der verschlungenen Verbindungen ein gewisses System bringen. Die Kombinationsmöglichkeiten zwischen den Hauptakteuren sind natürlich zahlreicher als diese selbst: neben Münchner Wittelsbachern und den ungarischen Anjous die Habsburger und (seit 1310) die Luxemburger als Könige von Böhmen, ferner die Anjous in Neapel – weitere Mitspieler bei sich bietender Gelegenheit nicht ausgeschlossen.

1327 zog Ludwig der Bayer nach Italien, um sich in Opposition zu dem in Avignon sitzenden Papst die Kaiserkrone zu holen. Er mußte dabei den Kampf mit den Guelfen aufnehmen, den Feinden des Kaisers auf der Halbinsel, und mit dem mächtigsten Fürsten, der die Guelfen unterstützte, König Karl Anjou von Neapel. Karl Robert Anjou von Ungarn konnte seinem Verwandten den Widerstand gegen Ludwig überlassen und dachte im Augenblick nicht daran, deswegen im Reich selbst einzugreifen. Zudem hatte er wieder einmal Schwierigkeiten mit Österreich: Nachdem die Habsburger das unlängst zurückgegebene Preßburg abermals besetzt hatten, und nachdem Friedrich „der Schöne" seine Tochter an den Sohn des in Ungarn gescheiterten niederbayerischen Otto verheiratet hatte –, verband der Anjou sich diesmal mit Johann von Böhmen und überzog die Habsburger 1328 mit Krieg. Friedrich mußte schnell einlenken und versprechen, die Niederbayern nicht mehr gegen Karl Robert auszuspielen.

Nicht zuletzt wegen der hartnäckigen Gegenwirkung des neapolitanischen Anjou verließ Ludwig Italien wieder, ohne dort etwas anderes ausgerichtet zu haben als seine Kaiserkrönung – immer noch in Opposition zum Papst. Nun aber trat die andere Konkurrenz der Wittelsbacher auf den Plan, die Dynastie der Luxemburger, an ihrer Spitze König Johann von Böhmen und Markgraf von Mähren, ein unentwegter Ränkeschmied. Wegen der Nähe seines kompakten Herrschaftsgebietes zu Bayern und Ungarn war er sowohl für Ludwig als auch für Karl Robert der wichtigste Politik-Partner.

Johann bewies einmal mehr seine Durchtriebenheit, indem er nach dem Abzug Ludwigs seinerseits im Dezember 1330 nach Italien zog und sich dort gebärdete, als ob er im Auftrag des Kaisers aufträte. Damit hatte er in der Lombardei einigen Erfolg – Ludwig konnte nicht anders als alarmiert sein, zumal Johann nun auch noch in vollendeter Doppelzüngigkeit mit dem Papst über die Sicherung seiner Herrschaft in Italien zu verhandeln begann.

Das aber mußte auch den Ungarn mißfallen, denn sie hatten nicht die habsburgische Schwächung durch die Niederlage bei Mühldorf (1322) hingenommen, um an der Stelle Friedrichs „des Schönen" und von dessen Nachfolgern eine Stärkung der luxemburgisch-böhmischen Macht an ihren Grenzen zu erleben. Auch der neapolitanische Anjou war an einer luxemburgischen Herrschaft in Italien nicht interessiert.

Daher handelte Karl Robert im ungarischen und im eigenen dynastischen Sinne, aber auch ganz in dem Kaiser Ludwigs des Bayern, als er 1330 mit polnischer Beteiligung in Böhmen einbrach. Ludwig der Bayer unterstützte ihn, indem er auf dem Reichstag zu Nürnberg Johann zum Schädiger des Reiches erklärte und die Ungarn zum Eingreifen ermunterte. Johann mußte Hals über Kopf Italien verlassen. Die Verteidigung des dortigen Besitzstandes überließ er seinem Sohn Karl, dem späteren Kaiser Karl IV., eilte nach Bayern und söhnte sich im August 1331 mit Ludwig aus: Das Reichsgut, das Johann in Italien unter Vorspiegelungen falscher Tatsachen zurückerhalten hatte, durfte er vorläufig zum Pfand weiter besitzen.

Die ungarische Hilfestellung hatte für Ludwig noch einen Vorteil vor der eigenen Münchner Haustüre, und zwar für die Kontrolle über das damals selbständige Herzogtum Niederbayern, das am Übergang nach Böhmen lag und für den Kaiser dementsprechend wichtig war. Johann mußte nämlich seine Hand leihen zu einem Ausgleich zwischen den drei Teilherzögen, die das Land im Halbkreis zwischen Regensburg und Burghausen beanspruchten, und er verschaffte dieser Regelung im Interesse des Kaisers sogar mit Waffengewalt Nachdruck. Die europäische Politik warf Früchte ab für die regionale Politik!

Ludwig der Bayer war der Nutznießer des ungarischen Prinzips, sich gegen die beständige Konkurrenz ungarischer Machtbildung, nämlich Böhmen–Luxemburg, zu wehren. Denn sobald die Luxemburger den Prager Königsthron gewonnen hatten, erkannten sie, daß im östlichen Bereich des Heiligen Römischen Reiches und darüber hinaus, also in Ungarn und Polen, weitaus bessere Möglichkeiten bestanden, große Territorien zu sammeln, als am Rhein oder in Norddeutschland. Sie waren eine expansive Dynastie wie die Anjou auch. Beide wollten sich auf die Dauer Polens bemächtigen.

Unter der Voraussetzung jedoch, daß bezüglich Polens zwischen Ungarn und Böhmen kein Streit bestand, war es logisch, daß Prag und Visegrád (von Karl Robert zur Residenz erhoben) auch zusammengehen konnten, ohne Rücksicht auf Kaiser Ludwig. So war es 1337, als Karl Robert an Johann von Böhmen Hilfstruppen zum Kampf gegen die Habsburger zur Verfügung stellte, obwohl Habsburg mit Ludwig verbündet war.

Die Österreicher wollten an der ungarischen Westgrenze (rund um Güns und auch im heutigen Burgenland) dem König Feudalherren abspenstig machen und sie zu diesem Zweck in den Lehensverband des Heiligen Römischen Reiches (und damit in ihren eigenen) hinübernehmen. Zur rechtlichen Absegnung hätten sie dazu Kaiser Ludwig gebraucht – aber trotz der weit geöffneten Ohren der Herren von Güns und der Sippe des Babonics kam es nicht so weit. Herzog Albrecht II. von Österreich zog es vor, mit Johann schnell Frieden zu schließen, Karl Robert sah keinen Anlaß, dem nicht zuzustimmen, und Kaiser Ludwig – hatte dabei seine Machtlosigkeit unter Beweis stellen müssen. Das war alles eher in der Art eines höfischen Ritterturniers abgelaufen, wo niemand den anderen umbringen wollte. Gerade diese schonenden Sitten machten das politische Schachspiel damals so reich an Variationen. Die Affäre von 1337 zeigte auch, daß Karl Robert keine einheitliche Politik, sei es nun zugunsten Österreichs, Böhmens oder Ludwigs des Bayern, im Reich betreiben wollte, weil seine Hauptinteressen in Polen, Unteritalien und auf dem Balkan lagen, aber nicht in deutschem Gebiet.

Schon wegen seiner völkerübergreifenden Ziele übrigens konnte Karl Roberts Ehrgeiz nicht magyarisch-national akzentuiert sein, wenn auch sein Staat etwa dieselben Grenzen hatte wie das Königreich Ungarn des 19. Jahrhunderts, das seinen Nationalismus mächtig entfaltete.

Der wittelsbacher Kaiser hatte den Vorteil, der geschilderten ungarischen Konkurrenz mit Böhmen nach seinen Interessen nicht anzugehören. Er mußte jedoch in Freundschaft zum Haus Luxemburg–Böhmen verharren, da er zum Ausbau seiner Machtgrundlage im Westen des Reiches freien Rücken im Osten des Reiches und in Bayern brauchte. Ludwig erwarb die Mark Brandenburg, die Grafschaft Holland und die Grafschaft Hennegau für Wittelsbach.

Die Grafschaft Tirol versuchte er sich ebenfalls einzuverleiben, aber dies brachte ihn in schärfsten Konflikt mit Johann und Karl von Luxemburg. Die Angelegenheit muß auch unter ungarischen Vorzeichen genauer erzählt werden, da es die Interessengemeinschaft zwischen München und Visegrád deutlich aufzeigt.

Nach dem Aussterben der nachfolgeberechtigten Grafen von Tirol hatte Johann Heinrich, Bruder Karls von Luxemburg, die Erbin Margarete „Maultasch" geheiratet. 1341 wurde er von ihr und dem unzufriedenen Adel des Landes schimpflich verjagt. Kaiser Ludwig erklärte aus eigener Machtvollkommenheit am nach wie vor feindlichen Papst vorbei die Ehe für ungültig und verheiratete seinen gleichnamigen Sohn zwangsweise mit Margarete. Das gesamte Haus Luxemburg war aufs äußerste erbittert, der junge Karl noch mehr als der alte Johann, und suchte in ganz Europa Bundesgenossen. Kaiser Ludwig konnte diesem Sturm ruhig entgegensehen, da er mit Habsburg im Bündnis war, sich mit dem König von Frankreich, dem sonstigen Gönner der Luxemburger, gut gestellt hatte, und da der König von Ungarn auf die Gunst des Kaisers angewiesen war.

Es hatte nämlich in Neapel tödlichen Familienzwist gegeben, und der Anjou Ludwig, seit 1342 Nachfolger Karl Roberts in Ungarn, mußte dorthin dringend eine Heerfahrt unternehmen, um den Thron seiner Familie zu sichern. Ludwigs Bruder Andreas (Endre), designierter König von Neapel, war unter Komplizenschaft seiner Gemahlin Johanna umgebracht worden. Frankreich stellte sich hinter Johanna, die selbst herrschen wollte, die empörte Gegenpartei stützte sich auf Ludwig von Ungarn. Zur See, von Dalmatien übersetzend nach Apulien, konnte der König Neapel allerdings nicht erreichen, da die Venezianer ihm nicht freundlich gesonnen und den Ungarn und Neapolitanern insgesamt an Seemacht überlegen waren. Nicht zu vergessen die enormen logistischen Schwierigkeiten einer Überfahrt mit starkem Heer!

Also mußte König Ludwig auf dem Landweg einmarschieren, und zu diesem Zweck brauchte er Frieden mit den Habsburgern und mit Kaiser Ludwig, dem Oberlehensherren in Ober- und Mittelitalien. Ludwig der Bayer gewährte Flankenschutz für Ludwig den Ungarn gegen eine ganze europaweite Koalition unter französischen Fittichen: Paris–Avignon–Prag. Bayern stand dann haargenau im geographischen Zentrum des diplomatischen Netzes, das rund um den Kontinent gesponnen war.

Noch schlimmer wurde die Situation für die Luxemburger in Deutschland, da König Kasimir von Polen nach wie vor Ansprüche anmeldete auf die schlesischen Fürstentümer, die ihm König Johann entrissen hatte. Nach vertraglicher Besiegelung dieser Transaktion, übrigens mit maßgeblicher ungarischer Mitwirkung, war an der Zugehörigkeit ganz Schlesiens zur Krone Böhmens und damit zum Heiligen Römischen Reich zwar nichts mehr zu rütteln, aber Kasimir fiel 1345 dennoch in Oberschlesien ein, von den Ungarn unterstützt. Er zielte auf Ratibor und Troppau, den direkten Zugang von seiner Residenz Krakau aus zu Karls Markgrafschaft Mähren, und Johann mußte ihn erst einmal zurückschlagen.

Im darauffolgenden Winter hielt sich Ludwig von Ungarn in Wien auf und schloß ein Bündnis mit den Habsburgern sowie mit Kaiser Ludwig; dann rückte er nach Neapel ab und rächte dort mit Heeresmacht die Ermordung seines Bruders Andreas. Johann ließ sich im März 1346 angesichts der schlechten diplomatischen Lage in Ausgleichsverhandlungen mit Kaiser Ludwig ein, doch er hatte seinen Sohn Karl schon seit einigen Jahren nicht mehr in der Hand: Der war fest entschlossen, mit Hilfe des Papstes Ludwig den Bayern zu stürzen, der immer noch im Banne Roms stand, nach Kirchenrecht als abgesetzt galt und sich deshalb Karl als päpstlich unterstützten Gegenkönig gefallen lassen mußte.

Bemerkenswerterweise paßt diese Situation zunächst anscheinend nicht in das Ordnungsmuster der letzten Jahrzehnte, in die grundsätzliche Verbindung Frankreich – Papst – Anjou – Neapel – Ungarn, da Ungarn keinen Anteil nahm an der päpstlichen Politik gegen den Wittelsbacher Kaiser. Dem stand die Eifersucht auf Luxemburg–Böhmen entgegen sowie die Notwendigkeit, Neapel vorrangig zu sichern.

Die politische Anlehnung Luxemburgs an Frankreich verlor auf Dauer ihre Wirkung, sobald Frankreich sich in den Hundertjährigen Krieg mit England verstrickte und damit als Akteur in Mitteleuropa auf lange Zeit ausfiel. Das wiederum führte jedoch nicht auch zu einem Zusammenbruch der Luxemburger, sondern zum Gegenteil: zu einer Entmachtung der Wittelsbacher. König Johann fiel zwar in der Schlacht von Crécy auf französischer Seite, sein Sohn Karl aber konnte sich leicht verwundet retten und war schließlich der Nutznießer, als Kaiser Ludwig am 11. Oktober 1347 auf der Bärenjagd in der Nähe des Klosters Fürstenfeld bei München an einem Herzschlag starb.

Das Bündnis Ludwigs von Ungarn mit Ludwig dem Bayern war nicht in dem Sinne gemeint gewesen, daß beide gemeinsam gegen Karls Königtum kämpfen wollten, sondern nur als flankierende Maßnahme zur Bereinigung der Situation in Neapel. Als Ludwig von Ungarn zu Beginn des Jahres 1347 aus Unteritalien zurückkehrte, mußte er aus der französischen Niederlage bei Crécy die notwendige Folgerung ziehen, daß nun die Erhaltung der bedrohten französisch-päpstlich-anjou'schen Macht geboten war, und mußte zu diesem Zweck einen Ausgleich Ungarns mit Luxemburg–Böhmen herbeiführen. Ein Krieg im Reich zwischen Wittelsbach und Luxemburg konnte ihm keinen Vorteil einbringen, zumindest war ein Feldzug nach Mähren und Böhmen zu unsicher. Also hatte auch

Ludwig von Ungarn sich Anfang 1347 am Habsburger Hof in Wien eingefunden und gemeinsam mit Karl die Habsburger bedrängt, ihr Bündnis mit Ludwig dem Bayern zu lösen. Die gingen darauf nicht ein. Aber nachdem Ludwig der Bayer umgekommen war und seine wittelsbachischen Nachfolger zu keiner Einheit finden konnten, auch gegen Karl keinen eigenen Königskandidaten aufstellten, war von Ludwig von Ungarn kein Widerstand dagegen zu erwarten, daß Karl von Luxemburg sich als König im Reiche durchsetzte. In den nächsten Jahrzehnten konnte und wollte Ungarn keine „bayerische Karte" mehr spielen. Dies um so weniger, als ein Zusammengehen mit Bayern gegen die Habsburger, eins der „klassischen" Bündnisse, nach 1347 nicht aktuell war.

Die Verbindung Bayern–Ungarn hatte zu Karl Roberts Zeiten übrigens zu einer Art Handelskrieg auf Österreichs Kosten geführt. Und das war so gekommen:

Im Jahre 1312 hatte der Habsburger Friedrich der Schöne der Stadt Wien bedeutende Handelsprivilegien verliehen, darunter das Stapelrecht, um die reichen Bürger und Kauflcutc an seine Dynastie zu binden und um sie bayerischen Einflüsterungen gegenüber unempfindlich zu machen. Für den Handel die Donau entlang und damit für die Steuereinnahmen des ungarischen Königs war dies ein harter Schlag. Karl Robert war gerade dabei, seine Finanzwirtschaft von dem im hohen Mittelalter üblichen Domänenwesen, das eher für Natural-Erträge gut war, auf ein rationelles, durch Geld abzuwickelndes und stetiges Steuersystem umzustellen. Dieser Finanzpolitik gehörte die Zukunft, und daher tat sich Karl Robert in Visegrád 1335, wo es um die Absegnung des böhmischen Besitzes von Schlesien durch den polnischen König ging, mit eben diesem Potentaten sowie mit Johann von Luxemburg, aber auch mit dem Teilherzog Heinrich von Niederbayern zusammen, und sie beschlossen, Wien auszuschalten: Der Handel vom Westen des Reiches, von Flandern und den wohlhabenden Freien Reichsstädten Schwabens und Frankens her, sollte nunmehr unter Umgehung Wiens über Prag und Brünn direkt nach Holitsch, Tyrnau, Gran und nach Buda fließen.

Diese anti-habsburgische Note leistete sich der Herzog von Niederbayern auch in Widerspruch zu Ludwig, dem Herzog von Oberbayern und Römischen Kaiser, in Anlehnung an Böhmen und gegen die Freundschaft Ludwigs mit Habsburg – und Karl Robert zögerte nicht, sich diesen wittelsbachischen Zwiespalt handelspolitisch zunutze zu machen. Die Habsburger wurden in die Knie gezwungen und mußten ihre hohen Transit-Zölle senken, um den Handel in ihrem Teil des Donautales nicht ganz einzubüßen.

Wirtschaftlich nützlich für den ungarischen Nachbarn blieben die Habsburger weiterhin, da sie Siedler aus dem österreichischen Gebiet stellten, welche die durch manche Kriege verwüsteten Landstriche rund um den Neusiedler See und südlich davon erneut unter den Pflug nahmen – allmählich entstand im 14. Jahrhundert also „Deutsch-Ungarn", das heutige Burgenland. Wir müssen dies hier erwähnen, da an der Kultivierung Deutsch-Ungarns auch Bayern beteiligt wurden, die damit ebenfalls Vorfahren der später sogenannten „Heinzen", der Deutschen im Burgenland, wurden.

Ludwig von Ungarn und die Bayern in Tirol

Mit dem definitiven Regierungsantritt Karls von Luxemburg im Reich (1347) waren die Voraussetzungen für eine bayerisch-ungarische Zusammenarbeit noch günstiger als unter Ludwig dem Bayern. Denn die sechs Söhne des verstorbenen Wittelsbachers mußten sich ihre Lande friedlich untereinander aufteilen und gleichzeitig achtgeben, daß der gefräßige Luxemburger sie nicht für seine Hausmacht schluckte. Ferner galt es, das umstrittene Tirol gegen Habsburg für die Dynastie zu bewahren. König Ludwig von Ungarn, den man den Großen nennt, hatte das gleiche Interesse wie die Wittelsbacher, eine Ausdehnung luxemburgischer Hausmacht im Reich zu verhindern. Dabei störte ihn der wittelsbachisch-habsburgische Gegensatz, da dieser dem pfiffigen Kaiser Karl IV. einen Hebelpunkt bot, seine wichtigsten deutschen Konkurrenten gegeneinander auszuspielen.

Als daher nach dem Tod Herzog Meinhards von Wittelsbach, der vor seinem Bruder Stephan von Niederbayern nach Tirol geflohen war, Herzog Rudolf IV. von Habsburg („der Stifter") in aufsehenerregender Eile in Tirol erschien (Januar 1363) und von Margarete „Maultasch" ebenso schnell deren Verzicht auf das Land einhandelte, fielen die Bayern im Inntal ein. Rudolf schlug sie zurück, was den Krieg noch nicht entschied. Doch der Kaiser stand auf Österreichs Seite und hatte sich obendrein der Unterstützung der brandenburgischen Wittelsbacher versichert. Er belehnte im Februar 1364 die Habsburger mit Tirol, der Krieg im anschließenden Sommer brachte die Bayern auch nicht weiter, und sie mußten sich schließlich dem Vermittlungsangebot Ludwigs des Großen von Ungarn fügen. Tirol war verloren, wenn auch gegen reiche finanzielle Entschädigung.

Den ungarischen König interessierte es nicht, ob Bayern Tirol besaß, und auch nicht, ob die Wittelsbacher jemals wieder in den Stand kommen würden, die deutsche Königskrone zu erringen. Denn indem er seinerseits den Erwerb Tirols durch Habsburg guthieß, förderte er von den beiden im Reich mit Luxemburg konkurrierenden Dynastien diejenige, die ihm als Gegengewicht gegen Karl IV. tauglicher, da weniger zersplittert, vorkommen konnte. Die Parallele zur ungarischen Parteinahme im Kampf zwischen Rudolf von Habsburg und Ottokar von Böhmen (Dürnkrut 1278!) bietet sich an: auch damals war es bei der Unterstützung der Habsburger um ein Gegengewicht zur ausgreifenden böhmischen Macht gegangen.

Die Bayern wiederum versuchten, den Verlust Tirols durch politische Aktivität auszugleichen. Stephan II. („mit dem Hafte"), Herzog von Niederbayern, gewann den Grafen von Görz für sich, der nach dem Übergang Tirols an Habsburg die Übermacht dieser Dynastie im südöstlichen Teil des Reiches fürchtete, und Stephan heiratete in Mailand in das mächtige Haus der Visconti ein. Das machte die Bayern als Bündnispartner für Ludwig von Ungarn erneut attraktiv, wobei dieser allerdings nicht, wie die Bayern, an die Gegnerschaft zu Habsburg, sondern an die zu Luxemburg dachte.

Karl IV. nun hatte seine kleine Tochter Elisabeth dem wittelsbachischen Markgrafen Otto von Brandenburg versprochen. Das mißfiel König Kasimir von Polen und folglich auch Ludwig von Ungarn, denn zwischen Polen und Ungarn bestand ab 1339 eine Absprache, daß der Überlebende der beiden Monarchen seinen Kollegen beerben sollte. Sowohl Kasimir als auch Ludwig hatten keinen männlichen Erben mehr zu erwarten, waren daher in Sachen Ausdehnung des böhmisch-luxemburgischen Imperiums an ihren Grenzen besonders empfindlich geworden. Karl versuchte, dynastisch auch in Polen ins Spiel zu kommen, indem er als vierte Ehefrau Elisabeth von Pommern nahm, eine Enkelin Kasimirs.

Dann die österreichische Verbindung: die kinderlose Witwe des 1365 verstorbenen Rudolf IV., Karls Tochter Katharina, heiratete den Wittelsbacher Otto von Brandenburg, womit ihre Schwester Elisabeth leer ausging, was die Erbfolge in Brandenburg beschleunigte. Bereits 1364 hatte Karl mit Rudolf einen wechselseitigen Erbvertrag abgeschlossen. Dazu kam Karls Anwartschaft auf das Herzogtum seines dritten Schwiegervaters, Schweidnitz-Jauer in Schlesien, und als Krönung seine Abmachung mit König Ludwig, daß beide Herrscher ihre Kinder nicht ohne Wissen des anderen verloben durften.

Doch Ludwig hatte als Grundlage dieser Abmachung natürlich keine zukünftige böhmische Übermacht im östlichen Mitteleuropa hinnehmen wollen. Als eines Gegenmittels entsann er sich der Verschwägerung seines Hauses mit der Dynastie Wittelsbach, nämlich der Heirat von Kaiser Ludwigs erster Tochter aus zweiter Ehe, Margarete, mit Stefan, dem Sohn des ungarischen Anjou. Am 2. November 1367 schloß König Ludwig mit Bayern und Pfalz in Buda (Ofen) einen Vertrag, der zwei Jahre später zur Erbabmachung ausgestaltet wurde.

Es wäre verwunderlich gewesen, wenn dieser Vertrag lange gehalten hätte: Sobald Karl zur Aussöhnung mit den Wittelsbachern schritt, weil er die pfälzische Kurstimme für die Sicherung der Nachfolge seines Söhnchens Wenzel brauchte, war die erwähnte Kombination hinfällig. Ludwig war zudem abredegemäß 1370 nach Kasimirs Tod König von Polen geworden und hatte damit diese Ernte gesichert, brauchte also die Bayern nicht mehr.

Die Wittelsbacher gerieten noch mehr ins Hintertreffen, als der Böhme 1372 seinem Sohn Sigmund ein Eheversprechen für Maria, Ludwigs Tochter, verschaffen konnte. Am Horizont stand bei einem böhmisch-ungarisch-polnischen Zusammenwachsen sowohl Habsburgs als auch Wittelsbachs Überrundung durch Luxemburg, zumal der junge Sigmund von Luxemburg sich als Gemahl Marias auf dem ungarischen Thron nach Ludwigs Tod tatsächlich festsetzen konnte – was ihm in Polen allerdings nicht gelang.

Johannes Schiltberger aus Freising und König Sigmunds Kreuzzug

Sigmund hat in der ungarischen Geschichtsschreibung schlechte Noten bekommen, weil in seiner langen Regierungszeit (1387–1437) Bosnien, Serbien und die Walachei sich aus dem ungarischen Einflußbereich allmählich lösten, Dalmatien endgültig an die Republik Venedig kam und weil der König, der im rastlosen Pläneschmieden mit nicht immer solidem Hintergrund seinem Großvater Johann nachgeriet, ungarische Belange bewußt vernachlässigte. Er wollte deutscher König und Römischer Kaiser werden, was ihm 1410 und 1433 auch gelang. Die Tätigkeit, die er in diesem Zusammenhang entfaltete, hat aber nur bedingt mit seiner gleichzeitigen Würde als König von Ungarn zu tun, weshalb wir es dem Leser ersparen wollen, auch noch auf die unendlichen Winkelzüge Sigmunds zu sprechen zu kommen, nachdem wir all die dynastisch-politischen Verknotungen des 14. Jahrhunderts besichtigt haben. Angemerkt sei nur, daß mit Sigmund damals ein König von Ungarn Oberlehensherr

Das Schlachtfeld von Nikopolis, wo das christliche Heer von den Türken vernichtend geschlagen wurde (1396). Zeichnung aus dem 19. Jh.

der wittelsbachischen Herzöge und Pfalzgrafen war – die Personalunion von Kaiser- und Königskrone machte es möglich!

Daß Sigmund mit Herzog Johann von München gegen seinen Bruder Wenzel, König von Böhmen nach luxemburgischer Erbteilung paktierte, war nur Episode. Wichtiger war die erste bayerisch-ungarische Zusammenarbeit in der Türkenabwehr – ein zukunftweisendes Thema.

Die osmanischen Türken hatten gegen Ende des 14. Jahrhunderts bereits, aus Kleinasien vorstoßend, fast den gesamten Balkan bis zur Donau erobert. Es zeichnete sich deutlich ab, daß nur noch der König von Ungarn ihnen ernsthaften Widerstand leisten konnte. Sigmund entzog sich dieser Aufgabe nicht und organisierte für das Jahr 1396 einen Kreuzzug, an dem außer ungarischen Rittern Franzosen, Österreicher, Walachen, Polen und eben auch Bayern teilnahmen. Darunter waren die Herren Leinhart Richartinger, Wernher Pentznauer, Ulrich Kuchler und andere; der Knappe des Richartinger hieß Johannes Schiltberger, der uns von dieser Unternehmung einen schlichten und allem Anschein nach wahrheitsgetreuen Bericht überliefert hat.

Er nennt den Schlachtort, an dem das Kreuzfahrerheer eine vernichtende Niederlage durch Sultan Bayazit erlitt, „Schiltau" – und meint Nikopolis an der bulgarischen Donau. Schiltberger schreibt diesen griechisch-byzantinischen Namen der „Heidensprache" zu. Der Herzog von Burgund, auch mit von der Partie, möchte in stolzgeschwelltem ritterlichem Selbstverständnis als erster die Türken angreifen. Doch Sigmund „wünschte, daß er das den Ungarn überließe, denn sie hätten schon mit den Türken gekämpft und wüßten um deren Gefährlichkeit besser als alle andern". Doch der Herzog von Burgund gönnte es auch den Ungarn nicht ...

Hochmut kommt vor dem Fall. Sigmund muß dem voranstürmenden Burgunder gegen seinen Willen nachstürmen, denn der bestand auch darauf, den Beginn der Schlacht selbst zu bestimmen. „In diesem Kampf wurde mein Herr, Leinhart Richartinger, vom Pferd geschossen. Als ich, Hans Schiltberger, sein Knappe, das sah, ritt ich in das Heer und half ihm auf mein Pferd. Ich selbst nahm das Pferd eines Türken und kehrte zu den anderen Knappen zurück ..." Schiltberger beobachtete genau, wie „der Herzog von Serbien, genannt Despot" die wankenden Reihen Sultan Bayazits im rechten Augenblick stützt und damit die Schlacht entscheidet.

Sigmund flieht rechtzeitig zu Schiff die Donau hinunter und weiter nach Konstantinopel, Schiltberger wird gefangengenommen, nachdem sein Herr und andere bayerische Ritter gefallen waren. Unser „Held" entgeht knapp der Massen-Hinrichtung, die der Sultan nach dem Sieg befiehlt, und wird als Gefangener nach Gallipoli an den Dardanellen verschleppt. Dort sieht er den blamierten Sigmund noch einmal: „Während dieser Zeit führte man den König Sigmund vor die Stadt; von dort wollte man ihn ins Wendische Land bringen. Als das den Türken zu Ohren kam, holten sie uns alle, die wir gefangen waren, aus dem Turm, führten uns ans Meer und stellten uns, zur Schande des Königs, nebeneinander auf. Dabei schrien sie ihm zu, er solle vom Schiff kommen und seine Männer auslösen . . . die Türken konnten aber dem König nichts anhaben . . . und er fuhr ungehindert davon."

Schiltberger blieb nicht beim Sultan, sondern drang unter mannigfaltigen Abenteuern bis Mesopotamien vor. Erst 1427, über das Schwarze Meer, Lemberg und Schlesien kommend, traf er wieder in Bayern ein, in seinem Geburtsort Freising. Wann er starb, wissen wir nicht. Kaum war die Buchdruckerkunst erfunden, wurde sein exotischer Bericht gedruckt, denn wo sonst hätten die damaligen deutsch-sprachigen Lesekundigen etwas Authentisches über den Orient erfahren können?

Matthias Corvinus, die „bayerische Karte" und das „Süddeutsche Reich der Wittelsbacher"

Die Türkengefahr bedeutete eine langfristige Bedrohung der Stellung Ungarns als Großmacht, ja sogar seiner Existenz als Staat. Das Königreich hatte unter Karl Robert und Ludwig dem Großen ein politisches goldenes Zeitalter erlebt und war zu europaweiter Bedeutung aufgestiegen, begünstigt durch den Machtverfall der Byzantiner und Tataren der „Goldenen Horde" in Rußland sowie durch die relative Schwäche seiner westlichen Nachbarn, der Kaiser des Heiligen Römischen Reiches. Diese Kaiser hatten ein Prinzip entwickelt, zu dessen Durchsetzung Geschick und Glück gehörten, das der Hausmacht. Was dem Herrscher des Reiches an Autorität bei den Reichsfürsten immer mehr abging, das ersetzte er durch Ausbau seiner persönlichen Herrschaft zu großen, geschlossenen Territorien. Sobald dies dem Kaiser gelang und die Türken ihre Eroberungen auf dem Balkan fortsetzten, geriet Ungarn zwischen zwei Mühlsteine, aus deren vernichtender Wirkung, wie die Zukunft zeigte, es allenfalls das Eingreifen Frankreichs retten konnte. Was im Reich den Luxemburgern am Ende doch mißlungen war, das versuchten die Habsburger erneut, und diesmal mit Erfolg. Doch Ungarn erlebte, bevor es zum größeren Teil von

Ungarn im 15. Jh. Die Inschriften mit großen Buchstaben geben die Namen der Komitate – territorialer Einheiten – im zentral regierten Königreich wieder.

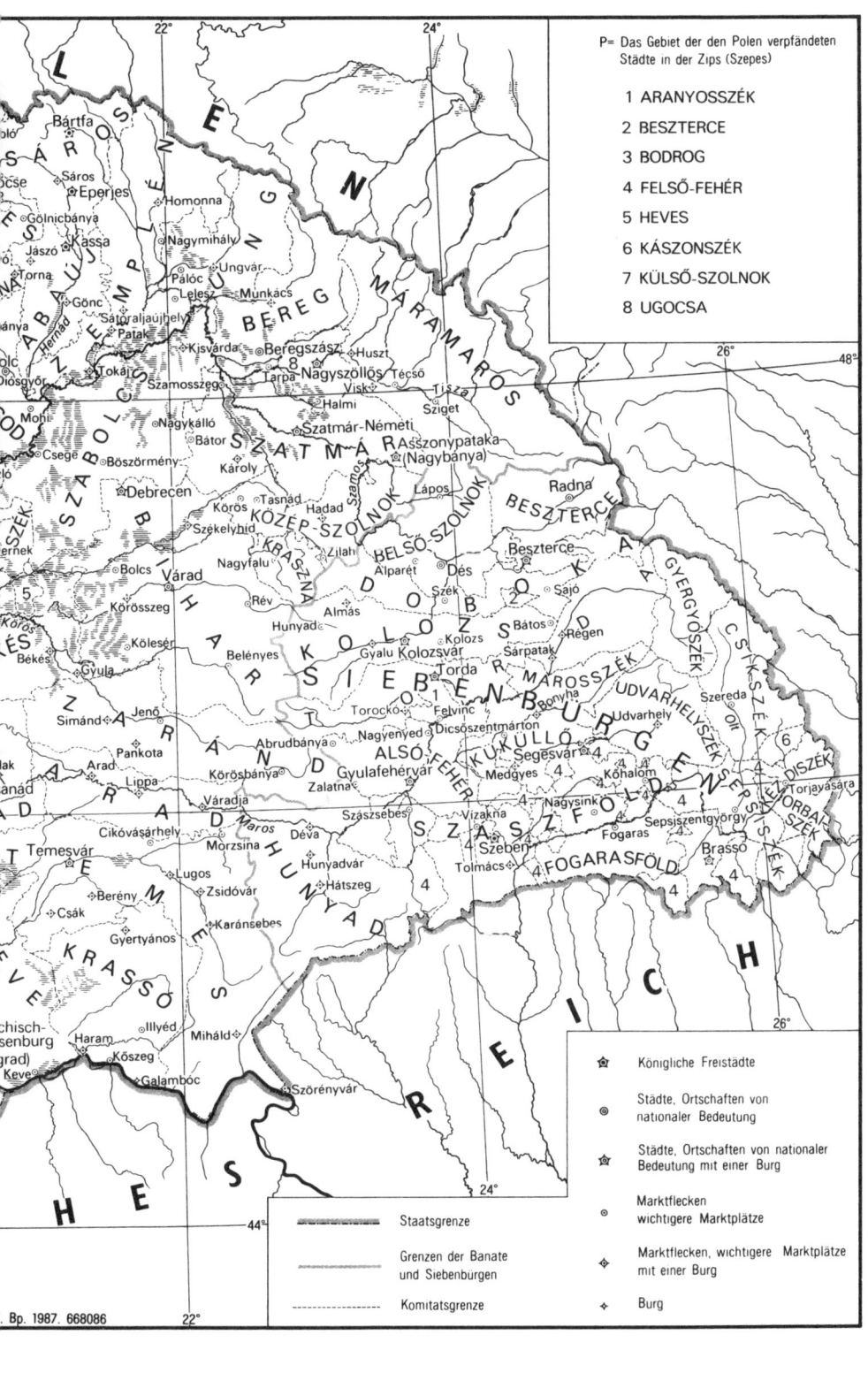

V. Bp. 1987. 668086

P= Das Gebiet der den Polen verpfändeten
Städte in der Zips (Szepes)

1 ARANYOSSZÉK
2 BESZTERCE
3 BODROG
4 FELSŐ-FEHÉR
5 HEVES
6 KÁSZONSZÉK
7 KÜLSŐ-SZOLNOK
8 UGOCSA

✹	Königliche Freistädte
⊚	Städte, Ortschaften von nationaler Bedeutung
✪	Städte, Ortschaften von nationaler Bedeutung mit einer Burg
⊚	Marktflecken wichtigere Marktplätze
⬥	Marktflecken, wichtigere Marktplätze mit einer Burg
✦	Burg

———— Staatsgrenze

————— Grenzen der Banate und Siebenbürgen

- - - - - Komitatsgrenze

den Türken verschlungen wurde, zum kleineren von den Habsburgern, im 15. Jahrhundert noch einmal einen großartigen Aufschwung.

Eben weil Ungarn sich als Großmacht eine Politik schuldig war, die auch auf das Heilige Römische Reich einwirkte, und weil es bei der Zersplitterung der christlich-europäischen Landschaft nicht möglich war, den Türkenkrieg konzentriert zu führen, behielt auch die „bayerische Karte" für die ungarischen Könige im 15. Jahrhundert ihre Bedeutung. Denn Bayern war nicht nur ein Partner in christlicher Waffenbrüderschaft gegen die erobernde Kraft des Islam, sondern weiterhin ein möglicher Verbündeter hauptsächlich gegen Habsburg. Bayerns Bedeutung nach 1347 hatte in diesem Rahmen abgenommen, einmal wegen der andauernden Erbteilungen zwischen den Familien der Dynastie, dann – als Folge davon – weil ab 1347 die deutsche Königskrone jeweils keine bayerische Hausmacht mehr als Grundlage hatte. Und logischerweise wuchs diese Bedeutung wieder, als die bayerischen Wittelsbacher nach Sigmunds, des letzten großen Luxemburgers, Tod (1437) kräftige Anstrengungen machten, um die führende Stellung der Habsburger im Reich zu verhindern.

Die historisch wirkungsvollste all der Erbverbrüderungen des 14. Jahrhunderts war die von 1364 zwischen Luxemburg und Habsburg gewesen: die deutschen Könige Albrecht (1438–39) und Friedrich (1440–93) von Habsburg erbten – auf dem Papier des Vertrages – die luxemburgischen Königreiche Böhmen und Ungarn. Das Papier war erst einmal nur geduldig: Gegen die habsburgischen Ansprüche in Ungarn setzte sich mit János Hunyadi und dessen Sohn Matthias Corvinus die einheimische Opposition durch, und in Böhmen wurde der Kleinadlige Georg Podiebrad König (1458).

Damit brachen die alten Konflikte des 14. Jahrhunderts wieder auf, auch wenn mittlerweile die Türken immer energischer an die Pforten pochten. Daß Podiebrad den einheimischen Hussiten Reverenz erweisen mußte, machte ihn anfällig für Angriffe durch Kaiser und Papst, die konservativen Mächte. Matthias Corvinus konnte der Versuchung nicht widerstehen, die prekäre Lage seines Schwiegervaters Podiebrad für einen Erwerb des Königreichs Böhmen auszunützen, denn es winkte in Prag unvergleichlich reichere Beute als im wilden Bosnien oder Serbien.

Matthias hatte durch Zentralisierung seiner Verwaltung, durch Steigerung seiner Finanzeinnahmen und durch Aufstellung eines aus diesen gespeisten, im weiten Umkreis beispiellosen, stehenden Heeres die Mittel, um in Böhmen mitzupokern. Man muß ihm Gerechtigkeit widerfahren lassen: Nach den großen Siegen seines Vaters János Hunyadi sah es nicht danach aus, als ob das Fortschreiten der Türken in Europa mit Sicherheit zu erwarten sei. Matthias konnte nicht die Katastrophe Ungarns bei Mohács (1526) voraussehen.

Kaiser Friedrich III. (1440–1493) war damit einverstanden, daß Matthias den Podiebrad mit Krieg überzog. Die Front gegen den „Ketzerkönig" wurde perfekt, als sich auch die drei wichtigsten Wittelsbacher, Herzog Ludwig „der Reiche" von Landshut, Albrecht IV. „der Weise" von München, und der Pfälzer Kurfürst ihr anschlossen. Eigentlich hatte Ludwig geglaubt, des böhmischen Rückhalts zu bedürfen, um sich in Süddeutschland zusammen mit seinem wittelsbachischen Vetter von der Pfalz gegen den Markgrafen von Ansbach zu behaupten. Aber mit einem „Ketzerkönig" durfte Ludwig sich denn doch nicht einlassen.

Die Bayern verpflichteten sich zum Bruch mit Podiebrad, doch nicht zur Waffenhilfe für Matthias; falls aber Podiebrad Bayern angriffe, sollte Matthias für sie kämpfen. Der Ungar benützte die bayerische Verbindung, um sich seinen böhmischen Königstitel, den er Podiebrad nach dessen Absetzung durch den Papst 1466 bereits entrissen hatte, bestätigen zu lassen. Er erklärte nämlich den Bayern gegenüber seinen Eintritt in das freundnachbarliche Verhältnis, das zwischen ihnen und Podiebrad geherrscht hatte. Das war eine Spitze gegen den Kaiser, der nicht daran dachte, die habsburgischen Ansprüche auf Böhmen zu vergessen. Und Matthias ließ es sich angelegen sein, zur Sicherung seiner eigenen, schnell bezogenen böhmischen Basis einen alten Streit zwischen den Bayern und den sächsischen Wettinern beizulegen.

Auch ein vorteilhaftes Tauschgeschäft ließ sich mit bayerischer Hilfe bewerkstelligen: die Bayern waren natürlich daran interessiert, die Bistümer zu kontrollieren, die in ihrem Herrschaftsbereich oder unmittelbar an dessen Rand lagen, so auch das Bistum Passau. Dieses hatte mit St. Pölten und Mautern Streubesitz in Niederösterreich, der Matthias als Stützpunkt sehr gelegen kam, sobald er mit Kaiser Friedrich III. in Konflikt geriet. Wenn also Matthias den bayerischen Kandidaten für den Passauer Bischofsstuhl unterstützte, bekam er als Pfand dafür St. Pölten und Mautern in die Hand.

Die Grenzen der Bedeutung Bayerns zeigten sich allerdings, als der Kaiser im König von Polen einen praktischeren Verbündeten gegen den Böhmen fand: der ließ ihm freie Hand in der Reichspolitik, und war mit Matthias auf Dauer zu verfeinden, da er selber Podiebrad beerben wollte. Denn angesichts der vom Kaiser niemals aufgegebenen Erbansprüche auf Böhmen und Ungarn war es klar, daß das Einvernehmen zwischen Wien und Buda nicht grundsätzlicher Natur, sondern eine bloße Folge der gemeinsamen Feindschaft gegen Podiebrad war. So ließ den König Matthias die berühmte „Landshuter Fürstenhochzeit" von 1475 kalt, denn dort heiratete Georg, der Sohn Ludwigs des Reichen, keine ungarische, sondern – im Fahrwasser der kaiserlichen Politik – eine polnische Prinzessin.

Die angedeuteten Schwierigkeiten des Hauses Wittelsbach in Süddeutschland, hauptsächlich mit dem vom Kaiser demonstrativ geförderten Markgrafen von Ansbach, waren ein weiterer Grund für den Kaiser gewesen, sich von Ludwig dem Reichen von Landshut wieder abzuwenden. Nach dem Tode Ludwigs (1479) versuchte der nunmehr tonangebende Herzog Albrecht IV. von München, die Lage offensiv zu seinen Gunsten zu verändern, ja sogar ein „süddeutsches Reich der Wittelsbacher" zu begründen, wie Spindler in seinem „Handbuch der bayerischen Geschichte" formuliert. Wesentliche Elemente waren dabei die Kontrolle über das seit 1364 habsburgische Tirol, der Erwerb der oberschwäbischen Markgrafschaft Burgau und der Freien Reichsstadt Regensburg, der ehemaligen Residenz der Agilolfinger und Luitpoldinger.

Albrecht scheint die Absicht gehabt zu haben, in Zusammenarbeit mit Georg von Landshut die Habsburger zu überrunden. Und nach Anfangserfolgen sah es einige Monate tatsächlich so aus, als stünde die dynastische Zukunft Deutschlands an einem Scheidewege, von Habsburg hin zu Wittelsbach. Das Ergebnis jedoch war: Kaiser Friedrich III. und sein strahlender Sohn, nachmaliger Kaiser Maximilian, zwangen Albrecht und Georg durch Aufmarsch eines Heeres 1492 zum Einlenken.

Im Jahre 1492 lebte Matthias Corvinus schon 2 Jahre lang nicht mehr. Mit seiner Kriegsmacht hatte er den Kaiser aus Wien und Niederösterreich sowie aus dem größten Teil von Kärnten und Steiermark vertrieben, weil er mit dessen ungarischen Ansprüchen endgültig aufräumen wollte. Es ist fraglich, ob Albrecht sein „süddeutsches Reich" überhaupt geplant hätte, wenn er nicht den Habsburger wegen des ungarischen Würgegriffes für im Augenblick hilflos gehalten hätte. Warum sollten die Münchner die Möglichkeit auslassen, Tirol, das mit ungarischer Zustimmung einst verlorengegangen war, nunmehr unter Ausnützung ungarischen Druckes zurückzugewinnen?

Herzog Georg von Landshut hatte zwar daran gearbeitet, zwischen dem Kaiser und Matthias zu vermitteln, was ihm eine Art diplomatische Führerschaft unter den Reichsfürsten eingetragen hätte, denn die liebten den ungarischen Eindringling im Heiligen Römischen Reich ebenso wenig wie den böhmischen Ketzerkönig. Aber aus Georgs Bemühungen war nichts geworden, weil ihm der Kaiser den Triumph nicht gönnte, sich darin mit den anderen Reichsfürsten einig wußte und weil auch Matthias an einem Frieden mit Habsburg nicht interessiert war.

Das Projekt vom „süddeutschen Reich" wurde dann nicht in direktem Zusammenspiel mit Matthias vorangetrieben, hauptsächlich wohl deshalb, weil die Wittelsbacher nicht das Odium auf sich nehmen wollten, zugunsten des reichsfremden Matthias den Kaiser zu demontieren und ersterem gar eventuell Reichsland, etwa einen Teil Österreichs, zum Opfer zu bringen.

Das Reich des späten Mittelalters war trotz der bunten Anarchie in den Beziehungen seiner Fürsten zueinander und trotz der mit Händen zu greifenden Machtlosigkeit Kaiser Friedrichs III. eben doch keine Ansammlung völlig unabhängiger Staaten, sondern ein von Zusammengehö-

Sultan Süleyman II., „der Prächtige", dessen Regierung (1520–1566) den Höhepunkt des Osmanenreiches, zugleich den Untergang der mittelalterlichen ungarischen Großmacht kennzeichnete. Nach einer zeitgenössischen Zeichnung von Daniel Hopfer.

113

rigkeitsgefühl durchwebter politischer Körper, chaotisch zwar, aber in ausgewählten Punkten wiederum eine nicht zu sprengende Einheit – eins der erstaunlichsten Paradoxa der Geschichte. Die untereinander zerstrittenen Fürsten verspürten Verantwortlichkeit für das Ganze. Es wäre verwunderlich, wenn da trotz des frühen historischen Zeitpunktes nicht doch schon eine Portion Nationalismus im Spiele gewesen wäre.

Nach dem Tode des „skythischen Mars", wie die Humanisten den Matthias Corvinus benannten, war Ungarn vor dem Ansturm der Türken nicht zu retten. Denn ab 1490 übernahmen die polnischen Jagiellonen die böhmische und die ungarische Krone, jedoch so kraftlos, daß der ungarische Teil dieses Großreiches, das an Quadratkilometern alle christlichen Reiche seit dem Untergang Westroms in den Schatten stellte, von Sultan Süleyman in einer einzigen Schlacht, der von Mohâcs am 29. August 1526, vernichtet wurde. Der junge Jagiellonenkönig Ludwig II. kam auf der Flucht unter ungeklärten Umständen ums Leben. Die Türken weideten in den weiten Ebenen seines Reiches ungestört ihre Rosse.

KAPITEL VI

Türkenherrschaft –
Die Befreiung Ungarns von den Osmanen
und die Alternative dazu
(1526–1699)

Griff nach der Wenzelskrone

Da der lebenskluge Satz, man dürfe an fremdem Unglück nicht auch
selber zugrundegehen, besonders für den Bereich der Politik gilt, war
Ungarns Zusammenbruch für die Fürsten des christlichen Abendlandes
nicht etwa der Anlaß, nun endlich einen gemeinsamen Kreuzzug gegen
die Türken zu beginnen, sondern nur der Ausgangspunkt für eine Rangelei
um die von den Jagiellonen auf dem Schlachtfeld von Mohács liegengelas-
senen Kronen von Böhmen und Ungarn.

Bayern, das zu Beginn des 16. Jahrhunderts ein für allemal die hemmen-
den Erbteilungen zwischen München, Landshut, Straubing und Ingolstadt
durch Staatsgesetz überwunden hatte, war auch dabei. Seine Beziehungen
mit Podiebrad von Böhmen und Matthias waren gut gewesen aus Furcht
vor einer habsburgischen Übermacht, die sich aus einer gleichzeitigen
Herrschaft des Kaisers in Prag, Wien und Buda ergeben mußte; dieses
Problem stellte sich 1526 erneut. Kaiser Maximilian hatte nämlich die
Ansprüche seines Vaters weiterverfolgt, indem er 1515 mit den Jagiellonen verabredete, daß Habsburg im Falle des Aussterbens der böhmisch-
ungarischen Linie der Jagiellonen endgültig erben würde.

Die bayerische Antwort lautete: Trennung von Böhmen und Ungarn,
Bewerbung eines bayerischen Prinzen um die böhmische Krone, Unterstützung der Gegner Habsburgs in Ungarn. Diese scharten sich um Johann
(János) mit dem slawischen Namen Zápolya (Szapolyay), den bis 1526
mächtigsten Gefolgsmann der schwachen Jagiellonen, der sein Kontingent vom Feldzug von Mohács ferngehalten hatte, von vielen Adligen
nach dem überraschenden Abzug Süleymans als König begrüßt wurde und
sich auch krönen ließ.

Der König von Frankreich und der Papst, damals beide Gegner des
Hauses Habsburg, wollten Zápolya sofort in ihre Koalition gegen Kaiser

Karl V. und dessen Bruder Ferdinand einspannen – von nun an wird die Dreier-Kombination Frankreich–Bayern–ungarische Opposition gegen Wien immer wieder wichtig sein.

Bayernherzog Wilhelm IV. („der Standhafte", 1508–1550), der Verkünder des Reinheitsgebots fürs Bierbrauen, empfing für seine Bewerbung um die böhmische Krone die besten Wünsche Frankreichs, des Papstes, der polnischen Jagiellonen und des János Zápolya, mehr noch: Wenn er in Prag einziehen konnte, wollte er sich gegen den Kaiser und Ferdinand im Reich zum „Römischen König" wählen lassen; am Ende dieser Machinationen hätte Habsburg in deutschen Landen zurückfallen müssen auf seine relativ bescheidenen Positionen vor Erlangung der Kaiserkrone und der jagiellonischen Erbschaft.

Ferdinand jedoch, der Bruder der ungarischen Königin-Witwe Maria, erwies sich als allzu gewiegter Gegenspieler. Er gewann durch kluges Entgegenkommen, etwa durch Übernahme der böhmischen Staatsschuld, und durch Verständnis für die hussitischen Ideen, die überlebt hatten, die Mehrheit der böhmischen Adligen, die die Krone des Landes kraft ihres Wahlrechtes zu vergeben hatten, ebenso wie der ungarische Adel in seinem Bereich. Ferdinand lief Wilhelm bei weitem den Rang ab. Dann fiel er mit Heeresmacht in Ungarn ein, weil politische Mittel allein gegen König János nicht verfingen.

Die Zápolya-Verbindung

Logischerweise stand der mißvergnügte Zápolya mit den ebenfalls mißvergnügten Bayern in enger Verbindung. Er erklärte dem bayerischen Abgesandten in seinem Lager sogar, er wünsche eine Entscheidung zwischen seinen und Ferdinands Thronansprüchen vor dem Forum des Kurfürsten von der Pfalz, des Herzogs Wilhelm, des Papstes und der Könige von England und Polen. Ganz wie einst Karl Robert und Matthias Corvinus betrachtete er die Bayern als Kontaktadresse zum Reich, über die habsburgische Barriere hinweg. Es war auch die ernsthafte Rede von einem zwanzigjährigen Bündnis, das um so aussichtsreicher erschien, als auch die anderen Reichsfürsten keinen Finger rührten, um Ferdinand bei dem Erwerb des ungarischen Thrones zu unterstützen.

Aber Zápolya konnte sich gegen den schnellen habsburgischen Angriff nicht behaupten. Bei Tokaj geschlagen, zog er sich in sein Stammland Siebenbürgen zurück und nahm Verbindung mit Süleyman auf, der nach

Ferdinand, Erzherzog von Österreich, König (1526–1564) von Ungarn, der dort die Dauerherrschaft des Hauses Habsburg (bis 1918) begründete. Stich aus dem Jahre 1531.

János (Johann) von Zápolya, König von Ungarn (1526–1540). Darstellung um 1540.

alter osmanischer Tradition nicht abgeneigt schien, ihn als abhängigen König im einst eroberten Land zu akzeptieren.

Wilhelm IV. blieb mit König Johann auch nach dem Sieg Ferdinands in Verbindung, und das nicht nur, weil die Bayern an der Ausbeutung von Gold- und Silberbergwerken in Siebenbürgen und „Oberungarn" (heute: Slowakei) mitbeteiligt waren. Die Fugger und die Nürnberger waren es übrigens auch, und sie gaben ihre Silber-Beteiligung nicht wegen türkischen Druckes, sondern mangels Rentabilität auf. Kaspar Winzerer, Söldnerführer und später politischer Berater Herzog Wilhelms, hatte die Erlaubnis zur Förderung von Silber bei Zápolya erwirkt, das zu „ungarischen Pfennigen" gemünzt wurde – mit Zápolya's Königsporträt darauf, egal, ob das in Wien gefiel oder nicht.

Herzog Wilhelm IV. hatte seinen anti-habsburgischen Ehrgeiz nach der Schlappe in Böhmen noch keineswegs aufgegeben, ja er schloß sich, obwohl in enger Anlehnung an die römische Kurie ein erklärter Feind von Luthers Reformation, sogar dem Bündnis protestantischer Fürsten an (Schmalkaldischer Bund). Dieses Bündnis sah ausdrücklich auch den Beitritt von nicht-deutschen Fürsten vor, und deshalb übernahm Wilhelm die Verhandlungen mit Johann Zápolya.

Doch Orient und Okzident kommen auch heute noch nicht so schnell zusammen, und solange Zápolya der Vertrauensmann des Sultans war, stand seine ungarische Partei für den Orient. Er selbst, frommer Katholik wie Herzog Wilhelm, schlug den Bayern vor, eine protestantisch-bayerisch-siebenbürgisch-osmanische Allianz gegen Habsburg einzugehen, der der französische Segen sicher nicht fehlen würde.

Die Bayern schwankten: Anstatt sich in aggressivem Bündnis mit dem Gefolgsmann des Sultans zu kompromittieren, genügte es vielleicht, Ferdinand nicht zu unterstützen, dann könnte sich Zápolya auch ohne osmanische Hilfe im fernen Siebenbürgen halten. Aber das Bündnis war auch wieder allzu verlockend: Von der Haltung zu König Johanns Angebot hing es ab, ob Bayern einem der beiden großen Netze der damaligen Politik beitrat, dem französischen oder dem habsburgischen, und eine dritte Möglichkeit vergleichbarer Dimension gab es in Europa nicht. Kaspar Winzerer ritt zwischen Bad Tölz, wo er wohnte, München und Siebenbürgen hin und her, um den Handel fest zu machen, und Leonhard von Eck, des Herzogs weitblickender Kanzler, bezeichnete Zápolya's Königtum als wesentlich für die bayerische Politik, denn „er allein mag Euer Fürstlichen Gnaden mehr nutz und hilfreich sein denn alle andern christlichen Könige".

1532 wollte Süleyman wieder im Österreichischen einrücken, ungeachtet seiner 1529 mißlungenen Belagerung Wiens, oder vielleicht gerade deswegen. Da hegte der wichtigste der Protestanten, Kurfürst Johann von Sachsen, denn doch erhebliche Bedenken, seinen neuen Christenglauben mit der Hilfe von Mohammedanern zu verteidigen gegen das legitime Reichsoberhaupt im Bündnis mit einem entschiedenen Anhänger Roms.

Süleymans Feldzug von 1532 war merkwürdig kraftlos. Bayern kam dann bald zu einem Ausgleich mit Karl V. und Ferdinand, indem es sich auf die gemeinsamen katholischen Interessen gegenüber der Reformation besann. Bis zum Ende des Dreißigjährigen Krieges blieb dies nun ein sorgsam gepflegtes Prinzip bayerischer Politik, und beide Parteien fanden erheblichen Vorteil dabei.

Aber man würde keine Prinzipien aufstellen, wenn sie nicht auch dazu dienten, Nuancen und Ausnahmen um so plastischer hervortreten zu lassen. Denn nach wie vor mußte Bayern sich von habsburgischem Gebiet fast schon unklammert fühlen, hatte es wirtschaftliche Interessen in Siebenbürgen und fürchtete es als Stand des Reiches zusammen mit anderen Ständen eine Übermacht des Kaisers.

Wenn es aber moralische Bedenken gab, mit den Türken oder auch mit den unter türkischer Oberhoheit agierenden Ungarn zusammen etwas gegen Habsburg zu unternehmen, so hätte man doch gegen einen Druck aus dem Osten, der Wien traf, rein faktisch nichts einzuwenden gehabt. Doch mit der endgültigen Verwandlung des mittleren Teiles Ungarns in eine osmanische Provinz (1541) schien der Angriffsschwung der Türken in Europa endgültig erlahmt zu sein. Ungarn zerfiel nun im tatsächlichen Sinn des Wortes auf Generationen in drei Teile: neben der türkischen Provinz mit ihrer Hauptstadt Buda gab es das „königliche Ungarn", bestehend aus den Grenzgebieten des Landes zum Habsburger-Reich hin. Zum „Königlichen Ungarn" gehörte der größte Teil von „Oberungarn", der eine fragile Brücke bildete, indem er im nördlichen Halbkreis über die Donau- und Theißebene hinüberführte nach Siebenbürgen in seinem schützenden Gebirgskessel. Dies war als selbständiges Fürstentum unter der Oberhoheit des Sultans der dritte Teil Ungarns.

Ungarn leidet unter den Osmanen – und die Bayern befreien es trotzdem nicht

Seit Zápolya's Tod (1540) verfolgten die ungarischen Herrscher in Sieben-bürgen das Ziel, unter osmanischem Schutz die Habsburger aus Ungarn vollständig zu vertreiben und dann die Kräfte des gesamten Landes zum

Hinauswurf der Türken einzusetzen. Daraus wurde jedoch nie etwas, trotz aller Hin- und Herzüge, Schlachten, Morde und Intrigen, und obwohl der Sultan 1605 dem Fürsten von Siebenbürgen die ungarische Königskrone anbot. Denn die Habsburger, die bis 1683 wegen anderweitiger außenpolitischer Belastung nicht besonders eifrig darin waren, die Türken in Ungarn anzugreifen, zögerten auch immer wieder, sich mit dem ungarischen Adel zu diesem Zweck zu verbünden. Sie verstanden es nicht, feste Verbindung mit Siebenbürgen zu halten, da dies angesichts der dortigen Autonomie-Bestrebungen ihren Anspruch auf das gesamte Königreich gefährdete. Daher trieben sie die Ungarn entweder in Verzweiflung oder den Türken in die Arme, auch und gerade die selbstbewußten Fürsten von Siebenbürgen.

Die Weltgeschichte trat von 1541 bis 1683, dem Jahr der erneuten türkischen Niederlage vor Wien, in Ungarn auf der Stelle. Das Land litt unendlich: unter den beständigen Kriegen an der Grenze zur osmanischen Provinz; unter den Erpressungs- und Bereicherungsversuchen der Paschas von Buda und ihrer Untergebenen, mit deren Ämtern am Sultanshof geschachert wurde, und die sich daher im Lande auf Kosten der „Christenhunde" weidlich schadlos hielten; unter den Menschenjagden der Besatzer; unter der wirtschaftlichen Ahnungs- und Sorglosigkeit osmanischer Verwaltung insgesamt. Die Einwohnerschaft sank in Türkisch-Ungarn unaufhaltsam, und zwar so drastisch, daß zwischen der Entvölkerung um 1600 und späteren Zerstückelung des Königreichs Ungarn im Vertrag von Trianon (1920) bereits eine direkte Verbindung behauptet worden ist! Ganze Landstriche verödeten, während sich das Leben militarisierte und anarchisierte.

Im Vergleich dazu war Siebenbürgen eine Oase des Friedens und Wohlstandes, mehr noch: während das katholische und das protestantische Europa sich in Glaubenskriege verhedderte, herrschte in Siebenbürgen weitgehende religiöse Toleranz. Da die Grenzen zwischen den Konfessionen meist auch nationale Grenzen waren, entsprach der religiösen Gleichberechtigung weitgehend eine nationale. Zur Aufrechterhaltung der ungarischen Staatsidee war die Existenz Siebenbürgens wesentlich, wie auch die gegenreformatorischen Katholiken und Habsburg-Anhänger in Ungarn anerkennen mußten.

Zwischen dieser schwankenden Welt am Rande des Abendlandes und dem festgefügten Herzogtum (ab 1623 bzw. ab 1648 Kurfürstentum) Bayern stand der habsburgische Koloß – träge zwar, aber nicht wegzudiskutieren. Was ging die seit Wilhelm IV. stramm katholischen und im Windschatten Habsburgs ihren Vorteil suchenden Wittelsbacher das

Schicksal eines selbständigen Ungarn an? Daß es den Türken entrissen werden müsse, daran zweifelte allerdings niemand unter ihnen: Pfalzgraf Philipp war der Anführer eines Reichskontingentes von zwei Regimentern gewesen, das 1529 Wien gegen den Angriff Süleymans erfolgreich verteidigt hatte. Im Jahre 1532 jedoch weigerte sich ein Pfalzgraf Friedrich, oberster Feldhauptmann des Reiches, mit dem Reichsheer von immerhin ca. 80 000 Mann dem abziehenden Süleyman auf den Fersen nach Ungarn zu folgen, obwohl König Ferdinand genau dies erwartet hatte. Der Pfalzgraf erklärte, in seinen Instruktionen sei nicht die Rede von einer Befreiung Ungarns, und das stolze Reichsheer zerstreute sich.

Wir müssen also in Sachen Türkenkrieg unterscheiden zwischen pfälzischen und bayerischen Wittelsbachern: Während erstere zum Protestantismus neigten, weitab vom Kriegstheater lebten, zum altgläubigen Kaiser in Opposition standen und den Gedanken wälzten, ob man gegen die Türken überhaupt kämpfen solle, da sie vielleicht nur Gottes Zuchtrute seien, hatten letztere keine Probleme dieser Art sowie ein gemeinsames Interesse mit dem Haus Habsburg, diesen Feind abzuwehren, der ja auch schon den Inn bedrohte, wenn er an der Leitha aufmarschierte.

Maria Christina und ihr transsylvanischer Fürst

Der lateinische Name „Transsylvanien" für Siebenbürgen weckt zunächst vielleicht schauerliche Assoziationen an Dracula und an hinterwäldlerische, einem mitteleuropäischen Gemüt unfaßbare Grausamkeit. Sigmund Báthory nun, der Fürst des Landes, konnte in der Tat als etwas umdüstere Persönlichkeit gelten, der es auf ein paar Hinrichtungen mehr oder weniger niemals ankam, die sich mit Clowns und Stallknechten umgab und aus deren unentschlossenem und widersprüchlichem Verhalten auch die Hofkanzlei Kaiser Rudolfs II. nicht so recht klug wurde.

Zu Anfang der Tragikomödie, die nun folgt, hatte Sigmund den Kaiser gebeten, ihm eine standesgemäße und auch politisch unbedenkliche Braut aufzuzeigen. Man verwies ihn auf Maria Christina, die Tochter eines steirischen Erzherzogs und der bayerischen Herzogin Maria, die wiederum die Tochter des Münchner Herzogs Albrecht V. (1550–79) war. Über die Reize Maria Christinas geben die zeitgenössischen Porträts kaum zuverlässige Auskunft. Sigmund aber wird als transsylvanischer Apoll geschildert, als „seltene Männerschönheit", als hervorragender Sportler und Turner.

1595 reiste Maria Christina mit ihrer Mutter nach Siebenbürgen, dem

Zsigmond (Sigmund) Bàthori, Fürst von Sieben-
bürgen, Gemahl der Maria Christina von Bayern.
Stich aus dem Jahre 1596.

geheimnisvollen Bräutigam entgegen. Die Hochzeitsnacht jedoch wurde
für Sigmund zu einem Fiasko, sei es aus seelisch-moralischen, aus anato-
mischen Gründen oder aus allen beiden zusammen – die vorliegenden
Berichte drücken sich da nur im Ergebnis, nicht aber in der Ursache genau
aus. Von da an wurde Maria Christina dem Sigmund zum heimlichen
Vorwurf und ihre Anwesenheit zu beständiger Last, sie konnte verständnisvoll ihr Schicksal auf sich nehmen und den Gemahl zu trösten versuchen, wie sie wollte.

Sigmund suchte krampfhaft nach Kompensation, man kann es nicht
anders nennen. Er stürzte sich in kriegerische Abenteuer, schlug noch im
Jahr der Heirat zusammen mit den Walachen die Türken vernichtend,
verhandelte mit letzteren, trat dann aber schnell an den Kaiser heran, um
ihm gegen eine fürstliche Abfindung die Herrschaft in Siebenbürgen zu
überlassen.

Die Belagerung von Stadt und Schloß Esztergom (Gran) durch ein christliches Heer, 1595.

Das hätte die Stellung Habsburgs in der ungarischen Gesamt-Erbschaft deutlich verbessert, und daher nahm Kaiser Rudolf II. diesen Vorschlag an. Gegenleistung des Kaisers sollte sein, beim Papst auf die Auflösung der Ehe mit Maria Christina hinzuwirken, denn nach kanonischem Recht hat eine Ehe, die nicht vollzogen ist, keine Rechtsgültigkeit. Man darf vermuten, daß dies die Hauptabsicht des gedemütigten Sigmund Báthory war, und daß er den Thronverzicht nur erklärte, um die Fürsprache des Kaisers beim Papst zu erhalten.

Während er mit Rudolf verhandeln ließ, stürmte er abermals von Maria Christina möglichst weit weg und in den Türkenkrieg davon, diesmal geschlagen in viertägiger Schlacht, wo er romantischerweise so schonungslos gekämpft haben soll, als ob er den Tod gesucht hätte. Dann sagte Rudolf seine Mithilfe zur Scheidung zu, und plötzlich schraubte Sigmund seine Ausgleichsforderungen für den Thronverzicht so hoch, daß die Verhandlungen abgebrochen werden mußten. – Schließlich bot er dem Kaiser die gemeinsame Belagerung von Buda an, rüstete sich aber zum Angriff auf Szolnok an der mittleren Theiß – und rückte am Ende gegen Temeschburg aus, das er wegen viel zu unentschlossener Handhabung der Aktion nicht einnehmen konnte.

Allem Anschein nach verfiel seine Persönlichkeit. Seine Untertanen mochten ihn auch nicht mehr, da sie nicht wußten, ob sie in Zukunft gut kaiserlich oder im Gegenteil osmanisch wie bisher zu sein hatten. – Ende 1597 neue Verhandlungsrunde mit Rudolf: Sigmund wollte abdanken, und einer der Brüder des Kaisers sollte nicht nur Siebenbürgen, sondern auch Maria Christina übernehmen! Der Türke war nach wie vor mächtig, die Krone Ungarns nicht gesichert – also spielte der Kaiser auch weiterhin geduldig mit, schickte Kommissare zur Regierungsübernahme nach Gyulafehervár (Alba Julia bzw. Weißenburg), und die nunmehr Erzherzogin genannte Maria Christina wurde mit der provisorischen Wahrnehmung der Regierungsgeschäfte betraut. Die Braut aus Bayern sollte in Siebenbürgen herrschen.

Sigmund verabschiedete sich nach Schlesien, wo ihm der Kaiser die Fürstentümer Oppeln und Ratibor zu eigen gegeben hatte. Erzherzog Max, der Bruder des Kaisers, machte sich auf den Weg nach Siebenbürgen – da tauchte Sigmund verkleidet wiederum in Klausenburg auf, traf Maria Christina unter melodramatischen Umständen, nämlich nur einen Tag vor ihrer Abreise, beschwor sie, zu bleiben, und sie sagte zu, wie eine Schwester an seiner Seite auszuharren und ihm beim Kampf um die Wiedererringung seines Fürstentums zu helfen.

Sigmund ließ die Kommissare des Kaisers verhaften und knüpfte erneut

Verbindungen mit dem Sultan an. Dann verhandelte er aber doch wieder mit dem Kaiser, lieferte ihm seine Kommissare aus und bekam dafür seine Pagen und den Besitz, der in kaiserlichem Gewahrsam geblieben war, zurück. Aber Rudolf II. hatte sich getäuscht, wenn er geglaubt hatte, nun sei der Handel endgültig unter Dach und Fach – denn Sigmund bestimmte nun seinen Bruder, den Kardinal Andreas Báthory, zu seinem Nachfolger. Kaum hatte er diesem die Herrschaft übergeben, verjagte er Maria Christina endgültig und verließ auch seinerseits das Land.

Sigmund kam dann später noch einmal zurück, aber diese Krönung seines Wankelmutes interessiert uns hier nicht mehr, weil seine Wittelsbacherin nicht mehr dabei war und weil der ganze lange Türkenkrieg, vor dessen Hintergrund Sigmund Báthory seinen Ruf ruiniert und ein bayerisch-ungarisches Satyrspiel angerichtet hatte, nur mit einer schlichten Festschreibung des status quo endete, wie er vor Ausbruch der Feindseligkeiten bestanden hatte.

Irgendeine Geisteskrankheit, die mit seiner Impotenz zusammenhing, muß Sigmund gehabt haben, Epilepsie sagen ihm die Zeitgenossen ebenfalls nach – je unerklärlicher dieser Sproß aus erlauchtem Hause wirkt, desto geeigneter bleibt er auch als Anlaß schaurig-transsylvanischer Assoziationen.

Die Schlacht von St. Gotthard an der Raab

Gleichzeitig beteiligten sich die Bayern nicht nur mit Geld, wie die anderen Reichsstände, sondern auch mit Truppenmacht am langwierigen Türkenkrieg des Kaisers. Sie schickten ihr „Kreisregiment" auf den Marsch, das „Regiment", das nach der Reichskriegsverfassung vom bayerischen „Kreis" zu stellen war, und sie vollbrachten in Ungarn von 1595 bis 1601 (der Krieg dauerte aber noch bis 1606) ebensowenig Wunder wie die Kaiserlichen. Die längste Schlacht des Krieges, vier Tage lang, schlugen sie im Oktober 1596 bei Mezökeresztes mit, und mußten die Niederlage mit den Kaiserlichen teilen.

Hoffnungsvoller wurde die bayerisch-ungarische Zusammenarbeit erst wieder nach dem Dreißigjährigen Krieg. Während der ganzen Dauer dieses Ringens waren beide Staaten niemals miteinander verbündet, aber kreuzten auch nicht die Klingen miteinander. Gábor Bethlen und Rákóczi I., die damaligen Fürsten des Landes, sind Prachtgestalten der ungarischen Geschichte, den Königen der Vergangenheit ebenbürtig, wenn auch ohne wichtigen Kontakt mit dem großen bayerischen Staatsmann der Kriegszeit, Kurfürst Maximilian I.

Aus den Trümmern des bis dahin verheerendsten Krieges auf deutschem Boden erhob sich das Barockzeitalter wie ein Phönix aus der Asche – auch in Ungarn, das wesentlich durch bayerische Hilfe die Türkenherrschaft endlich loswurde. Höhepunkte des kriegerischen Barock werden die Feldzüge des Kurfürsten Max Emanuel sein, und das machtvolle Vorspiel bildet die bayerische Teilnahme an der Schlacht von Mogersdorf (oder auch: von St. Gotthard an der Raab).

Kaiser und Sultan gerieten 1660 erneut aneinander, diesmal wegen Siebenbürgen. Fürst György Rákóczi II. war gegen die Türken, die seine selbständige Politik abwürgen wollten, gefallen. Der Kaiser entschloß sich, ihren Nachfolgekandidaten nicht zu akzeptieren und erkannte János Kemény als neuen Fürsten von Siebenbürgen an. Das bedeutete Krieg, und da das gute Verhältnis zwischen München und Wien andauerte und da es gegen den alten Reichsfeind ging, bewilligte Kurfürst Ferdinand Maria 1200 Mann zu Fuß und 300 Reiter im Rahmen des Reichskontingents (die Pfälzer waren auch dabei). Ende Juli 1661 unterstellte sich die Infanterie in Komorn dem Kommando des kaiserlichen Generalissimus Montecuccoli, die Reiterei ging ab nach Oberungarn. Man marschierte zur Vereinigung mit Kemény nach Siebenbürgen und nach Klausenburg. Doch die Türken verweigerten die Schlacht, Montecuccoli mußte den ergebnislosen Rückzug antreten, und alle Strapazen waren umsonst gewesen. Das bayerische Kontingent ging dabei fast vollständig zugrunde.

1663 zeigte Ferdinand Maria erneuten Kampfeseifer, indem er den Kaiser öffentlich anregte, den Krieg offensiv zu führen. Leopold I. zögerte – er hatte eine nicht unbegründete Angst davor, daß Frankreich einen Krieg in Ungarn zu einem Angriff auf das dann im Westen wehrlose Reich ausnützen würde. Denn es war der Grundsatz Frankreichs, die deutschen Habsburger von Versailles und von Istanbul aus gleichzeitig unter Druck zu halten.

Aber die Bedenken des Kaisers halfen nicht weiter. Im Herbst 1663 fiel Neuhäusel, die letzte größere Festung vor Wien, und die Bayern hätten eventuell den fliehenden österreichischen Hof bei sich aufnehmen müssen. Die Bayern überwinterten 1663/64 in der südlichen Steiermark, ein großer türkischer Angriff unter der Leitung des Großwesirs Achmed Köprülü selbst war zu erwarten.

Nikolaus (Miklós) Zrinyi, Urenkel des Verteidigers von Szigetvár 1566 und wie dieser Kriegsmann, daneben Poet, Denker und unermüdlicher Mahner zum Türkenkrieg, riß durch sein Vorpreschen die zögernden

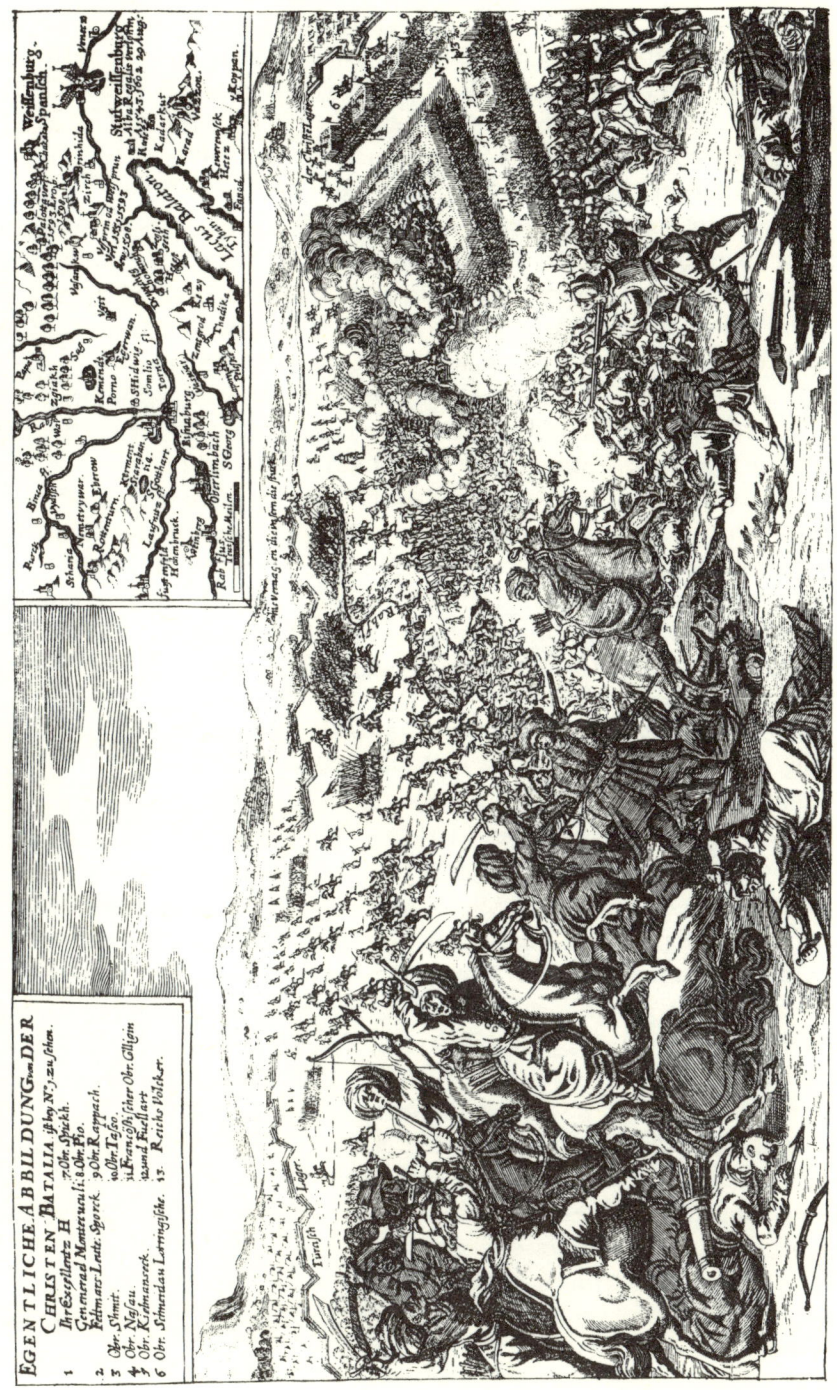

Wahrhaffte Relation/ und Abbildung der herrlichen Victori/ welche der Allmächtige Gott den 1. Augusti 1664. in Nider Ungarn an dem Wasserfluß/ die Raab genannt/ bey Bochart/ den Türcken/ wider die Türckischen Bluthund verliehen.

EGENTLICHE ABBILDUNG der DER
CHRISTEN BATALIA (bey N°3. zu/shen.

1 Ihr Excellentz H   7. Obr. Spisch.
   General Montecuculi.   8. Obr. Flo.
   Feltmarsch.Leut. Sparck. 9. Obr. Rappach.
2 Obr. Schmit.   10. Obr. Tasso.
3 Obr. Nassau.   11. Frantzösischer Obr. Alligny
4 Obr. Kidlmannseck.   und Fuckhari.
5 Obr. Simonian Lottringische. 13. Reichs Völckarn.

Türkenschlacht von St. Gotthárd an der Raab, im damaligen Westungarn (heute: Mogersdorf im Burgenland),
die mit dem Sieg des christlichen Heeres endete (1664). Zeitgenössischer Stich.

127

Kaiserlichen endgültig in den Krieg hinein. Er wünschte sich und bekam auch das bayerische Kontingent unter dem tüchtigen Generalwachtmeister Freiherrn von Puech zur Belagerung von Kanizsa, der Sperrfestung am Eingang zur Steiermark. Die Festung war zu stark, und als das Entsatzheer unter Köprülü heranrückte, mußte die kaiserlich-bayerisch-ungarische Armee zurück, erst ins befestigte Lager Zrinyivár, knapp südlich von Kanizsa an der Einmündung der Mur in die Drau. Das wurde von den Türken erobert und zerstört, die Bayern erlitten dabei ziemliche Verluste.

Dann direkte Unterstellung unter Montecuccoli, die Türken schwenkten auf die mittlere Raab ein, die ganze christliche Streitmacht sammelte sich am Nordufer, um ihnen den Übergang zu verlegen. In der Nacht vom 31. Juli auf den 1. August 1664 ging eine Vorausabteilung Janitscharen bei St. Gotthard über den Fluß, direkt gegenüber dem Zentrum der christlichen Armee. Dort stand auch das bayerische Kontingent.

Am frühen Morgen war die Überraschung der Christen groß; sie mußten sofort den Türken entgegenrücken, und während das Zentrum dies tat, brachen die Türken zu schnellem Angriff los, um ihren Brückenkopf zu halten. Die Reichstruppen und auch die Bayern hielten das ohrenbetäubende Gebrüll des Feindes nicht aus, zumal sie wußten, daß es keinerlei Pardon gab. Die Musketiere im ersten Glied, die eine fruchtlose Salve abgeschossen hatten, taumelten zurück zu den Pikenieren des zweiten Glicdes, „und weil sie die Köpfe so springen sahen, warfen die Musketiere ihre Musketen, die Pikeniere ihre Piken von sich und wollten sich mit der Flucht salvieren". Auch die Reiterei geriet nun in Bedrängnis. Der bayerische Reiteroberst Höning wurde durch einen Lanzenstich schwer verwundet, sein Sohn rettete ihm das Leben.

Die Türken drangen auf Mogersdorf vor (damals Nagyfalva = Großdorf), um das Zentrum vollständig zu sprengen, und hinter den Kämpfenden setzten immer mehr neue Einheiten über die Raab. Der bayerische Generalzeugmeister Graf Fugger-Kirchberg brachte eilends genug Geschütze in Stellung, die am Ende verhinderten, daß Mogersdorf in die Hände des Feindes fiel.

Rechts und links von den Janitscharen und Sipahis (auch letztere osmanische Elite-Truppen) setzte Reiterei über die Raab, um die Christen in der Flanke anzugreifen. Da raffte sich Montecuccoli um Mittag zum Gegenangriff auf: die eigenen Truppen waren zwar ermattet, aber die Janitscharen mittlerweile auch.

Dic Kavallerie Hönings ritt den Feind nieder und trieb ihn in Massen zur Raab und in den Fluß hinein, der gerade Hochwasser führte. Wer von den Türken nicht durch die Fluten verschlungen wurde, der kam im Kugelhagel um, der auch das südliche Ufer nicht aussparte. Es war in dem Chaos nicht mehr möglich, durch die fliehenden Janitscharen, brüllenden und hilflosen Offiziere und über die von Leichen und Pferdekadavern verstopfte Raab mit ihren glitschigen, blutigen, waffenübersäten Böschungen neue Truppen nach vorne zu bringen. Etwa drei Viertel der Armee Achmed Köprülüs konnten gar nicht mehr zum Einsatz kommen.

Der Großwesir selbst zog den Säbel und hieb dem Janitscharen-Aga und anderen fliehenden Offizieren persönlich den Kopf ab, aber es nützte alles nichts mehr. Die Janitscharen schossen in Panik auf die eigenen Kameraden und konnten das nördliche Raabufer nicht mehr halten. Die Christen verbarrikadierten die Furt, und Achmed Köprülü thronte bei Sonnenuntergang weiter in seinem Lager auf den Höhen südlich der Furt.

Die Kaiserlichen schrieben sich den Sieg über den großen Angstgegner alleine zu, aber Kurfürst Ferdinand Maria hielt ihnen entgegen, daß von seinen Gewährsleuten dem Obersten Höning „das Lob der erhaltenen Victoria zum guten Teil zugeschrieben werde". Und der Siegelbewahrer des Großwesirs kommentierte: „So war es wohl Gottes Ratschluß: denn hätten die Muslims nicht versäumt, mehr Truppen ans andere Ufer zu bringen, so hätte mit der Gnade Allahs des Allerhabenen die Streitmacht des Islam wohl bald die Reichshauptstadt und Residenz des Deutschen Kaisers angegriffen und zerstört, denn Wien war ja nur mehr 10 Stunden entfernt."

Bei den anschließenden Friedensverhandlungen machte Kaiser Leopold I. zugunsten eines 20jährigen Waffenstillstandes jedoch Zugeständnisse an die Osmanen, als ob die Christen den Kampf verloren hätten. Das entfremdete ihm auch diejenigen ungarischen Magnaten, die bisher katholisch und habsburgtreu gewesen waren. Eine Verschwörung breitete sich aus mit dem Ziel, die Habsburger jeglicher ungarischer Thronrechte endgültig zu berauben. Mit Hilfe auswärtiger Mächte, also hauptsächlich des Sultans und Frankreichs, wollte man ein unabhängiges Königreich ins Leben rufen. Das hätte den zusätzlichen Vorteil gehabt, den absolutistischen und katholisierenden Zentralisierungstendenzen des Wiener Hofes die Bewahrung der Freiheitsrechte des ungarischen Adels entgegenzusetzen – sowie die protestantische Religionsfreiheit.

Man warf einerseits dem Kaiser vor, er habe Ungarn an die Türken bewußt verraten (was nicht stimmen konnte, da es eine Art Selbstmord mit zeitlicher Verzögerung bedeutet hätte) und andererseits – knüpfte man zu den Türken freundschaftliche Beziehungen. Die Bayern hatten einst ihre Sympathien für König Zápolya bekundet, sie hätten nun, in den 1670er Jahren, den jungen Emmerich (Imre) Thököly als Zápolyas würdigen Erben betrachten können. Denn Thököly führte mit bewaffneter Hand die ständisch-protestantische und protürkische Opposition gegen Habsburg. Diese Opposition mobilisierte auch viele Untertanen der Standesherren und bekam damit eine soziale Komponente. Herr und Knecht kämpften im Zeichen des Kreuzes, daher der Ausdruck „Kuruzzen". Die „Kuruzzen-Kriege" überschatteten gerade die entscheidende Phase der Türkenkriege und wiesen darauf hin, daß die Ungarn das Haus Habsburg jedenfalls nicht bedingungslos als Befreier begrüßten. Später kamen noch Bauernaufstände gegen die Drangsalierung durch kaiserliche Heere hinzu – insgesamt ein Potential mit Bündnisfähigkeit von Gewicht, und das europaweit, nicht anders als einst Zápolya und die Fürsten von Siebenbürgen.

Bayern wäre erneut in der Versuchung gewesen, das Bündnis der 1530er Jahre (mit Zápolya und Frankreich gegen den Kaiser) zu knüpfen, wenn es den Anschluß an Frankreich gefunden hätte. Den aber hatte Kurfürst Ferdinand Maria nicht vollziehen wollen, trotz einigen Schwankens. Am 6. Dezember 1664, nach dem Tode Miklós Zrinyis unter Umständen, die auf einen Mord im Auftrag Wiens hinzudeuten schienen, ordnete der Münchner Hof Trauer an. Der Kurfürst war bei der Totenmesse persönlich zugegen. Die Trauerrede wurde eigens gedruckt und in München verteilt. Sie enthielt einen Hinweis darauf, wie gerne sich Ferdinand Maria an einem Feldzug Zrinyis zur Vertreibung der Türken beteiligt hätte. War etwa ein entsprechender Gedankenaustausch zwischen Zrinyi und dem bayerischen Hof erfolgt? Wenn München mit solchen Ideen gespielt hatte, dann hatte es wissen müssen, daß Zrinyi auch mit Frankreich in geheimem Kontakt stand, auch wenn der überaus vorsichtige Mann sich das niemals nachweisen ließ. Ein konspiratives Spiel dieser Art wollte Ferdinand Maria wohl nicht mitmachen, um nicht die Konsequenzen einer anti-kaiserlichen Haltung, die daraus notwendigerweise folgte, tragen zu müssen.

Max Emanuel am Kahlenberg

Der Nachfolger Max Emanuel (1680 für volljährig erklärt) band sich durch die Heirat mit Maria Antonia, der Tochter Kaiser Leopolds I., definitiv an das Haus Habsburg. Das hatte einerseits den Vorteil, daß er als Kandidat für die Erbschaft des spanischen Königs und eventuell auch für Ländereien der deutschen Habsburger ins Gespräch kam, und andererseits auch den massiven Nachteil, daß er jegliche Option, mit Ungarn zusammen Politik zu machen, einseitig zugunsten des Kaisers aufgab. Daß er dann keinen Anschluß an die Kuruzzen-Bewegung finden konnte, war selbstverständlich.

Von ungarischer Seite wird das geflügelte Wort vom „Dank vom Hause Habsburg", will sagen: von der notorischen Undankbarkeit dieser Dynastie besonders gern ins Feld geführt, um Max Emanuel vorzuwerfen, er habe seine Türken-Feldzüge mehr romantisch-ritterlich als politisch überlegt geführt. Und der französische Gesandte in München, der dem Kurfürsten ins Feldlager in der Puszta nachfolgte, hatte ihn verständnislos gefragt, warum er denn dem Kaiser, seinem natürlichen Konkurrenten, geradezu die Kastanien aus dem Feuer hole. Was Max Emanuel darauf erwidert hat, ist nicht überliefert.

Zumindest konnte er dem Franzosen wohl nicht die ehrliche Antwort geben: weil ich die Feinde des christlichen Abendlandes solidarisch mit meinem Reichsoberhaupt ganz selbstverständlich hasse und – weil nur der Kaiser mir eine Anwartschaft auf einen schönen Teil der spanischen Erbschaft sichern kann. Damit meinte er: auf den spanischen Teil der Niederlande, den einzigen Teil, auf den er im Ehevertrag mit Wien nicht hatte verzichten müssen. Doch bezüglich der spanischen Gesamtmonarchie galt zu seinem Vorteil, daß Madrid dieser Erbregelung nicht zugestimmt hatte.

Ferner beinhaltete der Ehevertrag mit Habsburg ein Anrecht auf die Länder Österreich, Böhmen und auch Ungarn, falls Habsburgs Mannesstamm ausstürbe. Noch besser: die jüngste Schwester des Kurfürsten, Violante Beatrix, wurde von Wien zur Heirat mit Erzherzog Joseph vorgeschlagen, dem Sohn des Kaisers und späterem Nachfolger, der trotz seines kindlichen Alters schon den ungarischen Königstitel trug.

Die Franzosen konterten: daraus werde nie etwas, da Joseph noch viel zu jung sei und die Kaiserlichen bis zu seiner Volljährigkeit schon noch einen Vorwand finden würden, das Verlöbnis zu lösen. Die Kaiserlichen erklärten sich zur Vertrauenswerbung bereit, Violante Beatrix bereits nach offizieller Verlobung zur Königin von Ungarn zu krönen. Am Ende heiratete sie den Erbprinzen von Toscana, einen der letzten Medici, und das war wiederum ein Akzent zugunsten Frankreichs, da sich die Medici in Gegnerschaft zur habsburgischen Macht in Italien befanden. Vorspiel zu einer Umkehr der Bündnisse war das aber noch nicht, denn ein Reichsfürst konnte angesichts der unausgesetzten Aggressionspolitik Frankreichs sehr wohl weiterhin Aversion gegen Ludwig XIV. empfinden.

Die Wegnahme Straßburgs durch die Franzosen mitten im Frieden (1681) war erst zwei Jahre vorüber, als der Großwesir Kara Mustafa den

Kurfürst Max Emanuel von Bayern (1679–1726), kaiserlicher Feldherr gegen die Türken. Zeitgenössischer Stich. Bayerisches Hauptstaatsarchiv (Geheimes Hausarchiv), München.

Kaiser Leopold I. (1658–1705), unter dessen Herrschaft Ungarn den Osmanen entrissen wurde, betrachtete das Land als eroberte Provinz.

zweiten Versuch der Osmanen unternahm, Wien zu erobern. Als Kaiser Leopold seine Hauptstadt vor den anrückenden Feinden verließ, bat er den Kurfürsten um Hilfe, die umgehend zugesagt wurde, mit einer Vergrößerung des schon früher ausbedungenen bayerischen Heereskontingents: 4 Reiterregimenter, 2 Eskadronen Dragoner, 10 Bataillone Fußvolk, insgesamt 11 300 Mann stellte Max Emanuel dem Kaiser zur Verfügung. Den Oberbefehl über die Entsatzarmee führte Jan Sobieski, König von Polen, mit ca. 76 000 Mann, zu den Bayern kamen noch Sachsen, Franken, Schwaben, Polen, Ukrainer. Die zogen nun gegen Türken, Albanier, Serben, Walachen, Ungarn, Kroaten, Araber, Kurden und sonstige Völkerschaften des riesigen Osmanischen Reiches, der islamischen Konkurrenz zum Heiligen Römischen Reich.

Am 12. September 1683 rund um Wien, ausgehend vom Kahlenberg, brach eine rechte Völkerschlacht los. Sie bedeutete die historische Besiegelung des osmanischen Niedergangs, wie ihn schon die Schlacht von Mogersdorf hatte ahnen lassen. Die Bayern standen zusammen mit den Kaiserlichen in der Mitte der Schlachtordnung, den rechten Flügel bildeten die Polen, den linken österreichische Kavallerie zusammen mit Franken und Sachsen.

Wir dürfen auf Kuruzzen im osmanischen Lager schließen, wenn wir in der christlichen Aufstellung keine Ungarn finden, während bei Mogersdorf Ungarn mit den Siegern mitgefochten und mehrere 100 Mann Verluste erlitten hatten. Wie konnte Thököly es wagen, auf osmanischer Seite mitzufechten? Der Kapuzinerpater Marco d'Aviano, der Emissär des Papstes, zelebrierte am Morgen des 12. September in der Kapelle auf dem Berg des hl. Leopold eine Messe, bei der die bedrängten Umstände durch die Erhebung der Seelen mehr als wettgemacht wurden, zumal durch die hochbarocke Rhetorik des Paters.

Ganz zu schweigen von dem dröhnenden Glockenklang durch ganz Europa nach dem Sieg! Nun, Thököly hatte dennoch seine guten Gründe, die bei näherem Hinsehen sogar respektabel sind. Sie lagen in der Glaubensfreiheit, die er unter osmanischer Oberhoheit sicher aufgehoben wußte wegen der traditionellen Toleranz der Türken in solchen Angelegenheiten. Darin waren die grausamen Söhne Osmans geschliffene gentlemen im Vergleich zum Wiener Kaiser, der noch Jahrzehnte nach dem Ende des großen Glaubenskrieges in Ungarn als gegenreformatorischer Scharfrichter vorgehen wollte. Die Osmanen waren eben nicht nur zerstörerische Halbbarbaren, und das konnte nur ein Volk ermessen, das generationenlang hautnah mit ihnen zu tun gehabt hatte.

Die Bayern und Franken stiegen gemeinsam und langsam von den

Höhen des Kahlenbergs hinab, brachten die Kanonen alle 30 Schritt in Stellung, um sie abzufeuern, und scharmützelten mit den Janitscharen. Gleichzeitig mußte die ganze christliche Armee sich im flachen Halbkreis in die Ebene rund um Wien hinabbegeben. Das stellte höchste Anforderungen an die Präzision der Befehle und die Disziplin der Truppe. Die Türken in ihrer abwartenden Verteidigungsstellung konnten den Aufmarsch der Christen nicht entscheidend hindern.

Max Emanuel selbst stürmte im Zentrum, bei Sievering, Währing und Hernals, um dann durch Artilleriefeuer nach rechts die osmanische Hauptmacht zu treffen, die von den Polen angegriffen wurde. Die Polen bekamen bayerische Abteilungen zur Hilfe, die in frontalem Angriff gegen das Gewehrfeuer der Janitscharen ziemliche Verluste hinnehmen mußten. Die Kaiserlichen und Sachsen gaben dem osmanischen Widerstand gegen 6 Uhr abends den Rest. Das bayerische Regiment Graf Arco brach in das Hauptlager Kara Mustafas ein: Max Emanuel gratulierte nach persönlichem, schonungslosem Einsatz auf dem Schlachtfeld dem polnischen König.

Die Truppen Sobieskis plünderten das luxuriöse türkische Lager so hemmungslos, daß den Bayern außer einem Roßschweif als osmanischem Feldzeichen und einer zerrissenen Fahne des feindlichen Fußvolks nur noch Kanonenkugeln und Schießpulver blieben. Der Leichengestank war so unerträglich, daß die Bayern drei Tage nach der Schlacht ihr Lager verlegen mußten. Sobieski wollte noch im selben Jahr Buda wegnehmen, den Schlüssel zu Türkisch-Ungarn, aber es kam nur noch zu einem weiteren Sieg der Christen in offener Feldschlacht bei Párkány (gegenüber Gran = Esztergom) und zur Eroberung der Festung Gran unter Max Emanuels Mitwirkung. Im übrigen waren noch hohe Verluste wegen schlechter Versorgung der Truppe zu verzeichnen, außerdem der Beginn eines dauernden Streites des Kurfürsten mit Karl von Lothringen, dem kaiserlichen Befehlshaber, um den Vorrang im Kommando.

Buda fällt

Es ist nicht ohne Reiz, sich neben den weltbekannten Heldentaten Max Emanuels im folgenden Türkenkrieg auch zu vergegenwärtigen, welche Möglichkeiten sich ihm überhaupt boten, die alte Zápolya-Politik Wittelsbachs wieder aufzunehmen. Denn trotz der Ehe mit der Kaisertochter war der Kurfürst viel zu unstet und zu ehrgeizig, um sich auf Dauer an die Habsburger gekettet zu fühlen. Er wollte eine Königskrone, wie sie seine in diesem Punkt erfolgreichen Zeitgenossen schließlich errangen, der Kurfürst von Hannover in England, der Kurfürst von Brandenburg in Preußen und der Herzog von Piemont-Savoyen in Sardinien. All diese Königsländer aber lagen außerhalb des Heiligen Römischen Reiches, denn innerhalb wollte der Kaiser keinen neuen König kreieren. Also war es fraglich, ob er Max Emanuel zu dieser heißbegehrten Krone verhelfen würde, und dementsprechend beweglich blieben des Kurfürsten außenpolitische Gedanken.

Der Schlüssel zu einer Umkehr der bayerischen Allianz lag in Versailles, denn das kleine Kurfürstentum brauchte zur Rangerhöhung unbedingt die Hilfe einer Großmacht. Ludwig XIV. wiederum stand in engem Kontakt mit den Osmanen, deren Wiener Niederlage ihm in keiner Weise behagte, und nur über die Osmanen war eine Verbindung zu Thököly und den Kuruzzen möglich. Litten letztere schon hinreichend unter den Siegen Habsburgs, so wurden sie vollständig ausgeschaltet nach der Verhaftung Thökölys durch seine osmanischen Verbündeten (1685). Diese Maßnahme veranlaßte eine Massenflucht von Thökölys Parteigängern, die nun gar keinen Boden mehr unter den Füßen hatten, unter die Fittiche des kaiserlichen Adlers. Mit einem so angeschlagenen ungarischen Widerstand zusammenzuarbeiten lohnte sich für Max Emanuel gewiß nicht.

Nachdem Kaiser Leopold sich zu einem Waffenstillstand mit den Franzosen bereiterklärt hatte, und nachdem die Subsidien für das bayerische Heer (18 000 Mann, darunter 13 000 zum Einsatz in Ungarn) gesichert waren, brach die christliche Armee auf; die Bayern im Mittelabschnitt gegen Buda. Am 8. September 1684 traf Max Emanuel beim Belagerungsheer ein, das schon zwei Monate lang nicht vorwärts kam und ziemlich marode war. Trotz dieser mißlichen Situation forderte er den Festungskommandanten zur Übergabe auf. Dieser jedoch dachte gar nicht daran, zumal er von einem zusätzlich anrückenden Entsatzheer wußte.

Karl von Lothringen, zur Vorsicht neigend und auch deshalb häufig im Streit mit Max Emanuel, riet zur Aufhebung der Belagerung, aber Wien befahl die Fortsetzung: Jeder weitere Erfolg gegen die Türken war eine Entlastung für den schwelenden Konflikt mit Ludwig XIV.

Daher Generalsturm am 4. Oktober, mit Max Emanuel im Kugelhagel der vordersten Angriffswellen, aber vergeblich: Von 8000 Bayern kehrten nur 2000 nach Hause zurück.

Buda blieb türkisch bis zum 2. September 1686. Max Emanuel hatte in diesem Jahr ein eigenständiges Kommando in Ungarn erhalten, das nur dem Wiener Hofkriegsrat, aber nicht Karl von Lothringen unterstand. 21 500 Mann waren unter Waffen: Bayern, Kaiserliche, Sachsen und auch

800 Ungarn. Der Kurfürst sollte erst Stuhlweißenburg belagern, doch Karl von Lothringen überzeugte den Kaiser, daß Buda wichtiger sei. Es war ein kleines diplomatisches Wunder, gewirkt von Pater Marco d'Aviano, daß Max Emanuel sich umstimmen ließ und in gemeinsamer Kriegsführung vor Buda zog.

Die Eroberung der Festung ist eine der markantesten Waffentaten dieses Krieges, nur noch vergleichbar mit der Schlacht am Kahlenberg und dem endgültigen Sieg Prinz Eugens bei Zenta (1697), und ebenso berühmt wie ein anderer großer Triumph christlicher Waffen über den Islam, die Eroberung Jerusalems durch die ersten Kreuzfahrer.

Auch die Brutalität beider Aktionen läßt sich vergleichen. Während die Kreuzfahrer nach der Erstürmung der Mauern ein Blutbad unter den Einwohnern der Heiligen Stadt anrichteten, ob sie nun Moslems, Juden oder Christen vor die Klinge bekamen, wurden – wohlgemerkt: nach österreichischen, aber im Gegensatz zu ungarischen Quellen – beim Straßenkampf in Buda unterschiedslos Soldaten und Zivilisten, Alt und Jung, Männer, Frauen und Kinder niedergemetzelt. Die ganze Bevölkerung, darunter nicht nur Türken, sondern auch Juden und Christen, hatte sich mit allem, was ihr in die Hand fiel, in den Abwehrkampf gestürzt.

Nach dem Fall der Burg ging die Stadt in Flammen auf, aber es konnte doch noch geplündert werden: die bayerischen Offiziere fanden in der Burg eine wertvolle Bibliothek, die König Matthias Corvinus einst in humanistischem Bemühen zusammengetragen hatte. Das war das Siegesgeschenk des Kurfürsten an den Kaiser, das in den Augen der Hofleute die Metzeleien, den Raub, den Brand und Mord überstrahlte.

Max Emanuel hatte nicht nur furchtlos mitgefochten, sondern auch nach Kräften Schonung für die geschlagenen und gefangenen Feinde erwirkt, was seiner Autorität bei der Truppe ein gutes Zeugnis ausstellt. Seine Ritterlichkeit wird gerühmt – er lud besiegte türkische Würdenträger gerne zu seiner Tafel, und, was in Wiener Kreisen womöglich noch größeres Befremden erregte, er verstand es, mit ungarischen Aristokraten freundschaftlich umzugehen. Vielleicht bewunderte er ihren Stolz und ihren Drang nach Selbständigkeit – zumal sie seinem eigenen Stolz nicht gefährlich werden konnten. Wir gehen wohl nicht fehl, wenn wir behaupten, daß ihn, neben allen Unbilden der Feldzüge, Ungarn ganz einfach faszinierte.

Ein Oldenburger namens Pechmann, zunächst in kurkölnischen Diensten, ab 1687 Max Emanuel unterstellt, hatte seinerzeit als erster den Wall von Buda erstürmt, wurde dafür später vom Kaiser mit Wirkung für Ungarn geadelt und durfte dafür die Stefanskrone mit zweibalkigem

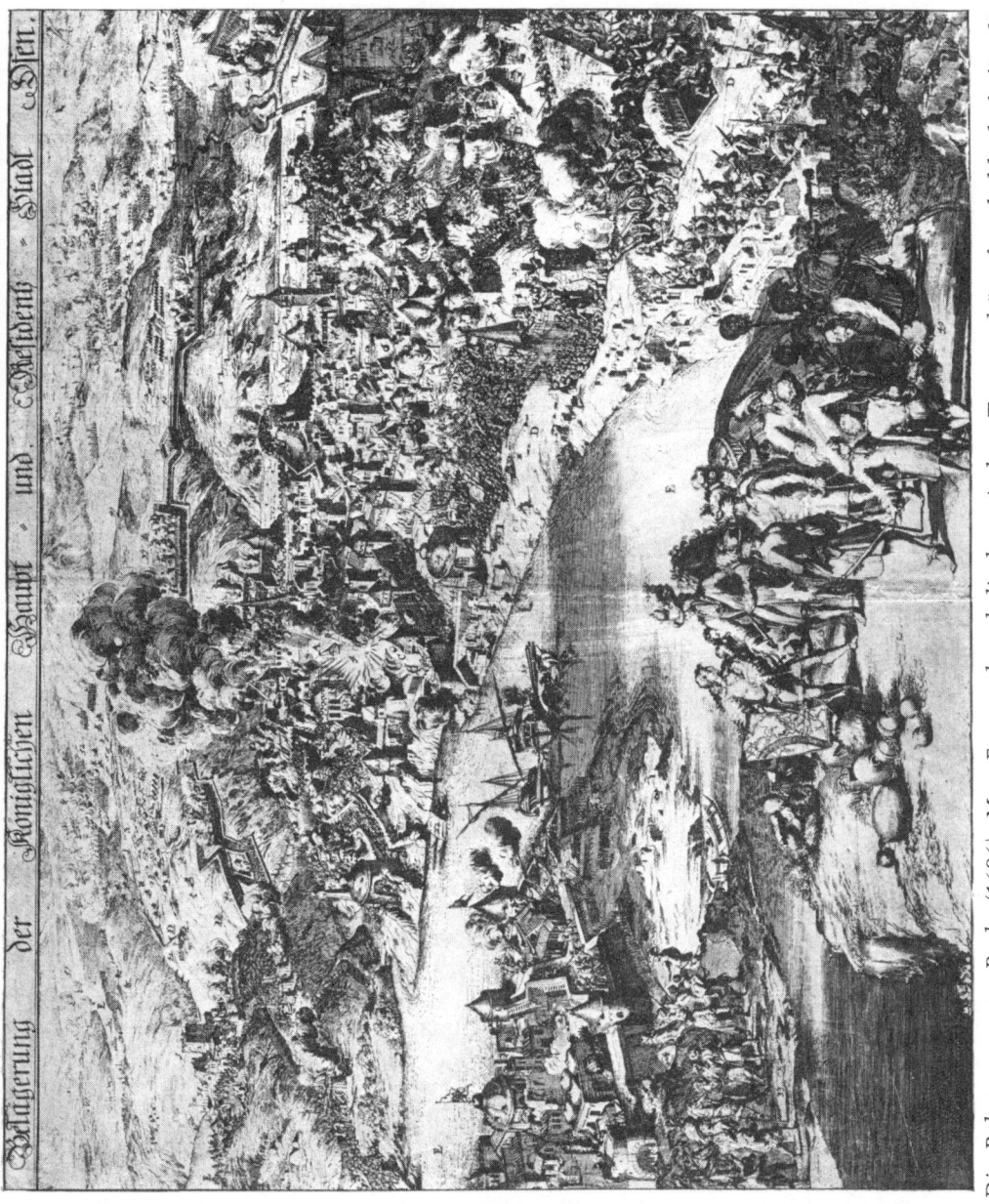

Die Belagerung von Buda (1686). Max Emanuel und die bayerischen Truppen kämpften heldenhaft für die Befreiung der Stadt. Zeitgenössischer Stich.

Kreuz darauf in seinem Wappen führen. Als die Nachkommen Pechmanns zu Beginn des 19. Jahrhunderts in die bayerische Adelsmatrikel aufgenommen werden wollten, meinte man, wer die Stefanskrone im Wappen habe, könne nicht loyal zum Hause Wittelsbach sein! Die Kleinlichkeit löste sich erst im Rahmen des allgemeinen bayerisch-österreichischen Interessenausgleichs während der Befreiungskriege gegen Napoleon auf: ab 1814 durften die Pechmanns in die bayerische Adelsmatrikel endlich ihren Einzug nehmen.

Übrigens: im Jahr 1686 waren 5 Regimenter aus Bayern ausgerückt, und nur 1844 Mann kehrten zurück.

Harsány und Belgrad: Max Emanuels Triumph

Warum sollte ein Kurfürst, leidenschaftlich, wie er war, und als guter Absolutist gewöhnt, seine Launen für Offenbarungen bzw. für das anderen aufzuerlegende Gesetz zu halten, nicht aus höchstpersönlichen Gründen weiter beim ungarischen Feldzug geblieben sein, obwohl ein Krieg des Kaisers und des Reiches mit den Franzosen ab 1685 immer drohender wurde? Es ging um Ludwigs XIV. anmaßenden Erbschaftsanspruch auf das Kurfürstentum der Pfalz, also um ein ganz besonders wittelsbachisches Thema. Jeder in Europa konnte mit Händen greifen, daß die Franzosen darauf drängten, die Verwicklungen des Kaisers mit den Osmanen auszunützen, um ihm über den Rhein hinweg in den Rücken zu fallen. Die Diplomaten des Sonnenkönigs pirschten sich erneut an den Kurfürsten heran und versuchten ihm einzublasen, der Kaiser unterstütze die Pfälzer Vettern gegen Frankreich, und das über den Kopf der Münchner Verwandtschaft hinweg, und das sollten sich die Münchner Wittelsbacher nicht bieten lassen.

Anteil am spanischen Erbe versprachen sie ihm nicht, denn das hatten sie nicht nötig, weil er nur eine Mittelmacht repräsentierte und weil Ludwig XIV. selbst die Spanier beerben wollte. Aber Max Emanuel warf die Franzosen nicht entrüstet hinaus, denn seine ungarischen Erfolge hatten ihn empfänglich gemacht für die barocken Fanfaren des Ruhmes und für Überlegungen, sich auch einen großen Aktionskreis über Bayern hinaus zu sichern. Er verhandelte also mit den Franzosen und focht weiter für den Kaiser und hielt das insgesamt für eine überlegene Schaukelpolitik, die seine Souveränität als allseits Umworbener herrlich bestätigte.

1687 nahm er den französischen Gesandten sogar nach Wien mit, wo er den Feldzugsplan für das laufende Jahr unter ausschließlich eigenem

138

Kommando mit den Kaiserlichen besprach. Die gesamte Armee bekam er nicht, er hätte sie wohl auch dann nicht bekommen, wenn er den französischen Gesandten zu Hause gelassen hätte. Karl von Lothringen und der ebenfalls etwas kühler als der Kurfürst geartete Markgraf Ludwig Wilhelm von Baden (der „Türkenlouis") operierten teils auf anderen ungarischen Kriegsschauplätzen, teils in Einzel-Abstimmung mit den Bayern.

Max Emanuel aber leistete zum ersten Mal Großes auf einem Rückzug – einem bekanntlich besonders heiklen Kapitel des militärischen Handwerks: Er führte die Nachhut, als es galt, sich von der ergebnislosen Belagerung von Esseg an der Drau nach Norden in den Raum Fünfkirchen abzusetzen, und bewahrte durch seine entschlossene Führung dabei die ganze Armee vor panikartiger Auflösung. Der Großwesir Süleyman Pascha stieß nach, Max Emanuel, Karl von Lothringen und Ludwig Wilhelm von Baden verschanzten sich bei Mohács, dem Ort des ungarischen Schicksals.

Es war mit der Initiative des angriffslustigen Kurfürsten zu verdanken, daß die Christen ihr Lager verließen, um den Großwesir anzulocken und ihm dann die Entscheidungsschlacht dieses Jahres aufzuzwingen. Am 12. August 1687 stießen die Feinde am Fuße des Berges Harsány westlich von Mohács zusammen. Max Emanuel kommandierte den linken Flügel der Christen, griff die ihm gegenüberstehende osmanische Kavallerie frontal an, warf sie und ließ seine Infanterie bis ins Lager des Großwesirs vorstoßen. Die Osmanen verloren mehr als 20 000 Mann auf dem Schlachtfeld, auf der Flucht, in den Fluten der Drau und in dem gnadenlosen Massaker, das die Christen unter ihnen angerichtet hatten. Die Siegesnachricht durfte ein tüchtiger Offizier namens Eugen von Savoyen nach Wien überbringen.

Die Verluste der Christen waren dagegen gering. Nach der Schlacht überwinterten die Bayern, verteilt über das ganze eroberte Königreich Ungarn, zum ersten Mal auf dem Kriegsschauplatz – und machten sich durch Plünderungen und Belästigungen aller Art ebenso unbeliebt wie sonst nur die Kaiserlichen. Trotz gemeinsamen Kommandos bestand kein Zweifel daran, daß Max Emanuel mit seinem Ungestüm die Schlacht entschieden hatte. Karl von Lothringen hatte angesichts der numerischen Überlegenheit des Großwesirs zunächst sogar zum Rückzug geraten.

Pater Marco d'Aviano, der rührige, zähe, diplomatische und geistliche Emissär des Papstes, war auch diesmal dabei und hielt im ehemaligen Prunkzelt des Großwesirs, noch angesichts der von den Türken errichteten Schädelpyramiden christlicher Gefangener, am Tag nach dem Sieg das Dankes-Tedeum. Belgrad wäre in diesem Jahr noch erreichbar gewesen, wenn Max Emanuel und Karl sich nicht unmittelbar nach der Schlacht wieder einmal zerstritten hätten und der Kurfürst nicht daraufhin mit seinen Truppen das Lager verlassen hätte. Karl hatte dem vertrauten Marco d'Aviano schon im vorhergehenden Winter gestanden, es wäre nicht übel, wenn der Kurfürst 1687 nicht wieder mitmarschierte!

Aber zum Wesen des Barock gehört es, daß seine Helden über die alltäglichen Mißlichkeiten und Häßlichkeiten hinweg zur makellos strahlenden Apotheose schreiten. Zunächst veranstalteten die Kaiserlichen zur Ausnützung des Sieges vom Berg Harsány einen Reichstag des Königreichs Ungarn zu Preßburg, der sein Hauptziel, die Anerkennung des Kaisersohns Joseph als Königs von Ungarn durch die anwesenden Stände voll erreichte. Schon am 3. Dezember 1687 wurde Joseph gekrönt, ebenfalls in Preßburg. Es ist also berechtigt, nuancenlos zu formulieren: Max Emanuel hat dem Kaiser die politisch tonangebende ungarische Aristokratie durch seinen Sieg zu Füßen gelegt!

Dann: Belgrad fiel im nächsten Jahr, sein Eroberer hieß Max Emanuel, und Marco d'Aviano inszenierte dazu am 8. September 1688, zwei Tage nach der Kapitulation der letzten Osmanen in der Burg, das mittlerweile gewohnte Tedeum, diesmal im Hauptquartier des Kurfürsten. Auf osmanischer Seite war Thököly erneut unter den Streitern, denn nach Kriegslage konnten sich die Osmanen keinen Zwist in den eigenen Reihen leisten. Die vorwärtsdrängende Energie des Kurfürsten duldete keinen Aufschub, bis Belgrad vollständig eingeschlossen war, die Verluste, die in die Höhe schnellten, hielten ihn nicht auf. Während der Eroberung der Stadt bekam Max Emanuel einen leichten Streifschuß an der rechten Wange, um ihn herum fielen hohe Offiziere, aber all dies hemmte seinen Sieg nicht. Seine Soldaten wüteten wie schon am Berg Harsány unter den Unschuldigen und Wehrlosen. Mag sein, daß Glaubenskriege bzw. solche Kriege, die dazu erklärt werden, ähnlich wie Bürgerkriege den Fluch in sich tragen, zu besonderer Grausamkeit entarten zu müssen.

Das war, in der Rückschau bewertet, der Höhepunkt des Ruhmes Max Emanuels. Wenn der Kaiser Belgrad besaß, hatte er Ungarn sicher in der Tasche, ebenso wie Hunyadi und Corvinus im Schutze dieser Stadt den Osmanen wirkungsvoll hatten trotzen können. Und die Offensive hätte nun über Nisch und Sofia bis nach Edirne und Istanbul, ins Herz des Feindes, vorstoßen können. Der Frieden von Karlowitz (1699) besiegelte zwar die Befreiung Ungarns, ließ aber Belgrad beim Osmanischen Reich.

Die Apotheose weist noch mehr Schatten auf: Schon 1690 eroberten die Osmanen Belgrad zurück. Die Türkenkriege kosteten Bayern insgesamt ca. 30000 Menschen und 20 Millionen Gulden, ein Vielfaches des Jahreshaushalts des Kurfürstentums! Die Franzosen hätten Max Emanuel gerade auf den Wällen von Belgrad endgültig davon überzeugen können, daß er nur zum Vorteil des Kaisers arbeitete; denn je mehr er sich auf den Balkan verirrte, desto ferner war er seiner bayerischen Machtbasis.

Aber der Kurfürst schwelgte in den ebenso strahlenden wie unbestimmten Horizonten seines Triumphgefühls. Hofierten ihn die Spanier nicht schon seit Harsány ganz besonders, wohl weil sie ihn in eifersüchtigem Unterschied zu den habsburgischen Vettern in Wien als Universal-Erben vorzogen? Es war noch nicht ausgemacht, ob er auf den Schlachtfeldern Ungarns nicht doch etwas für sich erobert hatte, etwa Spanien, Mailand, Neapel, die Niederlande, am Ende die Schätze der Neuen Welt ...

Gegen solche Träumereien von Macht und Glorie hatten die nüchtern rechnenden Franzosen natürlich keinerlei Gegenargument, denn eine spanische Erbschaft konnten und wollten sie nicht versprechen. Dann kam Ludwig XIV. gerade 1688 seinen osmanischen Partnern zu Hilfe, indem er mit der planmäßigen Verwüstung der Pfalz und weiterer süddeutscher Landstriche deren fürchterliche Kriegsführung nachzuahmen schien und damit alle dünnen Fäden zwischen München und Versailles jäh zerriß. Max Emanuel wandte sich also an des Kaisers Seite von den südöstlichen Barbaren ab und setzte die Truppen seines vielgeplagten Landes gegen die Barbaren des Westens in Marsch – und vergaß Ungarn für 15 Jahre.

KAPITEL VII

Der ungarische Freiheitskrieg und der Plan, Kurfürst Max Emanuel zum König der Ungarn zu küren (1700–1711)

Den tapferen Einsatz von Max Emanuel und seiner Bayern in der blutigen Schlacht um Buda 1686 haben die Ungarn nicht vergessen. In einer bestimmten Konstellation der europäischen Geschichte wurden Bayern und Ungarn Anfang des 18. Jahrhunderts wieder einmal zu Verbündeten, und der Wittelsbacher wäre beinahe König von Ungarn geworden. Beinahe ... Es war dann letzten Endes die europäische Großmachtpolitik, es war der für Bayern und Ungarn ungünstige Verlauf des Spanischen Erbfolgekrieges (1701–1714), die verhinderten, daß der bayerische Kurfürst als Herrscher eines freien Ungarn in die Geschichte einging.

Die Lage Ungarns nach der Vertreibung der Türken

Nach der Befreiung von den Türken Ende des 17. Jahrhunderts entstand für Ungarn eine völlig neue historische Lage, die nicht vergleichbar war mit derjenigen der ungarischen Großmacht vor der Tragödie von 1526, vor der türkischen Besatzungszeit und der Teilung des Reiches. Eine Rückkehr in jene Situation vor 1526 gab es nicht mehr, in die Zeit 1000–1526, als Ungarn ein wohlorganisierter, zentral regierter Staat, über mehrere Jahrhunderte eine Großmacht war.

Bereits im Jahr der Niederlage des ungarischen Ritterheeres in der Türkenschlacht bei Mohács hatte sich die Lage radikal geändert: Ein Teil des Landes litt unter der Türkenherrschaft, in einem anderen Teil hatte sich die Macht des Hauses Habsburg etabliert. Die Rechnung jener kleinen Minderheit des ungarischen Adels, die 1526 Erzherzog Ferdinand von Habsburg als Gegenkönig aufgestellt hatte – Ferdinand regierte 1526–1564, nach dem Tod von König János I. Zápolya († 1540) als Alleinherrscher – ging nicht auf: Die Habsburgerpartei unter den Ungarn, die sich von der Wahl Ferdinands künftig den Einsatz der österreichischen und der spanischen Habsburger – Ferdinands Bruder war der mächtige Karl V. – gegen die anstürmenden Türken erhofft hatte, wurde bitter enttäuscht: Denn während der anderthalb Jahrhunderte dauernden osmanischen Okkupation eines großen Teils von Ungarn unternahmen die Habsburger keinen einzigen ernsthaften Versuch, das Land zu befreien. Erst nach der Belagerung Wiens 1683 sahen sie die Stunde kommen, die geschwächten Türken weit in den Südosten zurückzuwerfen.

Die Habsburger betrachteten Ungarn nach der Vertreibung der Türken als eine eroberte Provinz. Der türkischen folgte nun die kaiserlich-habsburgische Besatzung, die so aussah:

Finanzielle Ausbeutung bis Ausplünderung der Bevölkerung, grauenhaftes Hausen der kaiserlichen Soldateska; Wegnahme der Güter des ungarischen Adels auf dem ehemals von Türken besetzten Gebiet mittels fadenscheiniger juristischer Schliche und verleumderischer politischer Prozesse; religiöse Intoleranz dem – durch die habsburgischerseits aus machtpolitischen Gründen systematisch durchgeführte Gegenreformation nunmehr in die Minderheit gedrängten – ungarischen Protestantismus gegenüber; Zerstückelung des Territoriums Ungarns durch die Abtrennung eines Gebietsstreifens als „militärisches Schutzgebiet" im Süden und Siebenbürgens im Osten.

Dies waren die Wesenszüge der Habsburgerherrschaft, und recht bald hieß es, die Ungarn lebten schlechter, als unter den Türken – eine traurige und stichhaltige Feststellung, die sich in der Geschichtsschreibung bis zum heutigen Tage niederschlägt.

Eine verfassungsrechtliche Grundlage für die Herrschaft habsburgischer Willkür wollte sich die Dynastie dadurch schaffen, daß sie den ungarischen Ständen die Rechnung für die Vertreibung der Türken wenige Monate nach dem Fall von Buda (September 1686) einreichte: Kaiser Leopold nötigte den ungarischen Reichstag 1687, der automatischen Thronfolge des habsburgischen Mannesstammes und dem Verzicht auf das durch Artikel 31 der Goldenen Bulle von König Endre II. (1222) verbriefte Widerstandsrecht der Stände gegen einen verfassungsbrüchigen König zuzustimmen. Somit war ein wesentlicher Schritt in die Richtung getan, die schon Rudolf von Habsburg Ende des 13. Jahrhunderts vorgezeichnet hatte: Ungarn zum Erbland der Habsburger zu machen, gleichgestellt mit den zentral von Wien aus regierten österreichischen Kronländern.

Der große konservative ungarische Historiker des 20. Jahrhunderts, Gyula Szekfü – von ungarischen Nationalisten übrigens als „Lakai der Habsburger" beschimpft – faßte zutreffend zusammen: „Keiner Sache hat

Habsburg je so feindselig gegenübergestanden, wie der tausendjährigen ungarischen Staatlichkeit."

Damit wurden die Auseinandersetzungen zwischen dem Herrscherhaus und den ungarischen Ständen vom 16. bis zum 19. Jahrhundert eigentlich aus unveränderten Positionen ausgetragen. Den ungarischen Ständen – dem Hochadel und dem immer einflußreicheren Landadel –, die damals im Magyarenland ebenso wie in anderen europäischen Ländern die „politische Nation" bildeten, ging es um die Respektierung der Verfassung, die Wahrung der ungarischen Staatlichkeit und freilich auch um den Schutz ihrer Privilegien.

Mit Herrschern, auch mit einer fremden Dynastie, welche die Grundlagen der Verfassung und eine ungarische Eigenstaatlichkeit akzeptierten, besser gesagt, nicht von vornherein ablehnten, konnten und wollten die Ungarn leben. Nur in zwei Ausnahmesituationen, unter außenpolitischem und militärischem Druck entschlossen sich die Ungarn – 1707 und 1849 – die Entthronung der Habsburger zu wagen.

Der Rákóczi-Freiheitskampf 1703–1711 und das Bündnis mit Bayern

Der österreichisch-ungarische Krieg 1703–1711 ist in die Geschichtsschreibung als Rákóczi-Freiheitskampf eingegangen. Zu Recht: Der Krieg um die Staatlichkeit, um die Freiheit Ungarns war durch Fürst Ferenc (Franz) II. Rákóczi (1676–1735) personifiziert.

Rákóczi stammte väterlicherseits aus der Dynastie, aus welcher im 17. Jahrhundert drei Fürsten von Siebenbürgen hervorgegangen waren. Seine Mutter, Ilona von Zrinyi, kam ebenfalls aus dem ungarischen Hochadel. Sie war Tochter des konservativen katholischen Staatsmannes Péter von Zrinyi, der, nach einem mißlungenen Aufstand 1671 gegen die Habsburgerherrschaft, zusammen mit anderen katholischen Magnaten unter dem Henkerbeil der Habsburger zu Tode gekommen war. Ferenc Rákóczi war mit mehreren europäischen Herrscherhäusern verwandt, auch mit Ludwig XIV. von Frankreich.

Ein Verständnis des Rákóczi-Freiheitskampfes und des Bündnisses mit dem Kurfürsten Max Emanuel – wie übrigens auch des großen österreichisch-russisch-ungarischen Krieges von 1848–1849 – setzt voraus, daß ein von Revolutionsromantikern, Marxisten und Wiener Hofhistorikern – eine recht eigenartige Kombination! – verzerrtes Geschichtsbild über die Auseinandersetzung Ungarns kontra Habsburg zurechtgerückt wird:

Fürst Ferenc (Franz) II. Rákóczi (1676–1735), Anführer des Freiheitskrieges gegen Habsburg (1703–1711), Bayerns Verbündeter. Gemälde von Ádám Mányoki, vormals im Schloß der Könige von Sachsen zu Taschenburg.

Auf der ungarischen Seite handelte es sich nämlich keineswegs um Revolutionäre, um irgendwelche radikale Aufständische, sondern um mehrheitlich konservative Kräfte, welche sich für die Erhaltung der Eigenstaatlichkeit und für die Einhaltung der Verfassung einsetzten. Schon gar nicht kann man von einem „Protestantenaufstand" reden, wie die Freiheitsbewegungen der Ungarn von der gegnerischen Propaganda gerne dargestellt wurden. Der tief religiöse Katholik Ferenc Rákóczi, der den Freiheitskampf mit einer vorwiegend aus katholischen Magnaten bestehenden Generalität führte, würde sich in seinem Grab im Dom von Kassa (Kaschau, Košice in der heutigen Ostslowakei) umdrehen! Oder könnte man sich im Namen Luthers und Calvins in den Kampf Ziehende vorstellen, die sich ausgerechnet nach der Herrschaft des Katholiken Max Emanuel sehnen, dem Rákóczi die Stephanskrone anbot?

Um die Jahrhundertwende (1700) war der Spanische Erbfolgekrieg vorgezeichnet. Es ging um eine Umverteilung der Macht in Europa, nachdem der spanische Zweig der habsburgischen Dynastie erloschen war. Bei der Neubesetzung des Throns in Madrid sah Frankreich die Chance, die verhängnisvolle Umklammerung durch die beiden Habsburgerreiche Spanien und Österreich endlich zu sprengen. Ludwig XIV. strebte an, seine eigene Dynastie, die Bourbonen, auf dem Thron Spaniens zu installieren und die Wiener Habsburger von der iberischen Halbinsel zu verdrängen.

Der Mann, der in Ungarn durch Herkunft und patriotische Tradition, aber auch durch Charakter und Begabung zur Gestaltung der Geschicke seines Landes bestimmt war, der 24jährige Ferenc Rákóczi, und Ludwig XIV. knüpften Beziehungen an. Der Briefwechsel zwischen beiden wurde durch Einsatz eines „agent provocateur", des kaiserlichen Offiziers Longueval, verraten, Rákóczi kam in Haft; in der Festung Wiener Neustadt wartete er auf seinen Hochverratsprozeß, ihm drohte der sichere Tod durch das Schwert. Doch gelang ihm eine Flucht, die an Abenteuerlichkeit und Tragik – der Festungskommandant Kapitän Lehmann wurde hingerichtet – kaum zu überbieten ist. Rákóczi konnte nach Polen entkommen. 1703 begab er sich über einen Karpatenpaß aus dem Nordosten – wie einst Árpád und seine Magyaren bei der Landnahme – nach Ungarn und stellte sich an die Spitze der Stände, die gegen die verfassungswidrige autoritäre Herrschaft der Habsburger aufbegehrten. Die Mehrheit des Landadels, ein Teil der Aristokratie folgte ihm, und bald befehligte er eine beachtliche reguläre Armee, die er vorbildlich zu organisieren, aber in Feldschlachten schlecht zu führen verstand: Rákóczi beherrschte theoretisch die Kriegskunst, war aber kein guter Truppengeneral; seine aristokratischen Mitstreiter waren es noch weniger. Vor allem aber waren die Voraussetzungen im allzu sehr geschwächten Ungarn nach der Türkenokkupation und der verheerenden „Befreiung" durch die Kaiserlichen noch nicht gegeben für die Aufrechterhaltung einer disziplinierten, schlagkräftigen Streitmacht, die sich der Armee des Kaisers hätte stellen können. Das „Wunder" ließ noch fast 150 Jahre auf sich warten, als Ungarn innerhalb weniger Monate ein reguläres Heer von 180 000 Mann aus dem Boden stampfen und ausrüsten konnte, das sich 1849 den österreichischen Aggressoren stellte, diese in zwölf Feldschlachten schlug und erst der russischen Dampfwalze unterlag.

Wie lobenswert Rákóczis Bestreben auch war, offene Schlachten zu

Kampfszene aus dem Rákóczi-Freiheitskrieg (1703–1711). Die Ungarn sind links, die Kaiserlichen rechts abgebildet. Nach einer zeitgenössischen Zeichnung von Rugendas.

wagen und sich nicht auf die „Guerillataktik" zu verlassen, – er scheiterte und gewann kein einziges Gefecht von einiger Größenordnung. Dennoch kann man die erste Hälfte des Krieges – 1703–1707 – als „den Weg aufwärts" bezeichnen. Die „Ostfront" der Kaiserlichen, eben die ungarische, war nur dünn besetzt, sie reichte nicht aus, um die Ungarn entscheidend zu besiegen. Das Gros des kaiserlichen Heeres stand an der „Westfront", es bekämpfte die Franzosen und die Bayern im Endeffekt recht erfolgreich.

Nach vorübergehenden Erfolgen Max Emanuels sah die militärische Lage des Kurfürsten und seiner französischen Verbündeten 1704 so aus, wie sie Max Emanuels Biograph Ludwig Hüttl beschreibt: „Die von Frankreich gewünschte Verbindung zwischen Max Emanuel und den ungarischen Magnaten kam nicht zustande, gemeinsame Aktionen waren schon aufgrund der geopolitischen Lage unmöglich ... Alle wichtigen Pläne des Kurfürsten waren gescheitert. Die Vereinigung mit Vendôme über Tirol war fehlgeschlagen, der Angriff auf Oberösterreich zurückgewiesen, das Reich nicht entscheidend geschwächt oder ausgeschaltet, Habsburg keineswegs niedergerungen. Alle Offensivschläge gingen ins Leere ... Max Emanuel hatte den Höhepunkt seiner Leistungsfähigkeit längst überschritten. Ihm warfen sich entgegen die ungebrochenen Kräfte des Markgrafen Ludwig von Baden, des Prinzen Eugen, des Herzogs von Marlborough. Sie standen als Staatsmänner und Soldaten auf dem Höhepunkt ihrer Karriere."

Es waren zwei herausragende Feldherren der Neuzeit, der geniale französische Überläufer Eugen von Savoyen und der englische Herzog von Marlborough – Ahnherr Winston Churchills –, die an der Spitze eines aus Kaiserlichen und aus Engländern bestehenden Heeres (52 000 Mann) das französisch-bayerische Heer (56 000 Mann) am 13. August 1704 bei Höchstädt an der Oberen Donau angriffen. „Max Emanuel hielt sich mit der bayerischen Reiterei tapfer, doch die Franzosen wurden überrollt." (Hüttl) Der Tag brachte eine vernichtende Niederlage; der französische Oberbefehlshaber Marschall Tallard wurde gefangengenommen.

Die Habsburger triumphierten. In Wien kursierte ein Spottgedicht, das die beiden Gegner Österreichs, den Ungarn, der militärische Erfolge zweiten Ranges für sich verbuchen konnte und den Bayern, der an Frankreichs Seite die große Niederlage erlitten hatte, unter einen Hut nahm und als „Falschmünzer" verpönte (auch die Ungarn prägten ihr eigenes Geld, die „Freihcitstaler"):

„Rakoczi der verrucht Rebell
Sie unbefugt läßt schlagen.

Er macht sich an die Königs Stell'
Man wird ihn bald verjagen.

Der bayrisch Münzer ist schon hin,
Dort wo er hingehöret.
Des Adlers Macht steht in Gewehr,
Er all sein Feind zerstöret."

Max Emanuel und der ungarische Königsplan

Bayern war verloren, der Kurfürst floh in die Niederlande, die in französischer Hand waren. In Brüssel, wo er einst als Statthalter der Habsburger, noch als deren Verbündeter in den Türkenkriegen und im Pfälzischen Erbfolgekrieg triumphal eingezogen war (1692), fristete er nunmehr ein Emigrantendasein; nominell war er noch immer „Statthalter der Niederlande", ein leerer Titel, der aus einer grundverschiedenen politischen Situation mehr als ein Jahrzehnt davor hervorging. Trotzdem genoß der Bayernfürst ohne Land und ohne nennenswerte Streitmacht noch ein relativ hohes Ansehen am französischen Hofe. Der Sonnenkönig ließ Max Emanuel nicht fallen, der Kurfürst fügte sich in die langfristigen Pläne des Bourbonen ein.

Im Dreieckverhältnis Frankreich – Bayern – Ungarn hatte es bedeutsame Verbindungen bereits vor Höchstädt gegeben. Nach der Niederlage an der Donau wurden die bayerisch-ungarischen Kontakte mit Max Emanuels kleinem Hof in Brüssel geknüpft, ein langwieriges diplomatisches Spiel, das sich zwar letzten Endes auf dem Schachbrett Ludwigs XIV. abspielte, dessen politische Grundlage aber dennoch die jahrhundertealte bayerisch-ungarische Interessengemeinschaft war, und das sich mit tiefer persönlicher Sympathie und Achtung des Kurfürsten den ungarischen Magnaten gegenüber und gleichzeitig mit einer Hochschätzung, ja Überschätzung der Person und der Würde von Max Emanuel seitens der Ungarn verband.

Sowohl auf diplomatischer als auch auf militärischer Ebene hielt Ludwig XIV. die Fäden zwischen Max Emanuel und Rákóczi in der Hand; doch der Gedanke der Wahl des Wittelsbachers zum König von Ungarn stammte nicht aus Versailles, sondern aus Ungarn.

Als 18jähriger Verlobter war Rákóczi bereits mit dem Hause Wittelsbach in Berührung gekommen: Es war Max Emanuels Bruder, Joseph Clemens, Fürsterzbischof und Kurfürst von Köln (1688–1723), der den jungen Rákóczi im September 1694 im Kölner Dom mit Charlotte-Amalie von Hessen-Rheinfels traute, klammheimlich, denn der Wiener Kaiser wurde vor vollendete Tatsachen gestellt; Leopold hätte der Ehe Rákóczis mit der deutschen Prinzessin nie zugestimmt.

In den Kontakten zwischen Rákóczi, Max Emanuel und dem Versailler Hof agierten verschiedene Diplomaten; nicht alle waren lautere Persönlichkeiten; eine glückliche Hand hatten sie allesamt nicht:

Rákóczis Gesandter bei Max Emanuel und in Versailles war der begabte Landadelige Kökényesdi de Vetés (sprich: Weteesch), ein Mann, der die Begriffe Wahrheit und Treue nicht allzu ernst nahm.

Des Kurfürsten Gesandter bei Rákóczi, Coulon, galt als ungeschickt. Er intrigierte auch gegen Rákóczi, der dann Coulons Abberufung verlangte.

Auch Max Emanuels Gesandter am Hof von Versailles, Monasterol, übermittelte gelegentlich Botschaften zwischen Bayern und Ungarn, insbesondere solange Rákóczi noch keinen eigenen Gesandten am bayerischen Hofe hatte.

Der erste Vorschlag Rákóczis an Max Emanuel, sich der Königswahl durch die ungarischen Stände zu stellen, ging denn auch über den französischen Hof an den bayerischen Gesandten Monasterol, der ihn wiederum an den Kurfürsten übermittelte. Es war Anfang 1704. Sowohl der Kurfürst als auch die Ungarn waren allerdings noch der Meinung, daß eine Entscheidung über den Königsplan erst später fallen sollte. Man wartete ab, wie sich die militärische Lage entwickelte.

Zu dieser Zeit konnte Max Emanuel noch gewisse militärische Erfolge verbuchen, Augsburg und Passau gerieten in bayerische Hand. Versailles forcierte Kontakte zwischen seinen bayerischen und ungarischen Verbündeten und ermunterte Max Emanuel, bayerische Truppen den vorrückenden Ungarn entgegenzusenden, was freilich militärisch selbst nach Max Emanuels Geländegewinnen an der Westfront nicht ausführbar war.

Es kam allerdings bald zu einem direkten diplomatischen Kontakt zwischen Rákóczi und Max Emanuel: Kökényesdi wurde bereits 1704 am kurfürstlichen Hof akkreditiert. Es oblag ihm auch eine delikate militärische Aufgabe: Er sollte bei den Ungarn, die in den Diensten des Kaisers standen, dafür werben, daß sich diese der französischen Armee ergeben und Schulter an Schulter mit den Franzosen und Bayern gegen die Kaiserlichen kämpfen.

Kökényesdi sollte diese ungarischen Truppenkontingente organisieren. Inzwischen kam es zwar zum Debakel von Höchstädt, trotzdem erzielte Kökényesdi gewisse Erfolge. In Luxemburg gruppierte er 200 ungarische Husaren, bereit zum Kampf gegen Habsburg.

Max Emanuel befand sich seit Oktober im Exil in Brüssel, und hier übte nun Kökényesdi über mehrere Jahre seine diplomatische Tätigkeit aus. Der Gesandte setzte sich mit allen Mitteln dafür ein, Max Emanuel zur Annahme einer Königswahl zu bewegen, auch mit höchst fragwürdigen Mitteln. So informierte er den Kurfürsten allzu optimistisch über die Ereignisse auf dem ungarischen Kriegsschauplatz, er berichtete über Erfolge und Siegesaussichten, die es nicht gab. Schlimmer noch, er ignorierte eine entscheidende, eine kontraproduktive politische Entwicklung, nämlich Ludwigs XIV. Abkehr vom Plan eines ungarischen Königtums von Max Emanuel. Aus welchen Gründen auch immer, riet jetzt der Bourbone davon mit dem in sich wahrscheinlich stichhaltigen Argument ab, Max Emanuels Familie und ganz Bayern wären einem habsburgischen Rachefeldzug ausgesetzt, wenn der Kurfürst im Exil die ungarische Königskrone annehmen würde. Doch den Franzosen plagte in Wirklichkeit nicht die Sorge um das Wohl Bayerns und der kurfürstlichen Familie; ihm paßte ein König Max Emanuel von Ungarn momentan nicht ins politische Kalkül. Und schließlich entscheidet sich alles auf dem Schlachtfeld, das wußte der Sonnenkönig nur zu gut. Welche echten Chancen hätte da Rákóczi ...?

Max Emanuel war selbstverständlich nicht in der Lage, sich von den Absichten seines Schirmherrn, des Königs von Frankreich, loszulösen und etwa gegen dessen Willen zu handeln. Wie betrachtete aber der Kurfürst den ungarischen Königsplan subjektiv, aus der eigenen Sicht? Dazu Hüttl: „Zwar bewunderte Max Emanuel die ungarischen Magnaten. Sie waren in seinen Augen Herren, die er in gewissem Sinn als gleichberechtigte Partner anerkannte ... Positiv vermerkte Max Emanuel, daß Magnaten und nicht bäuerliche Untertanen den Aufstand anführten, daß die Ungarn für ihr legitimes Recht kämpften, genauso wie er selbst für seine legitimen Rechte und Ansprüche stritt ... Das Angebot Rákóczis war verlockend und gefährlich zugleich. Würde es Max Emanuel ergehen wie dem Winterkönig Friedrich V. von der Pfalz, der sich in Böhmen nicht halten konnte, oder dem niederbayerischen Herzog Otto, den die Ungarn nach kurzer Herrschaft (1305–07) ... wieder aus dem Land geschickt hatten? Lange, allzulange überlegte Max Emanuel das Für und Wider, sich der Königswahl zu stellen. Im Jahre 1708 traten die Verhandlungen in ein entscheidendes Stadium."

1708 ... Die Tragik der Geschichte verhinderte die Verwirklichung des ungarischen Königsplanes, wie sie einst den durchaus realistischen Plan der Festigung des Throns des Otto von Wittelsbach in Ungarn vereitelt hatte.

Auf dem Höhepunkt des ungarischen Freiheitskampfes, nachdem die ungarischen Stände 1707 zu Ónód die Dethronisierung des Hauses Habsburg ausgesprochen hatten, holte Rákóczi zu dem, wie er meinte, entscheidenden militärischen Schlag aus. 1708 führte er seine Hauptstreitmacht nach Nordwestungarn und maß seine Kraft mit dem Heer der Kaiserlichen. Es kam zur Entscheidungsschlacht bei Trencsén (sprich: Trentscheen) in der heutigen Westslowakei. Rákóczi fiel vom Pferd, das Gerücht von seinem Tod ging in den Reihen der Magyaren um, Panik ergriff sie, der Kampf war verloren.

Bis 1711 siechte das Ungarnheer noch dahin, die Westfront nahm den Kaiser noch viel zu sehr in Anspruch, um es ganz zu vernichten. Dann kam es zum Frieden von Szatmár zwischen Habsburg und den Magyaren, welche die Waffen im Mai 1711 niederlegten. Eine blutige Vergeltung blieb ihnen diesmal erspart. Der große Sohn Ungarns, Ferenc Rákóczi, ging ins Exil, er starb 1735 in der Türkei.

Nach der Niederlage von Trencsén entbehrte der Plan einer Personalunion zwischen Bayern und Ungarn jeder Realität. Max Emanuel sollte dann in der europäischen Friedensordnung nach dem Spanischen Erbfolgekrieg sein Kurfürstentum wiedererlangen. Von 1714 bis zu seinem Tod 1726 herrscht er wieder in München, kein gebrochener, aber ein zutiefst enttäuschter Mann. Dem Haus Wittelsbach zu einer Königskrone zu verhelfen, ist ihm nicht gelungen; die weltpolitischen Pläne des großen, des ehrgeizigen Barockfürsten sind nicht in Erfüllung gegangen.

Betrachtet man Max Emanuels Konterfei, uns durch Gemälde wohl bekannt, könnte er ein Habsburger sein, längliches Gesicht, kräftige Nase, sogar die berühmte habsburgische Unterlippe sind ihm eigen (s. S. 132). Doch das Äußere täuscht, des Kurfürsten Charakter und Gemüt verraten ganz und gar andere Züge: Tollkühn und unüberlegt, phantasiereich und mutig-ambiziös, Verschwender und Frauenheld; in der vordersten Linie bei Schlachten, im mörderischen Kugelhagel; ritterlich und großzügig dem geschlagenen Feind, auch dem Türken gegenüber; ein Grandseigneur von Kopf bis Fuß: Max Emanuel hätte einen guten magyarischen Aristokraten abgegeben; auch einen König von Ungarn; wenn nicht den größten der Staatsmänner, so doch einen Herrscher, der dem Nationalcharakter nur zu gut entspricht ...

KAPITEL VIII

Friede, Aufbau und Kultur –
und der Untergang der Monarchien
(1711–1918)

Deutsche Aufbauhilfe

1711 gab es in Ungarn keine Rückkehr zu den Verhältnissen vor 1703, vor dem Rákóczi-Freiheitskampf. Vielmehr fand eine echte Versöhnung zwischen dem Herrscher und der ungarischen Adelsnation statt. Auch war der neue Monarch, Karl III. (1711–1740, als Kaiser: Karl VI.), aus einem ganz anderen Holz geschnitzt als Leopold I., der als „der meistgehaßte Habsburger" in das Gedächtnis der Ungarn einging: Leopold hatte doch das von den Türken größtenteils befreite Ungarn wie eine eroberte Provinz behandelt und sich – politisch womöglich noch schlimmer – mit dem ungarischen Adel angelegt, von Blutgerichten und Protestantenverfolgungen gar nicht zu reden.

Karl III. hingegen hat die Lehren aus dem Krieg 1703–1711 gezogen und trat den Ungarn wie allen seinen Untertanen zwar würdig und unnahbar, aber mit ruhigem Wohlwollen entgegen:

Allerdings war das Territorium Ungarns noch nicht völlig befreit; es kam zu einem neuen Waffengang mit dem Halbmond; wieder einmal kämpften die Bayern in der vordersten Linie. Noch einmal also Belgrad: Nachdem bayerische Truppen bei der vom Prinzen Eugen gewonnenen Entscheidungsschlacht von Zenta (1697) nicht teilgenommen hatten, nachdem insgesamt die bayerische Mitwirkung bei den vorhergehenden Feldzügen gegen die Osmanen infolge Max Emanuels Hinwendung zum westlichen Kriegsschauplatz ab 1689 recht gering gewesen war, kam es ab 1715 noch einmal zum Kampf mit den Osmanen, die den Verlust ganz Ungarns an den Kaiser und des Peloponnes an die Venezianer nicht verschmerzen wollten.

Für den im Spanischen Erbfolgekrieg schwer angeschlagenen und diskreditierten Kurfürsten bedeutete das die ersehnte Gelegenheit, durch militärische Mitwirkung sein Verhältnis zum Kaiser zu normalisieren, freilich erst nach langem Antichambrieren und in deutlicher Demut: Er stellte nur ein kleines Kontingent (5000 Mann) unter der Führung des Thronfolgers Karl Albrecht und dessen Bruder Ferdinand Maria. Am 18. Juli 1717 trafen die bayerischen Truppen vor dem bereits belagerten Belgrad ein, am 16. August griff Prinz Eugen die türkische Entsatzarmee an, die Bayern am linken Flügel der Kaiserlichen mit dabei: Wenn hohe Verluste ein Zeichen kriegerischen Erfolges sind, dann geht der an jenem Tag erfochtene, populärste Sieg des Prinzen Eugen auch auf die bayerische Teilnahme zurück, denn ein Drittel des Leibregimentes blieb auf dem Schlachtfeld. Prinz Karl Alexander von Württemberg bezeichnete die Bayern als „sehr wacker", und der Krieg war insgesamt entschieden.

Danach fanden die Sieger das endgültig und nunmehr mit Einschluß des Banates befreite Ungarn in einem ähnlich desolaten Zustand vor wie Max Emanuel sein Bayern, in das er aus Frankreich im April 1715 zurückgekehrt war. Jahrzehnte des Krieges im Anschluß an generationenlange Türkenherrschaft hatten besonders die Ebenen um Donau und Theiß in menschen- und städteleere Steppen verwandelt. Fast die gesamte Ansiedlungspolitik der alten Arpaden- und Anjou-Könige in diesem Bereich war zunichte gemacht, das bedeutete: auch die deutsch besiedelten Städte lagen darnieder. Um also das Herz Ungarns wieder in zivilisiertes Land zu verwandeln, um Malaria-Sümpfe, Schilfwälder und trostloses Brachland wieder zu einem wie im Mittelalter blühenden Königreich zu machen, waren die Deutschen erneut gefragt. Zwar rückten nach dem Hinauswurf der Türken die Slowaken aus ihren Waldbergen wieder in die Ebene vor, trieben die Rumänen ihre Herden von den Hochmatten Transsylvaniens ins Banat und gegen Großwardein (heute: Oradea, ung.: Nagyvárad), kamen die Serben zutraulich über die Belgrader Donau heran, siedelten die Kroaten in Richtung Burgenland (das damals aber noch nicht so hieß!) und Plattensee – aber all das genügte noch nicht, um den Bevölkerungsstand auf europäischen Durchschnitt anzuheben.

Kaiser Karl VI. übernahm von seinem Vorgänger Leopold I. das Regierungsinstrumentarium zur planmäßigen Neubesiedelung Ungarns: eine Haupt- und Subkommission zur Ausführung des „Einrichtungswerkes", gefördert durch das „Impopulationspatent" von bereits 1689, und dann, nach Prinz Eugens Sieg vor Belgrad, den Gesetzesartikel von 1723, der die Einwanderung der Deutschen genau regelte. Der Kaiser wurde darin untertänig gebeten, Ansiedler beiderlei Geschlechts aus dem Reich zur Seßhaftmachung ins Land zu holen. Bauern erhielten zehnjährige Steuerfreiheit, Handwerker fünfzehn Jahre. Die Bewohner der deutschen Siedlungsgebiete wurden unter der Bezeichnung „Donauschwaben" zusam-

Krönung König Karls III. (als Kaiser: Karl VI.) nach der Versöhnung der ungarischen Stände mit dem Haus Habsburg (1711). Zeitgenössischer Stich, Nationalgalerie Budapest.

155

mengefaßt, unabhängig davon, ob es sich nun um „echte" Schwaben, Österreicher, Franken, Lothringer und eben auch Bayern handelte.

Um große zivilisatorische Werte – besonders im 18. Jahrhundert – entstehen zu lassen, war natürlich nicht nur der Schutz vor der türkischen Bedrohung eine wesentliche Voraussetzung, sondern auch das Vorhandensein eines harmonischen politischen Hintergrunds im Inneren. Der bestand zunächst in der Zufriedenheit der ungarischen Magnaten mit der habsburgischen Herrschaft. Erreicht wurde dies u. a. durch das Zugeständnis der Anerkennung des Königswahlrechts der Magnaten für den Fall eines vollständigen Aussterbens der Linie Karls VI. (III.), also auch der weiblichen Nachkommenschaft. Um es mit den gravitätisch-patriotischen Worten eines ungarischen Historikers von 1890 auszudrücken: „Die friedliche und verfassungsmäßige Herrschaft Karls III., die aufrichtige Fürsorge, mit welcher er die Wohlfahrt unseres Vaterlandes zu fördern und die notwendigen Reformen einzuführen bestrebt war, gewannen seiner Familie das Herz der Ungarn in dem Maße, daß die mit ihrem König ausgesöhnte Nation mit Freude auf alles einging, was dem Wunsche des Königs entsprach, was sie selbst im Interesse der Befestigung der friedlichen Eintracht und der Vermeidung etwaiger Wirren für heilsam erachtete."

Kaiser Karl mußte also bei der Neuvergabe verwaister Ländereien auf seine ungarischen Parteigänger besondere Rücksicht nehmen. Er bemühte sich auch um deren Schutz, indem er die Südgrenze des Königreiches durch eine eigens eingerichtete „Militärgrenze" von der Bedrohung durch den und auch von der Verbindung mit dem noch osmanisch gebliebenen Balkan abschottete. Die Siedler innerhalb dieser Sicherheitszone waren im Bedrohungsfalle zum sofortigen Militärdienst verpflichtet. Die Gesetze des ungarischen Königreiches galten in diesem Gebiet nicht ausnahmslos, da es direkt dem Hofkriegsrat in Wien unterstand. Siebenbürgen wurde vom Fürstentum zum Großfürstentum erhoben, dafür aber, anders als zur Zeit der Jagiellonen und der Türken, zentral von Wien aus regiert.

Zudem sind die militärischen und finanziellen Momente der so fruchtbaren „Impopulations-Politik" nicht zu übersehen: Nur ein solides kultiviertes Ungarn konnte auch die Kriegskraft aufbringen, dem Kaiser auf den balkanischen, italienischen und deutschen Schlachtfeldern der Zukunft mehr Soldaten als bisher zu liefern. Und nur eine zahlreiche, wirtschaftlich prosperierende Bevölkerung war steuerkräftig genug, um die Bedürfnisse der aus den Türkenkriegen neu erstandenen habsburgischen Großmacht zu befriedigen. Daß bei dieser Siedlungspolitik die

156

Magyaren zur Minderheit in ihrem eigenen Königreich werden mußten, war unvermeidlich, bedeutete auch erst im späteren Zeitalter des Nationalismus ein ernsthaftes Problem. Bezüglich der Deutschen, die nun ins Land kamen, kann sie auch in einem durchaus verklärenden Lichte gesehen werden. Denn diese setzten ihr Werk der militärischen Befreiung Ungarns, für das sie die meisten Opfer gebracht hatten, durch ein epochales Aufbauwerk fort. Sie ermöglichten dadurch eine gedeihliche Zukunft des Landes, das aus dem osmanischen Desaster letztlich nicht mit verminderter Bedeutung innerhalb des christlichen Europa hervorging, und begründeten damit eine enge Gemeinschaft beider Völker. Die damalige Aktion der „Donauschwaben" dürfte, so betrachtet, einer der Gründe sogar noch für die ungarische „Starthilfe" zur deutschen Wiedervereinigung im Herbst 1989 gewesen sein.

Schon mit den Feldzügen Max Emanuels, des „Türkenlouis" und des Prinzen Eugen blieben bayerische Soldaten und Angehörige des Trosses im Lande. Das Einwurzeln war hart. „Des ersten Tod, des zweiten Not, des dritten Brot" – dieser bekannte Spruch trifft auch auf die ersten bayerischen Aussiedler zu, von denen viele wieder nach Hause zurückkehrten, weil sie dem rauhen Siedlerleben nicht gewachsen waren.

Insgesamt wurden drei große „Schwabenzüge" nach Ungarn gezählt: unter Karl VI. (III.), Maria Theresia und Joseph II. Der Kaiser leitete die Siedlerströme hauptsächlich in das Banat. Für die Städte und Güter der Magnaten waren die jeweiligen Oberherren zuständig, die sich der Vermittlung kaiserlicher Kommissare bedienen mußten. Temeschburg, die starke, aber urbanistisch betrachtet schäbige osmanische Festung, blühte zu einem „kleinen Wien" auf. Die Reise der Siedler aus Regensburg dorthin auf der Donau dauerte ca. 6 Wochen. Dabei kamen die mittelalterlichen „Ulmer Schachteln" und „Kelheimer Plätten" als Transportschiffe zu unerwarteten neuen Ehren.

Die angeworbenen Siedler mußten sich zu Hause erst einmal von ihrem angestammten Grundherren, dessen Leibeigene sie waren, loskaufen, was nicht immer geschah und fernab vom Herkunftsgebiet auch nicht immer kontrolliert wurde. Zudem taten die Anwerbungs-Kommissare auch manchmal des Guten zuviel und holten mehr Leute, als dem bayerischen Gutsherren überhaupt recht war – hatten sie auf ihrer Suche doch schon den Inn nach Westen überschreiten müssen, nachdem in Österreich niemand mehr abzuwerben gewesen war.

Unverheiratete Männer und Frauen durften nicht auf die Donauschiffe steigen, deshalb befahl die streng katholische Wiener Verwaltung Massenhochzeiten am Sammelpunkt Regensburg. Kaiser Karl VI. bestand außerdem darauf, daß nur Katholiken ins Land kamen, nachdem in der Anfangszeit die Konfession der Siedler noch gleichgültig gewesen war. Den serbischen Siedlern in der Batschka und im Banat wurde die freie Ausübung ihrer orthodoxen Religion zugesichert, aber Lutheraner und Calvinisten aus dem deutschen Bereich waren nicht geduldet.

Bis in die 1730er Jahre waren die Städte mit neuen Bewohnern versorgt, dann ging es an die Neugründung von Dörfern. Die Umgebung von Fünfkirchen (Pécs), wo heute noch das Zentrum des deutschen Siedlungsgebietes in Ungarn liegt, bekam den Namen „Schwäbische Türkei" und stand im siedlungsmäßigen Zusammenhang mit dem „Batscher Land" (Batschka) und dem Banat, aber auch anderswo ließen sich Deutsche nieder. Aus Niederbayern strömten Siedler in den Norden des Komitats Pest und ins Komitat Fejér unmittelbar unterhalb von Buda, in die Stadt und Region Stuhlweißenburg (Székesfehérvár), ins Vértes-Bergland zwischen Budapest und dem Bakony-Wald; in Isztimér siedelten Oberbayern vom Oberlauf der Isar und des Lech.

Der Dialekt der einzelnen Stämme hielt sich lange Zeit, aber lückenlose Nachweise der Herkunft liegen uns nicht vor, und die anfangs eingewanderten Familien sind häufig wieder ausgestorben. Man kann daher keine genaue Prozentzahl der eingewanderten Bayern nennen; faßt man sie mit Österreichern und Deutschen aus Südmähren und Südböhmen unter dem (Stammes-)Begriff „Bajuwaren" oder Baiern zusammen, waren von insgesamt 200000 Einwanderern über das ganze 18. Jahrhundert hinweg etwa ein Drittel Baiern.

1829 wurde die Zuwanderung Deutscher in die Habsburger-Monarchie per Dekret an den Nachweis eines Startkapitals von 500 Gulden geknüpft, denn mittlerweile hatte man genug Menschen und konnte sich eine so rigorose Auswahl leisten. Die brachte denn auch den Zuzug endgültig zum Abschluß.

Der wirtschaftliche Anstoß, den die Deutschen dem darniederliegenden Land gegeben hatten, war gewaltig – eine der größten „Erfolgs-Stories" vor dem Aufstieg der Vereinigten Staaten von Nordamerika. Die Bauern ersetzten die dürftige Feldgras-Wirtschaft durch Dreifelder-Wirtschaft und zeitgemäße Viehhaltung. Sie reduzierten die Weiden, um neue Nutzpflanzen einzuführen: Kartoffeln, Mais, Hanf, Tabak. Bald gab es mehr Getreide und Vieh, als die Bevölkerung zur Ernährung benötigte.

Die Stadtbürger mit den besonderen Privilegien der „königlichen Freistädte" durchbrachen mit ihren Gebieten den adligen Großgrundbesitz vielfältig und zusätzlich zu den freien Bauern inmitten der von Leibeigenen bewirtschafteten Latifundien. Schon im 18. Jahrhundert gelangten deutsche Bürger in den ungarischen Landtag – es war der Anfang vom (allerdings sehr langsamen) Ende des ungarischen Feudalismus. Ohne Ressentiments seitens der ungarischen Bevölkerung ging das nicht ab, doch folgten auch zum Abschluß des Zuzugs noch keine ernsthaften nationalen Spannungen daraus, da die „Donauschwaben" sich trotz Leistung und Sozialprestige nicht als eigene politische Gruppe im Lande artikulierten und auch gar nicht mußten, solange der Kaiser, der gleichzeitig ihr König von Ungarn war, als ein Deutscher galt und ihnen ihre Privilegien erhielt. 1842 sprach es ein ungarischer Historiker, Michael Horváth, offen aus: „Einzig und allein die Deutschen waren die Förderer der nationalen Industrie und Zivilisation ..."

Mit den und gegen die Panduren

Abgesehen von zwei schlecht geführten Türkenkriegen, die auch unter den Deutschen Opfer forderten, blieb das Land bis zur Revolution von 1848/49 friedlich und konnte gedeihen. Kriegerische Verwicklungen zwischen Ungarn und Bayern gab es im 18. Jahrhundert donauaufwärts und nicht donauabwärts, sie blieben aber, in historischer Perspektive betrachtet, nur Episode.

Angelpunkte der Episoden sind der Ehrgeiz des bayerischen Kurfürsten Karl Albrecht und der mütterliche Charme Maria Theresias, der Tochter Karls VI. Die Bayern hatten nach Max Emanuels Katastrophe im französischen Fahrwasser sich 1740/41 abermals an Versailles angeschlossen, um Maria Theresia ihr Thronrecht streitig zu machen. Es ging Karl Albrecht um nichts Geringeres als um die Thronfolge für das Haus Wittelsbach in allen kaiserlichen Erbländern, und, kurz und gut, da Frankreich und Preußen ebenfalls gegen Österreich Stellung bezogen, gelang Karl Albrecht die Krönung zum Kaiser des Heiligen Römischen Reiches Deutscher Nation am 12. Februar 1742.

Die überaus bedrängte Maria Theresia war mit ihrem eben geborenen vierten Kind und ersten Sohn, dem Erzherzog Joseph, nach Preßburg geeilt, dem Sitz des ungarischen Reichstages, und lud die Abgeordneten in den Thronsaal der Burg. Nachdem diese sich versammelt und mit Erstaunen vermerkt hatten, daß der Thronsaal nicht purpurn, sondern mit der Trauerfarbe Schwarz ausgeschlagen war, erschien Maria Theresia, ihre Königin, ebenfalls in Schwarz, ohne Schmuck, traurig, schweigsam und bleich, was die Magnaten sofort zu Mitgefühl hinriß, zumal die Fürstin die Stephanskrone auf dem Haupt trug und mit dem Krönungsschwert gegürtet war. Dann bat sie, nach einer einleitenden Rede des königlichen Kanzlers Batthyány, mit tränenerstickter Stimme um Schutz für sich und ihre Kinder: „Wir sind von allen verlassen, unsere einzige Zuflucht sind noch die Treue dieser ruhmvollen Stände, die Waffen und der alte Heldengeist dieser Nation!"

Ein Adliger berichtete später: „Wir weinten alle mit der Königin, aber es waren Tränen der Liebe und des Zornes." Die Antwortrede des ergriffenen Fürstprimas Esterházy ging unter im allgemeinen, begeisterten Ruf: „Unser Leben und unser Blut für unsere Herrin!" Rufe ertönten, man wolle unverzüglich das eigene Silbergeschirr zum Einschmelzen auf das Schloß bringen – welch eine Opernszene! Allerdings nach Sachlage unbedingt eine anti-wittelsbachische Szene der ritterlichen Ungarn, denn zur gleichen Zeit hatte sich Karl Albrecht bereits Passaus bemächtigt und rüstete zum Vormarsch auf Linz, wobei er ein Manifest von 54 Seiten verteilte, das seine Ansprüche auf das Habsburger Erbe begründen sollte.

Bereits im Januar 1742 – Karl Albrechts Truppen standen in Böhmen – brach eine österreichische Armee über den Inn und wütete in Niederbayern. Der soeben in Frankfurt zum Kaiser Karl VII. gewählte Kurfürst entrüstete sich in seinem Tagebuch: „Man gab dort (gemeint ist: in Ungarn) den Banditen die Freiheit, die unter dem Namen Panduren angeheuert wurden ... Mit derartigem Ungeziefer überschwemmte man Bayern und dieses Land wurde in einer unter Christen unerhörten Weise verwüstet und ruiniert. Es gab keine Greuel, die man nicht begangen hätte ..."

Anführer der Panduren war Franz Freiherr von der Trenck, dessen Kriegsführung bewußt an die Ungarnzüge vor 800 Jahren anknüpfte, worüber man sich in der Wiener Hofburg keine Illusionen machte. „Ich muß ihn ja nicht gleich heiraten", soll Maria Theresia in ihrem praktischen Verstande erwidert haben, als man ihr geraten hatte, einen solchen Pandurenobersten gar nicht erst zu engagieren. Zwei Tage nach Karl Albrechts Kaiserkrönung marschierten die Österreicher und Panduren – meist Kroaten – kampflos in München ein. Auch dabei kam es trotz gegenteiliger Zusagen zu Plünderungen. Als die Österreicher nach Böhmen abzogen, mußte Trenck Viechtach und Cham besetzen. Die Belagerung des Städtchens Cham artete in wildeste Brandstiftung aus, ein angeblich von einem als Frau verkleideten Panduren entfachtes Feuer legte die ganze Stadt in Schutt und Asche, und während die Verteidiger in Panik von den Wällen flohen, stürmten Panduren und Husaren mit Gebrüll nach und begannen zu plündern und zu morden, mehrere Tage lang.

Karl Albrecht konnte später, nachdem die Österreicher mit Hilfe Preußens an den Inn zurückgedrängt worden waren, wieder in München einziehen, doch nur, um dort bereits im Januar 1745 zu sterben. Sein Sohn Maximilian Joseph schloß schleunigst Frieden mit Maria Theresia und versprach seine Kurstimme zur fälligen Kaiserwahl ihrem Gemahl Franz Stephan. Trenck und seine Kumpane, darunter ein Graf Nádasdy, hatten inzwischen die Bayern geschlagen, wo sie sie gerade fanden, und sich links des Rheins sogar gegen eine französische Armee behauptet. Dann hatten sie Friedrich II. bei dessen Einfall in Böhmen (1744) erhebliche Verluste beigebracht, in den Niederlanden gegen den „Marschall von Sachsen" gefochten, den genialen französischen Heerführer – ohne ungarische Hilfe hätte Maria Theresia weder die Bayern schlagen noch ihren Erbfolgekrieg überhaupt durchstehen können.

Es ist eine eigenartige Situation: Die Reichsfremden hatten im Auftrag des konkurrierenden Kaisergeschlechts gegen den legitimen Kaiser gekämpft, der wieder einmal dem Haus Wittelsbach entstammte, obwohl eine solche Hilfe gar nicht in ihrem Interesse liegen mußte. Warum Sympathien für Habsburg, wenn die Parteinahme für den Wittelsbacher Kaiser das Zünglein an der Waage des Kampfes um die Erbfolge und damit der Anfang der Befreiung Ungarns von der Habsburger Dynastie hätte sein können? Es ist wohl kaum eine Opernszene historisch so folgenreich gewesen wie die geschilderte von Preßburg, und die Antwort auf die obige Frage muß wohl einfach lauten: Die ungarischen Magnaten schworen Maria Theresia bedingungslose Gefolgschaft nicht deswegen, weil sie ihre Königin war, sondern weil sie als ritterliche Edelleute Charme mit Charme erwidern mußten!

Im übrigen war das Kapitel Trenck das letzte des kriegerischen Kräftemessens zwischen Bayern und Ungarn. Im „Siebenjährigen Krieg" gegen Friedrich II. (den Großen) steuerte Bayern ein Kontingent zur Armee des Heiligen Römischen Reiches bei, das zusammen mit Franzosen und kaiserlichen Truppen operierte. Unter letzteren waren auch Panduren, doch diese erste Probe der Waffenbrüderschaft endete blamabel bei Roßbach (November 1757) am Eingang nach Sachsen. Anstelle eines Schlachtberichtes stehe das Volkslied:

> „Und wenn der große Friedrich kommt
> und klopft nur auf die Hosen,
> dann läuft die ganze Reichsarmee,
> Panduren und Franzosen."

Man ist sich aber einig darüber, daß nicht mangelnde Tapferkeit bei Roßbach den Ausschlag gab, sondern die Unfähigkeit des französischen Oberkommandos.

Nur der Vollständigkeit halber sei noch der Krieg von 1809 erwähnt, als Napoleon mit den Bayern im Rahmen ihrer Rheinbund-Heeresfolge gegen den Kaiser in Wien antrat – das ganze war eine lästige Pflichtübung für die Bayern, da sie damals von Napoleon bis auf „Kleinigkeiten" wie Bayreuth, das Innviertel und das weltliche Herrschaftsgebiet des ehemaligen Bistums Regensburg schon alles bekommen hatten, was sie wollten.

Napoleon war aufgebrochen, um den Habsburgerstaat endgültig in seine Bestandteile Österreich, Böhmische Länder und Ungarn zu zerlegen. Zu diesem Zweck hatte er nach seinem siegreichen Einmarsch in Wien eine Proklamation an die Ungarn erlassen, um sie an ihre alte Unabhängigkeit zu erinnern. Aber der Kaiser der Franzosen rief, und niemand kam von östlich der Leitha, und nachdem er den Krieg endgültig gewonnen hatte, heiratete er die Erzherzogin Marie Luise, ließ also seine ungarischen Separations-Ideen endgültig fallen.

Hohe bayerische Beamte mußten dennoch mit Ungarn kurze Bekanntschaft schließen, doch eher auf unangenehme Weise. Die Österreicher deportierten sie nämlich zu Beginn des Krieges aus Tirol, womit sie den dortigen Aufständischen unter Andreas Hofer zweifellos sehr entgegenkamen. Die Grafen von Lodron und von Welsperg sowie der Baron von Aretin, Generalkommissare des Inn-, Eisack- und Etschkreises, der Oberpostmeister und noch andere wurden über Klagenfurt, Laibach und Varaždin nach Fünfkirchen verschleppt. Einer aus der unglücklichen Gemeinschaft, der Professor der Medizin Schultes, schrieb einen umfangreichen Bericht über diese Odyssee, und er fand darin Fünfkirchen uninteressantprovinziell, bar der Theater und höheren Schulen, die Bibliothek dürftig. Ofen und Pest, über das die Märtyrer der administrativen Modernität und Verwaltungsreform eines Montgelas zurückkehrten, nachdem Napoleon für sie gesiegt hatte, gefielen ihnen schon deutlich besser. Professor Schultes nannte Ofen gar „diese schöne Stadt der mächtigsten Provinz seines (des österreichischen Kaisers) Reiches."

1813 wechselten die Bayern rechtzeitig auf die Seite der Gegner Napoleons, womit eigentlich der Weg frei sein sollte zur Betrachtung der ausschließlich friedlichen Beziehungen zwischen Bayern und Ungarn, denn nun waren sie Verbündete gegen Napoleon und hatten auch später keinen Anlaß mehr zum Krieg gegeneinander. Doch nach wie vor lag zwischen München und Buda die Kaiserstadt Wien.

Ungarn und die Revolution von 1848

Der Sturm der Revolution von 1848 ergriff auch die Ungarn, sie sagten sich los vom Habsburgerreich. Es ist unter den Deutschen viel zu wenig bekannt, wie und warum sich die Ungarn damals wehrten, und noch viel weniger, daß ihnen dabei aus Deutschland große und auch aktive Sympathie zuteil wurde.

Die Ungarn hatten, als am 13. März 1848 in Wien die Revolution ausbrach, in ihrem legitimen Reichstag, der auch in der reaktionärsten Phase der Metternich-Zeit tagen durfte, eine Reihe von Gesetzen (in moderner Sprache: ein „Paket") vorbereitet, die insgesamt so etwas wie eine liberale, konstitutionelle Reform bedeuteten. Dazu gehörte die Einrichtung einer unabhängigen Regierung ohne die bisherigen Organe königlicher Zentralherrschaft, ein auf repräsentativer, also nicht allgemeiner und gleicher Grundlage gewähltes Parlament, Abschaffung der Leibeigenschaft, Gleichheit vor dem Gesetz, Pressefreiheit, Religionsfreiheit etc. Bei der Zentralgewalt in Wien sollte ausschließlich die Krone in Personalunion sowie die auswärtige Gewalt bleiben, das Kriegsministerium hingegen war ungarisch verwaltet. Exekutivakte des Kaisers-Königs bedurften der Billigung durch die ungarische Regierung. An die Abschaffung der Monarchie dachte niemand von den ungarischen Verantwortlichen.

Kaiser Ferdinand akzeptierte dieses „Paket" am 11. April 1848 ganz offiziell, im Juli trat in Buda-Pest (damals zwei noch nicht vereinigte Städte) das entsprechend gewählte Parlament zusammen – und im September 1848 griff Jellačić, der Banus von Kroatien, das neue Königreich Ungarn an, zweifellos nicht ohne Wiener Ermutigung. Lajos Kossuth (1802–1894), zunächst Finanzminister und später wortgewaltiger Führer der ungarischen Revolution, sicherte die Aufstellung einer Armee, und vorerst wurde Jellačić siegreich zurückgeworfen. Als der ungarische Ministerpräsident angesichts dieser Kriegswirren zurücktrat und Kaiser Ferdinand keinen Ersatzmann ernannte, wie es von Verfassungs wegen erforderlich war, trat als provisorische Regierung ein „Landesverteidigungsausschuß" zusammen, den Kossuth praktisch beherrschte. Der geschlagene Jellačić wurde von Wien demonstrativ zum Oberbefehlshaber in Ungarn ernannt. Kaiser Ferdinand trat zurück, am 2. Dezember 1848 bestieg Franz Joseph I. den Thron, der sich weder zum König von Ungarn krönen ließ noch einen Eid auf die neue, von Ferdinand ratifizierte Verfassung ablegte.

Vielmehr verkündete er am 4. März 1849 eine neue Verfassung für das

Baron József Eötvös (1813–1871), Schriftsteller, liberaler Staatsmann, Kultusminister in der ersten unabhängigen ungarischen Regierung 1848, Vorkämpfer der Gleichheit aller Bürger vor dem Gesetz. Lithographie von Eybl, Nationalgalerie Budapest.

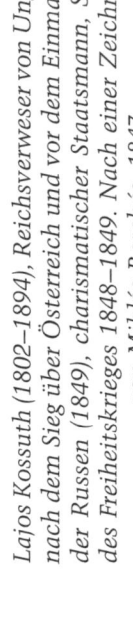

Lajos Kossuth (1802–1894), Reichsverweser von Ungarn nach dem Sieg über Österreich und vor dem Einmarsch der Russen (1849), charismatischer Staatsmann, Seele des Freiheitskrieges 1848–1849. Nach einer Zeichnung von Miklós Barabás, 1847.

gesamte Reich – ein klarer Rechtsbruch, der zur Folge hatte, daß das ungarische Parlament einstimmig die Absetzung der Habsburger aussprach und Kossuth zum provisorischen Staatsoberhaupt ernannte. Angesichts des offenen Bruches bildete sich nunmehr eine ungarische Armee, zusammengesetzt aus Ungarn, Juden, Polen, Italienern, alles Völkern, die sich aus reaktionären Herrschaftsstrukturen lösen wollten – und eben aus Deutschen, darunter auch revolutionär gesinnten Österreichern und Bayern. Im März 1849 standen 180 000 Mann gut ausgerüstet im Feld, die „Honvéd"-(„Landesverteidiger"-)Armee. Dies in kurzen Strichen die Ausgangslage des Krieges in Ungarn.

Die Deutschen, zusammengefaßt in der „Deutschen Legion" unter schwarz-rot-goldener Fahne, schworen den Fahneneid, „Blut und Leben für die bedrängte ungarische Nation zu opfern und unsere deutschen Brüder, wo wir solchen begegnen, für die gerechte Sache Ungarns zu begeistern ..." Sie bekamen doppelten Sold und waren im Großen und Ganzen aus Idealismus bei der Sache. So wie Kossuth mit einer italienischen und einer polnischen Legion operierte, um auf die Unterdrückung dieser beiden Völker hinzuweisen, so brauchte er auch Staatsbürger des Deutschen Bundes, dessen Fürsten im Einklang mit dem Wiener Kaiser und dem Petersburger Zaren einem scharfen Reaktionskurs folgten.

Es leuchtet ein, daß die kämpfenden Ungarn auf die Hilfe der freiheitlich gesonnenen Deutschen zählten und einer deutschen Einigung unter Preußens Führung insgesamt den Vorzug gaben vor einem Fortbestehen des 1815 konstituierten „Deutschen Bundes" unter österreichischer Hegemonie. Ungarn war zusammen mit dem aufständischen Italien ein wichtiger Sammelpunkt für die Erzwingung eines freiheitlichen Fortschrittes in den europäischen Staatsverfassungen.

Die amtliche Münchener Politik sah das ganz anders: Für sie bildete eine Anlehnung an Wien ein notwendiges Gegengewicht gegen die Ausdehnung neuerungssüchtiger preußischer Macht in deutschem Bereich. Demnach mußte sie an der Seite der kaiserlichen Armeen im Kampf gegen das selbständige Ungarn stehen; des gesetzlichen Fundamentes der ungarischen Loslösung ungeachtet wollte München nichts von den dortigen Unruhen wissen.

Fürst Pál Antal Esterházy, ehemaliger Vertrauter Metternichs und dessen langjähriger Gesandter in London, verheiratet mit Maria Theresia, Prinzessin von Thurn und Taxis, hatte sogar in der ungarischen Regierung des Sommers 1848 mitgewirkt. Er hieß dort „Minister am Allerhöchsten Hoflager", woraus zu schließen ist, daß er für die Kontakte der ungarischen Regierung mit dem Kaiserhof zuständig war. Ab Herbst 1848 mißfiel ihm die zunehmende Konfrontation zwischen Wien und Buda-Pest; keinesfalls konnte man ihm mehr zumuten, einem Staat zu dienen, der in offenen Krieg mit dem Hofe seines einstigen Mentors abzugleiten drohte. Am 2. Oktober 1848 quittierte der Fürst daher den Dienst.

Er kam kurz vor seinem Tod nach Bayern zurück, nach Regensburg, wo er anno 1811 mit großem Pomp geheiratet hatte und wo sein Sohn geboren war. Er hatte so schlecht gewirtschaftet, daß seine Güter um Eisenstadt zwangsverwaltet werden mußten und er seine Zuflucht im Regensburger Schloß der Thurn und Taxis nehmen mußte. Dort starb er auch am 21. Mai 1865, ein bayerischer ebenso wie ein ungarischer Aristokrat, denn zu seinem Besitz gehörte auch die Reichsgrafschaft Edelstetten bei Krumbach, die ihm nach dem Anschluß dieses Teiles Schwabens an Bayern (1806) die Eintragung in die bayerische Adelsmatrikel gebracht hatte.

Eine wichtigere Verbindungslinie zwischen dem ungarischen Krieg von 1848/49 und Bayern verläuft gewissermaßen parallel zu Esterházy: Unterrichtsminister in der ungarischen Regierung Batthyány, der auch Esterházy angehört hatte, war der Schriftsteller József Eötvös gewesen. Auch dieser wollte auf der abschüssigen Bahn zum Krieg nicht mitrutschen und floh Ende 1848 nach München, wo er bei seiner Schwester unterkam. Bis Ende 1850 war er häufig in der Königlichen Bibliothek, der heutigen Staatsbibliothek, anzutreffen und arbeitete „Über die Gleichberechtigung der Nationalitäten in Österreich" – so der Titel seiner damals verfaßten Schrift.

Diese Gleichberechtigung wurde, zumindest einseitig zwischen Deutschen und Ungarn, Tatsache durch den „ungarischen Ausgleich" von 1867, der erst das „Österreich – Ungarn" begründete, als das der Kaiserstaat unter Nostalgikern, historisch nur Halbgebildeten und Kolportage-Dichtern bis heute fortlebt. Das „Kaisertum Österreich", der Gesamtstaat von vorher, zerfiel nun in die beiden Hälften „Cisleithanien" und „Transleithanien", letzteres bestehend aus den „Ländern der Heiligen Ungarischen Krone". József Eötvös war als Kultus- und Unterrichtsminister mit dem bis 1918 grundlegenden Nationalitätengesetz wieder dabei.

Der „ungarische Ausgleich" der Elisabeth von Wittelsbach

Und auch der wittelsbachische Einfluß ist bei der Geburt des „ungarischen Ausgleichs" unübersehbar: Gemeint ist die Rolle, die dabei Kaiserin Elisabeth, gerne als „Sissi" verharmlost, Tochter des bayerischen

166

Herzogs Max in Bayern, gespielt hat. Die Kaiserin bekam für ihre Initiative den Beinamen „Ungarns schöne Vorsehung" verehrt, und es ist in der Tat erstaunlich, warum sie, die sich sonst nie in die Politik einmischte, ausgerechnet im ungarischen Falle es nicht an Energie fehlen ließ, ihren Gemahl Franz Joseph mit Erfolg zu hohem Verhandlungstempo anzuspornen.

Natürlich stammte die Grundidee des Ausgleichs nicht von ihr, hatte Franz Joseph schon vor der Niederlage gegen die Preußen (1866) mit den ungarischen Exponenten gesprochen, da er einsah, daß die Monarchie ohne äußerstes Entgegenkommen Gefahr lief, eine Neuauflage des Krieges von 1848/49 zu erleben – und die hätte sie mit ziemlicher Sicherheit nicht überlebt. Waren die ungarischen Magnaten im Jahre 1741 von ihrer anmutigen Königin Maria Theresia entflammt gewesen, so war es nun Elisabeth, die sich für die Ungarn begeisterte. Außerdem benützten die Magnaten Elisabeth und deren Leidenschaft für alles Ungarische, während vor einem Jahrhundert die Königin die Initiative gehabt hatte. Ab 1863 lernte Elisabeth sogar das schwierige Ungarisch, konnte nach 2 Jahren bereits Eötvös mit Wörterbuch lesen, und, was politisch zu Buche schlug: Sie konnte den Vertretern des Landes bald in freier ungarischer Rede entgegentreten.

Nach der Niederlage von Königgrätz sah es für einige Tage so aus, als müßte Elisabeth den „Coup" ihrer Vorgängerin von Preßburg 1741 wiederholen, denn der Wiener Hof erwog nun ernsthaft, nach Buda auszuweichen. Am 13. Juli 1866 war Elisabeth in Buda und ließ ihren Gemahl bestürmen, Graf Andrássy, den repräsentativsten Kopf der ungarischen Opposition, die ausgleichswillig auftrat, schleunigst zum Außenminister oder doch zum Minister für Ungarn zu machen. Sie unterhielt sich mit dem Grafen selbst, und tatsächlich erschien dieser schon am 17. Juli zur Audienz beim Kaiser. Am 19. Juli war ein anderer führender Kopf in der Hofburg, Ferenc Deák, einst Justizminister im 48er Kabinett Batthyány und nun in direktem Gegensatz zu dem emigrierten, separatistischen Kossuth Anwalt des „Ausgleichs".

Sobald aber Waffenstillstand und Frieden mit Preußen zustandekamen, sah der Kaiser die Verhandlungen mit Ungarn nicht mehr als so sehr eilbedürftig an. Elisabeths ganzes Engagement war zunächst umsonst gewesen. Außenminister wurde nicht Andrássy, sondern der Sachse Beust, aber nur deswegen, weil man einem österreichischen, böhmischen, polnischen oder kroatischen Adligen den „ungarischen Ausgleich" nicht zumuten konnte, der ja eine Zurücksetzung der anderen Völker des Reiches bedeutete. Die rauschende Szene vom 8. Juni 1867, als Franz

Joseph und Elisabeth in Buda gleichzeitig (was damals schon unüblich war und die besondere ungarische Wertschätzung für Elisabeth verdeutlichte) zu König und Königin von Ungarn gekrönt wurden, stand insofern nur für einen Teilerfolg. Der Kaiser hatte Sissi deutlich gesagt, daß der Ausgleich gegenüber den anderen Nationen des Reiches eine Ungerechtigkeit sei, allen voran den Deutschen und den auf ihre „historischen Rechte" pochenden Böhmen, aber Sissi hatte darauf nicht gehört. Nun hatte sie ihren Willen, der exakt derjenige von Andrássy, Deák und Eötvös war. Sie war also ebenso energisch wie politisch unselbständig – und man kann nicht umhin, Maria Theresia schon allein wegen ihres dominierenden Auftrittes in Preßburg 1741 für die mit Abstand bedeutendere Herrscherin von beiden zu halten.

Im April 1868 gebar Elisabeth ihr viertes Kind, Marie Valerie. Es hieß, daß der Vater nicht Franz Joseph, sondern Graf Andrássy sei, der schneidige und geistreiche Frauenheld, von dem die Kaiserin sich angezogen gefühlt und mit dem sie so häufig konferiert habe. Auch wenn es sich dabei lediglich um ein Gerücht handeln dürfte, – als ein „ungarisches Kind" darf man Marie Valerie im übertragenen Sinne dennoch bezeichnen. Denn es sieht nach dem Geburtsdatum der Erzherzogin ganz so aus, als ob Elisabeth sich ihrem Kaiser so lange verweigert hätte, bis sie sicher war, daß er ihr bezüglich Ungarns ihren Willen tun würde.

An den politischen Qualitäten Andrássys wiederum ist nicht zu zweifeln, da er seine maskuline Ausstrahlung auf die Kaiserin nicht zu Intimitäten, sondern zur Durchsetzung seiner politischen Absichten benutzte: 1867 wurde er Ministerpräsident der ungarischen Reichshälfte, ab 1871 war er Außenminister des Gesamtstaates.

Was bezieht sich von alledem auf Bayern? Vielleicht die Ähnlichkeit von Elisabeths geradezu exzentrischem, vom Eros beflügelten Einsatz ausgerechnet für Ungarn (warum hat sie sich nicht mit ebensolchem Pomp zur Königin von Böhmen krönen lassen?), also für die Laune ihres Herzens, mit der Ausschließlichkeit, mit der ihr naher Verwandter, der Märchenkönig Ludwig II., seiner Traumwelt lebte: Verstiegenheit im Hause Wittelsbach zu beiden Seiten des Inn!

Die Deutschen hatten an dem ungarischen Ausgleich zu bemängeln, daß das Schwergewicht der Monarchie von dem deutschen Element weg in den ungarischen Südosten wanderte, und schließlich fühlten sie sich trotz ihrer historischen Verdienste um den Staat im Zeitalter der Ersatzreligion des Nationalismus mit ca. 25% der gesamten Einwohnerschaft an den Rand gedrängt. Viele Deutsche zogen daraus die staatsauflösende Konsequenz, die cisleithanische Reichshälfte an Bismarcks Reich anzu-

Königin Elisabeth („Sissy"), ungarnfreundliche bayerische Gemahlin von Franz Joseph I., legt einen Kranz an der Totenbahre des Staatsmannes Ferenc Deák nieder. Radierung von A. Masson nach Mihály Zichy. Ungarisches National-museum, Historische Bildergalerie, Budapest.

schließen, um ihre Nationalität zu wahren. Und sie bekamen in ihrer Gedankenwelt gerade auch aus Bayern Unterstützung.

Johann Nepomuk Sepp, Professor in München, gab 1882 sein Pamphlet „Kampfschrift wider Czechen und Magyaren" heraus, in dem er erneut das historische Moment anklingen ließ, daß die Bayern im Mittelalter den Ostalpenraum und die mittlere Donau kolonisiert hätten und deshalb nunmehr ihre deutschen Brüder in der Monarchie gegen tschechische und ungarische Überfremdung bewahren müßten. Mit größeren Auswanderungsbewegungen war im 19. Jahrhundert allerdings nichts mehr zu machen. Fürst Schwarzenberg hatte als Staatskanzler in seinem restaurativen Bemühen nach dem Krieg von 1848/49 noch mit dem Gedanken gespielt, Ungarn an die deutsche Zentrale stärker anzubinden, indem er einen den „Schwabenzügen" vergleichbaren Siedlerstrom nach Südosten leitete, doch daraus wurde nichts. Die armen Leute aus dem Bayerischen Wald hatten 1828 gerüchteweise gehört, im Banat könne man zu hervorragenden Bedingungen eine reichere Existenz aufbauen, aber die Regierung in München verbot die Auswanderung, zumal die Gerüchte nicht stimmten. Nur eine Arabeske in lockerem Zusammenhang hiermit, die von gastronomischer Bedeutung wurde: Johann Adam Michael Gundel aus Ansbach ging dennoch nach Buda und stiftete dort das heute noch so genannte Restaurant „Gundel" sowie eine besondere „Gundel-Palatschinke" und organisierte 1902 in Budapest den ersten Weltkongreß der Hotellerie und Gastronomie.

Kaspar Tóth, Anwalt aus Schemnitz (slowakisch: Banská Štiavnica, ungarisch: Selmecbánya), verteidigte die Ungarn gegen Professor Sepp mit ihrer abendländisch-kulturellen Mission, die diese in den Jahrhunderten seit der bayerischen Ost-Kolonisation in reichstem Maße übernommen und ausgeführt hätten – und die sie nun, wie Tóth zu ergänzen ist, auf Kosten der nationalen Substanz der slawischen, deutschen und romanischen Bevölkerungsteile ihrer Reichshälfte auch kräftig wahrnahmen. Denn das Nationalitätengesetz aus dem Geiste von József Eötvös (1868) betrachtete alle Staatsbürger Transleithaniens als Mitglieder der „einheitlichen und unteilbaren ungarischen Nation". Dieses von Frankreich abgeschaute Prinzip bedeutete an der Donau dasselbe wie westlich des Rheines: Ignorierung der Bretonen, Basken, Flamen und Katalanen dort, und hier Magyarisierung der Deutschen, Juden, Slowaken, Kroaten, Serben und Rumänen.

Und Elisabeths Sohn, der intelligente, hochsensible, liberal gesonnene Thronfolger Rudolf, allseits bekannt durch seinen Selbstmord in Mayerling (1889)? Eines der vielen Gerüchte damals lautete, Bismarck habe ihn umbringen lassen. Das stimmt sicherlich nicht. Aber wenn wir solche Gerüchte als die verkommene Form von symbolischen Chiffren nehmen, dann ist aus ihnen ein historischer Wahrheitskern herauszufiltern, wenn auch auf verschlungenen Wegen. Also: Hat Bismarck den Rudolf etwa gehaßt? Ja, weil Rudolf anti-konservative, liberale Neigungen hatte. Wie kam er dazu? Durch den starken Einfluß ungarischer liberaler Journalisten, deren Gesellschaft er suchte, etwa des Moritz Szeps, Chefredakteur u. a. des „Wiener Tagblatts". Damit verband sich der ernsthafte Gedanke, Österreich aus dem Dauerbündnis mit Bismarcks Deutschland zu lösen und mit dem republikanischen Frankreich zusammenzuarbeiten. Bismarck erfuhr davon durch verschiedene Zwischenträger, darunter auch durch Herzog Ludwig in Bayern, den Bruder von Kaiserin Elisabeth und Onkel des Thronfolgers, und war, trotz aller abwiegelnden Berichte, die den Reichskanzler ebenfalls erreichten, darüber begreiflicherweise sehr alarmiert: da wurde gegen die Grundfesten seines diplomatischen Systems intrigiert!

Im 16. Jahrhundert hatten Frankreich, Wittelsbach und Ungarn ein Zusammengehen gegen Wien versucht; nun, da das Königreich Bayern fest auf Berlin ausgerichtet war, bildete ein Mitglied des Hauses Wittelsbach die „undichte Stelle" einer vergleichbaren Überlegung!

Wagner und Liszt – Architektur und Kunst

Erfreulicher waren da schon die ungarisch-bayerischen Beziehungen auf kulturellem Gebiet. Um sich zunächst auf zwei bekannte Heroen der Musik zu beschränken: Richard Wagner und sein Schwiegervater Franz Liszt, ihm menschlich und musikalisch verständnisvoll nahestehend, hatten mannigfach mit Bayern und Ungarn zu tun. Wagner trat, als sein regulärer Wohnsitz bereits Bayreuth hieß, in Budapest am 10. März 1875 als Dirigent in eigener Sache zugunsten seines Bayreuther Festspielfonds auf. „Sehr voller Saal, und glänzend, auch großer Enthusiasmus", notierte Ehefrau Cosima in ihrem Tagebuch, und einen Tag vorher: „Abends Fl. Holländer von Richter dirigiert; ungarisch und italienisch gesungen. Große Enttäuschung! Nirgends noch ward der Holländer so gestrichen ..." Klar, daß die „Hohe Frau" von einem ungarischen Holländer irritiert sein mußte.

Die Ungarn konnten mit Wagner nicht sehr viel anfangen, huldigten sie doch der oberflächlichen Ansicht, der „Ring des Nibelungen" sei das Sinnbild teutonischer Aufdringlichkeit, und so betrachtet paßte das Werk nicht in ihr damaliges nationalistisches Weltbild. Auch Cosima war nicht angetan von ihrem Aufenthalt: „Im ganzen traurigster Eindruck des ungarischen Landes, es scheint einer vollständigen Auflösung entgegen zu gehen ... kein Bürgerstand, lediglich ein aufgeblähter, unkultivierter Adel. Die musikalischen Zustände ebenso traurig ..."

Ihr Vater Liszt, der am 9. März konzertiert hatte, spielte Beethovens 5. Klavierkonzert „zu unserem völligen Erstarren; unerhörter Eindruck! Unvergleichlicher Zauber, kein Spielen, ein Ertönen. Richard sagt, dies mache alles tot ..." Und die Ungarn betrachteten Liszt als einen der Ihren,

Ferenc (Franz) Liszt (1811–1886), Komponist und Pianist. Photo um 1844, Nationalarchiv der Richard-Wagner-Stiftung, Bayreuth.

wohl mit etwas mehr Recht, als die Engländer Händel für sich vereinnahmen, denn zum einen ist „liszt" das ungarische Wort für „Mehl", und zum anderen ist weder die deutsche noch die ungarische Nationalität des Ferenc Liszt eindeutig. Sein Geburtsort heißt zu deutsch Raiding, auf ungarisch Doborján und liegt im Burgenland, das bis 1918 als „Deutsch-Ungarn" galt. Die Eltern waren beide Deutsche, der Vater Verwaltungsangestellter des Fürsten Esterházy. 1881 brachten die Ungarn am Geburtshaus des Komponisten eine Gedenktafel für den „Sohn Ungarns" an, aber sie duldeten es, als 1911, zu seinem 100. Geburtstag, ebendort eine Tafel für den „deutschen Meister" enthüllt wurde.

Seine Musik auch nur in Teilen, etwa den populären „ungarischen Rhapsodien", als national gebunden anzusehen, mißfällt dem professionellen Musiker: Die Herkunft des Materials, das Liszt vorfand, ist weder eindeutig ungarisch noch eindeutig zigeunerisch – die Verarbeitung allerdings ist so, wie Liszt sie auf seinen Reisen in den Südosten bei Zigeunern aufgefaßt und analysiert hat. Er aber setzte in seinen Rhapsodien „ungarisch" mit „zigeunerisch" gleich und wurde von national denkenden Ungarn deswegen prompt beschimpft.

Das zigeunerische Mißverständnis aber wurde, wie das bei kulturellen Mißverständnissen häufig der Fall ist, zum fruchtbaren Auslöser: All die Puszta-, Arme-Grafen- und Ziehbrunnenromantik, wie sie die Wiener Operette bald nicht mehr entbehren mochte und wie sie auch von ungarischen Komponisten willig aufgegriffen wurde (z.B. von Imre Kálmán), rührt daher. Dem kann man die außer-musikalische Erkenntnis abgewinnen, daß der Ausgleich von 1867 tatsächlich das ungarische Element der Monarchie in den Vordergrund gerückt hat, denn die Deutschen im Bismarckreich gewöhnten sich daran, Alt-Österreich als wesentlich ungarisch geprägt anzusehen. Liszts lebenslange Hinneigung zum ungarischen Volk ist unverkennbar, hat er doch oft im ungarischen Gebiet konzertiert, als Wunderkind zuallererst in Ödenburg und Preßburg, und eine Reihe von auf Ungarn bezogenen Werken geschaffen: neben den Rhapsodien eine „Graner Messe", „Historische ungarische Bildnisse" mit Musik – Porträts u. a. von Deák, Eötvös und dem Nationaldichter Petöfi – und schließlich den Höhepunkt, nicht unbedingt im musikalischen Sinne, dafür aber als Bekenntnis zum Ungartum:

Zu Sissis Krönung im Jahre 1867 hatten die ungarischen Fürsten des Ausgleichs von ihm eine „ungarische Krönungsmesse" bestellt, denn sie duldeten es nicht, daß ein deutscher Komponist dieses festliche Ereignis umrahmen sollte, sehr zum Ärger der kaiserlichen Hofmusikanten in Wien, die dem ungarischen Wunsch schließlich nachgeben mußten, aber aus Rache den Komponisten selbst nicht zur Aufführung in der Matthias-kathedrale einluden.

Die Ur-Bayern Max Reger und Richard Strauß sind Nutznießer der von Liszt ausgehenden kompositorischen Anregungen geworden. Liszt hat als Mitbegründer der Deutschen Bach-Gesellschaft diesen Barockmeister und damit die Orgel als „Königin der Instrumente" erneut entdeckt, er hat die romantische Musik in die Orgelliteratur eingeführt, spiegelverkehrt zu Anton Bruckner, der den Orgelklang ins romantische Orchester über-tragen hat. Max Reger hat Liszts Linie begeistert fortgeführt. Klangkombi-nationen am Rande der Tonalität und Programm-Musik, die auch die Drastik in den Einzelheiten nicht scheut, verbinden den Richard Strauß der symphonischen Dichtungen, der „Salome" und der „Elektra" mit Ferenc Liszt.

Warum nicht eher mit Wagner? könnte man fragen, und ein Ungar würde vielleicht antworten: Die Deutschen verkennen oft, wieviel Wag-ner seinerseits Liszt verdankt, die direkte Linie von Liszt zu Richard Strauß ist also die zutreffende. Immerhin wird dies von Ferruccio Busoni bestätigt: „Im letzten Grunde stammen wir alle von Liszt – Wagner nicht ausgenommen – und verdanken ihm das Geringe, das wir vermögen."

Beim gründerzeitlichen Ausbau von Buda und Pest, seit 1873 zu Buda-pest vereinigt, waren die Bayern mit dabei. Johann Halbig aus Unterfran-ken schuf die heute noch auf dem József-Nádor-tér in Pest zu bewun-dernde Statue des Erzherzogs Joseph, Palatins des Königs von Ungarn bis 1847. Gewissermaßen im Gegenzug beteiligte sich Friedrich Schulek, der Architekt der „Fischer-Bastei" (Halász-Bástya) auf der Burg zu Buda, an Restaurierung und Ausbau des Regensburger Domes. Und Ludwig Moralt aus München malte um 1850 die Chorfresken der riesigen, dem Peters-dom nachempfundenen Kathedrale von Gran (Esztergom), der Hauptkir-che des Kardinal-Primas von Ungarn.

Einen Höhepunkt an beständigem Austausch erreichte München mit der Pilgerschaft ungarischer Malerstudenten um die Jahrhundertwende, die unter anderem der berühmt-berüchtigten, historisierenden Piloty-Schule anhingen, und mit dem Einzug ungarischer Genre-Szenen in die bayerische Gebrauchsmalerei, die die Gleichsetzung von „Ungarn" und „Zigeunerland" im positiv-pittoresken Sinne bei den Deutschen womög-lich noch verstärkte.

Die bedeutendste und zugleich tragische Gemeinsamkeit beider Staaten an der Donau war nach „Ausgleich", „Gründerzeit" und „fin de siècle" leider, daß sie in den Ersten Weltkrieg und damit in den Untergang der verbündeten Monarchien hineingerissen wurden, denen sie beide angehörten. König Ludwig III. von Bayern hatte noch im September 1918 die zerbröckelnde bulgarische Front besucht, die mithalf, die ungarische Tiefebene und damit die weiche Flanke des Deutschen Reiches zu decken. Eine große, zusammenhängende bayerische Front gab es im Krieg nicht, da waren Ludendorff und der Kaiser als oberster Kriegsherr davor; aber mit einzelnen Regimentern und Bataillonen haben die Bayern auch zum Schutze Ungarns mitgeholfen, etwa bei der Eroberung von Russisch-Polen unter Beteiligung der 9. Armee des Prinzen Leopold von Bayern, des Generalfeldmarschalls, der in Warschau einzog, Oberbefehlshaber Ost wurde und 1916 eine Zeitlang als König des von Deutschland und von Österreich-Ungarn neu einzurichtenden Königreichs Polen im Gespräch war. Polen in der festen Hand der Mittelmächte hatte die effektivste Sicherung gegen ein Hinabsteigen der Armeen des Zaren in die Theiß-

Kaiser Karl, als Karl IV. letzter König von Ungarn (1916–1918), Vater unseres Zeitgenossen Otto von Habsburg, leistet den Eid auf die ungarische Verfassung. Reproduktion aus dem Krönungsalbum, Budapest, 1917.

ebene gebildet – im Winter 1914/15 waren die Russen ja schon nahe vor diesem Ziel gestanden.

Dann die Vertreibung der Rumänen aus Siebenbürgen, die im August 1916 auf der Seite der Entente in den Krieg eingetreten waren, durch die nicht wegzudenkende Mitwirkung des bayerischen Alpenkorps unter General Krafft von Delmensingen. Am Vulkanpaß, am Eintritt in die walachische Tiefebene, stürmten die Bayern im Oktober 1916 zunächst erfolglos, aber im November und Dezember waren sie innerhalb der Kavalleriegruppe des Generals Schmettow dabei, als die Walachei von den Mittelmächten erobert wurde.

Aber die ganze Kette von Heldentaten einer unbedingten Waffenbrüderschaft war, wie wir wissen, umsonst. Am 7. November 1918 mußte Ludwig III. vor der Revolution aus München fliehen, und am 11. November 1918 verließ Karl I., letzter Kaiser von Österreich und als Karl IV. letzter Apostolischer König von Ungarn, seine Residenz Schönbrunn, um sich über das Schloß Eckartsau im Marchfeld ins Schweizer Exil zu begeben.

Der Rest ist ein doppeltes Requiem: In München regierte die „Volksstaatsregierung" unter Dr. Kurt Eisner, und Ludwig begab sich auf sein Schloß Wildenwart im Chiemgau, von wo aus er am 13. November alle bayerischen Beamten und Soldaten schriftlich ihres auf ihn geleisteten Eides entband. Eine Abdankung war das nicht, auch wenn die revolutionäre Regierung Eisner dies natürlich umgehend behauptete, und Ludwig III. hat bis zu seinem Tode nicht abgedankt. Ebensowenig Karl IV. von Ungarn: Da er keinen Thronverzicht aussprechen wollte, entwich er vor dem Druck der republikanischen Wiener Regierung ins Schweizer Exil.

Ludwig hatte ein Landgut in Ungarn, bei Sárvár an der Raab, das seine Gemahlin, Maria Theresia Henriette Dorothea, Erzherzogin von Österreich-Este und Prinzessin von Ungarn und Böhmen, in die Ehe mitgebracht hatte. Dort war immer schon ein reichliches Betätigungsfeld für des Königs landwirtschaftliche Leidenschaft gewesen. Und wenn der König auch kein Ungarisch lernte, so mußten es doch die bayerischen Forstbeamten, die die reichen Waldungen des 9000 Hektar großen Anwesens zu betreuen hatten. 1200 Rinder muhten auf den Weiden, der Käse wurde auch in die Schweiz exportiert. Ferner stand das Gut dem König zum Jagen zur Verfügung, wobei der Klatsch wissen wollte, das Angenehmste an seiner Erzherzogin seien ihm eben die Jagdmöglichkeiten in Sárvár.

Am 28. September 1921 begab sich Ludwig endgültig dorthin, nach Meinung seines Biographen Beckenbauer „in der Hoffnung, daß ein entthronter König unter den monarchisch gesinnten Magyaren nichts zu befürchten haben werde". Ringsum regierten die ungarischen Monarchisten unter Admiral Nikolaus Horthy von Nagybánya, der das Land zum Königreich mit vakantem Thron erklärte, damit er selber als Reichsverweser im Stile der unvergessenen János Hunyadi und Lajos Kossuth autoritäre Herrschaft üben konnte. Im März 1921 war König Karl in Ungarn eingereist, aber Horthy hatte ihm die Stephanskrone und damit die Macht nicht ausgehändigt, weil er zu Recht internationale Komplikationen befürchtete.

Karl war allein gekommen und mußte enttäuscht wieder in die Schweiz zurückkreisen. Am 20. Oktober 1921 kehrte er mit seiner Gemahlin Zita per Flugzeug zurück und landete in Ödenburg, diesmal von königstreuen Abteilungen der Armee auf seinem Vormarsch auf Budapest unterstützt, bis Horthys Truppen ihn stoppten, im Schloß Tata-Tóváros internierten und für seine endgültige Abschiebung sorgten. Karl starb bereits am 1. April 1922 in der Verbannung auf Madeira.

Einen Tag, bevor das ungarische Parlament die Entthronung des Hauses Habsburg verkündete, war in München König Ludwig III. zu Grabe getragen worden. Magenkrebs, Magenblutungen, Herzversagen und Überanstrengung bei der landwirtschaftlichen Inspektion von Sárvár hatten ihn schnell dahingestreckt. Der monarchistische Bischof von Steinamanger (Szombathely), ein Graf Mikes, hatte ihm die Letzte Ölung geradezu aufnötigen müssen, wonach der König erklärt hatte: „Ich denke aber nicht daran, abzukratzen!" Das war nur 5 Tage vor seinem Tod am 18. Oktober 1921 gewesen. Die ungarischen Bediensteten nahmen Abschied, indem sie dem Toten eine Handvoll Erde in den Sarg legten. Das anschließende Unternehmen König Karls sorgte für hinreichend Verwirrung im Lande, um die Abfahrt des Salonzuges mit dem Leichnam des bayerischen Königs um einige Tage hinauszuzögern.

Aber Horthy war sich nach seinem königstreuen Selbstverständnis bei aller Aversion gegen das Haus Habsburg doch seiner Anstandspflicht gegen das Haus Wittelsbach bewußt und schickte dem Trauerzug einen zweiten hinterher, damit die Bayern noch vor Überschreitung der österreichischen Grenze einen Kranz als Abschiedsgabe mitnehmen konnten, der zusammen mit einem Blumengebinde eine Königskrone darstellte.

Kardinal Faulhaber, ebenfalls monarchistisch gesonnen, versuchte den Verstorbenen, als er in der Frauenkirche zum Trauergottesdienst predigte, als Märtyrer gottgewollter staatlicher Ordnung zu stilisieren. Er bezeichnete die Ungarn daher poetisch-homiletisch als „Volk der Ferne", bei dem der Verbannte in Bitterkeit hätte leben müssen, und verglich seinen

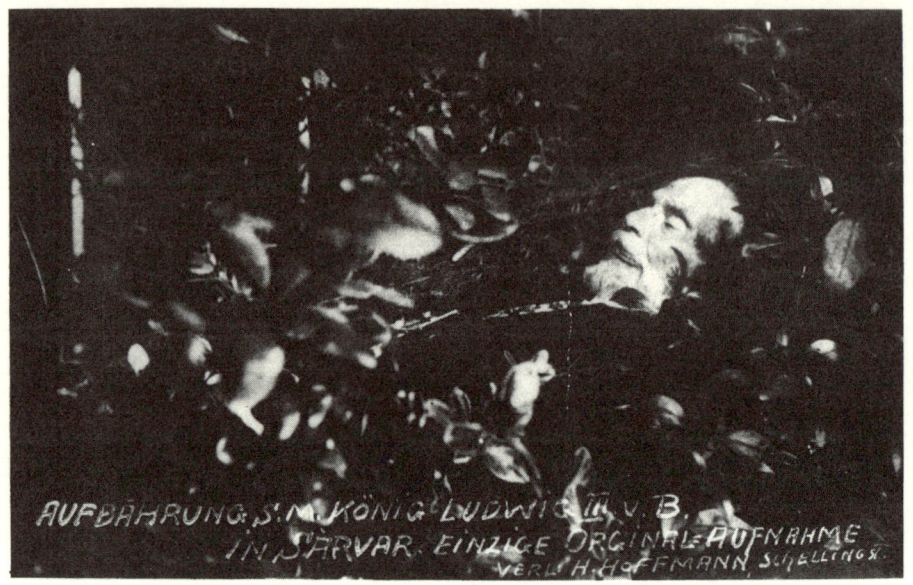

*Aufbahrung Ludwigs III., König von Bayern (1913–1921) auf Schloß Sárvár/
Ungarn, dem letzten Aufenthaltsort nach seiner Flucht aus München.
Stadtarchiv München.*

dreiwöchigen Aufenthalt in Sárvár mit dem Exil des Papstes Gregor VII. in
Salerno, der dort im Jahre 1085 angeblich mit den klassischen Worten
verschieden war: „Ich habe die Gerechtigkeit geliebt und das Unrecht
gehaßt, darum sterbe ich in der Verbannung."

Der Vergleich ist allzu poetisch, denn er hält vor der Realität nicht
stand: Niemand hatte Ludwig III. zum „Volk der Ferne" verbannt, er ging
freiwillig und ohne irgendwelche Repressalien erleiden zu müssen.

Der Trauerzug war auf der Durchfahrt durch die frischgebackene Republik Österreich schikanös aufgehalten worden, denn die Zollbeamten
wurden sehr mißtrauisch, als sie bemerkten, daß die Ungarn den Waggon
mit der Leiche und dem Gepäck des Königs plombiert hatten. Damit fällt
ein bezeichnendes Licht auf den damaligen republikanischen Übereifer
zwischen Salzach und Neusiedler See. Es gab aber in beiden Ländern auch
noch lebendigen Monarchismus, und der sollte den demokratischen Poli-
tikern noch zu schaffen machen.

KAPITEL IX

Chaos, Krieg und Revolutionen –
und doch ein gutes Ende
(1918–1990)

Zwei Räterepubliken

Der Zusammenhang der bayerisch-ungarischen Beziehungen mit den großen Weltläuften ist uns mittlerweile bekannt. Es leuchtet ein, daß das 20. Jahrhundert, indem es die weltweiten politischen Beziehungen noch ungeheuer intensivierte, auch die Verbindung München–Budapest auf eine weltweit bedeutsame Ebene hob – ob nur quantitativ oder auch qualitativ, das muß allerdings von Fall zu Fall entschieden werden.

Die überzeugendsten Weltpolitiker am Ende des Ersten Weltkrieges waren die Kommunisten, denn Erschütterung und Zusammenbruch der Vorkriegsordnungen durch diese allgemeine Katastrophe, wie sie in ihrer Intensität bis jetzt in der Geschichte noch nicht dagewesen war, arbeiteten ihnen direkt in die Hände. Sie als gelernte Revolutionäre, die schon lange darauf gebrannt hatten, durch gezielte Aktivität zu beweisen, daß sie den Schlüssel zu den Geheimnissen in der Tasche hatten, die anderenorts zusammenfassend als geschichtliche Entwicklung bezeichnet werden, erkannten die einmalige Chance. Einer von ihnen, Grigori J. Sinowjew, Erster Vorsitzender der „Kommunistischen Internationale", der Weltpartei der Kommunisten, wie sie sich verstand, deren einzelne Abteilungen aus den einzelnen Nationen bestanden, schwärmte im August 1919: „Jetzt, wo wir diese Zeilen niederschreiben, hat die Dritte Internationale als ihre Hauptbasis bereits drei Sowjetrepubliken: in Rußland, in Ungarn und in Bayern ... in tollem Tempo saust das alte Europa der proletarischen Revolution entgegen ..."

Nun, Revolutionäre brauchen besonders viel Schwung, da es eine alte Lebensweisheit ist, daß man eine Menge wollen muß, um wenigstens ein bißchen zuwege zu bringen. Es geht also nun um die beiden kurzlebigen Räterepubliken in Bayern, vorbereitet durch das Regiment Kurt Eisners, und in Ungarn, geleitet durch den Journalisten und Vertrauten Lenins,

Béla Kun. Er war als k. u. k.-Soldat in russische Kriegsgefangenschaft geraten, in den Wirren des zaristischen Zusammenbruchs vom Sozialdemokraten zum Bolschewisten und zum „Vorsitzenden der Föderation der ausländischen Kommunisten in Sowjetrußland" geworden, der vorbereitenden Organisation für die Kommunistische Internationale.

Das wirkt wesentlich „professioneller" als die Biographie des Kurt Eisner: Der sozialistische und pazifistische Literat, Redakteur und Theaterkritiker war ein milder Pädagoge, der die Bürger durch Einführung des Rätesystems zur parlamentarischen Demokratie erziehen wollte. Er wollte als Ministerpräsident zurücktreten, um angesichts der starken bourgeoisen Reaktion auf seine seit ungefähr Kriegsende amtierende Regierung sich der politischen Erwachsenenbildung in seinem Sinne zu widmen. Auf dem Weg in den Landtag wurde er am 21. Februar 1919 niedergeschossen. Die neue bayerische Regierung Hoffmann amtierte neben den im Lande aufgekommenen Räten weiter.

Am 21. März 1919 wurde in München die Ausrufung der ungarischen Räterepublik bekannt, was die Revolutionäre in Bayern gewaltig anstachelte. Die Kommunisten erwiesen ihre Professionalität, indem sie vor einem ähnlichen Schritt warnten, da sie sich selber zu schwach und die anderen linken Kräfte als zu wenig gefestigt ansahen. Zweifelsohne war es aber das ungarische Vorbild, das dann auch in München am 6. April zur Ausrufung der Räterepublik führte. Die Regierung Hoffmann floh nach Bamberg und versicherte sich preußischer und württembergischer Militärhilfe, um das Rätesystem in München mit Gewalt zu beseitigen. Schon am 4. Mai war der letzte rote Widerstand gebrochen.

In Ungarn dauerte die Räterepublik länger. Lenin meinte sogar, das „ungarische Proletariat" sei bereits besser organisiert als das russische. Doch dann rückten aus Siebenbürgen die Rumänen vor, die Exekutoren der Entente, unter deren Druck die Kommunisten am 1. August 1919 ihre Regierung auflösten. Béla Kun floh über Österreich nach Rußland, am 3. August rückten die Rumänen in Budapest ein. Kun fiel 1939 in der Sowjetunion dem stalinistischen Terror zum Opfer.

Es wurde also nichts aus der Revolutionierung Europas außerhalb des russisch-sowjetischen Bereichs, und zwar aus drei Hauptgründen: Die Siegermächte des Weltkrieges waren zwar erschöpft, teilweise unentschlossen und vielfach unklug in dem Bemühen, den Besiegten, zu denen auch Bayern und Ungarn gehörten, ihre Kontrolle aufzuerlegen; aber sie waren weit entfernt davon, vor einer kommunistischen Revolution in die Knie zu gehen. Ferner: Die durch den Krieg entstandenen oder zu größerer Macht gekommenen Staaten wie Rumänien, die Tschechoslowakei, Jugoslawien, die Anrainer Ungarns, schwelgten im Rausche erfüllter nationaler Aspirationen, was die innenpolitische Szene so absättigte, daß soziale Revolutionen in ihr keine reelle Chance hatten. Und drittens galt für Bayern und Ungarn, daß die Kräfte der alten Ordnung noch viel zu stark waren, und wegen der rauhen Zeiten viel zu entschlossen zur Gewalt, als daß sie eine linke Minorität nicht mit allen Mitteln bis zu deren Entmachtung und Vernichtung verfolgt hätten. Diesen drei Tatsachen fielen die Räterepubliken in München und Budapest zum Opfer.

Interessanterweise spielte es dabei für die konservative Seite keine Rolle, daß sie ihre monarchistische Spitze doch eben erst verloren hatte, mit sehr ungewisser Aussicht auf Restauration. Es scheint, als ob die Monarchie gerade dadurch, daß die beiden Räterepubliken von München und Budapest ohne ihr Zutun niedergeschlagen werden konnten, ihre Entbehrlichkeit für das 20. Jahrhundert gezeigt hätte. Nachdem sie als Garant außenpolitischen Erfolges dahin war, bedurfte man ihrer auch nicht mehr zur Aufrechterhaltung der überkommenen inneren Ordnung. Indem die Kräfte, die der gestürzten Monarchie nahestanden, ihre Aufgabe der Beseitigung der Räterepubliken so gründlich und effektiv durchführten, wiesen sie, ohne es zu wollen, noch besonders darauf hin, wie überflüssig die monarchischen Häupter geworden waren.

Das gilt in Ungarn für den Konteradmiral Horthy de Nagybánya, den Oberbefehlshaber der „Nationalen Armee", Kriegsminister der anti-kommunistischen Gegenregierung in Szeged, der auch nach der Flucht des Béla Kun für den das Land erschütternden „Weißen Terror" mitverantwortlich war, im November 1919 an der Spitze seiner Truppen in Budapest einzog und schließlich zum Reichsverweser gekürt wurde (1. 3. 1920). Ein solcher Verweser setzt einen abwesenden legitimen König voraus, und Horthy konnte mit dieser halb rechtlichen, halb weltanschaulichen Konstruktion bequem seine Stellung wahren. Deshalb mußte er sich die Frage gefallen lassen, ob er unter diesem Schutzschirm nicht lediglich seine höchstpersönliche Machtausübung garantiert sah.

Und in Deutschland hatte die SPD als stärkste Partei nach der Abdankung des Kaisers die Verantwortung übernommen, die sie nicht als revolutionär verstand. Daher überrascht es nicht, daß die Militäraktion gegen die Münchner Räterepublik mit dem Reichswehrminister Noske eng abgestimmt war.

Etwas mehr dürfte es überraschen, daß die ungarische Räteregierung durchaus nicht nur die Bolschewisierung ihres Landes zum Ziele hatte, sondern sich um die nationale Integrität bemühte, ein Punkt, der bei den Münchnern keine Rolle spielte (Eisner hatte seine Karriere im Oktober

1919 sogar mit der Forderung nach einem Groß-Deutschland begonnen, hielt also nichts von bayerischer Eigenständigkeit). Die Proklamation bei Ausrufung der ungarischen Räterepublik sprach u. a. von einem „gerechten Ausgleich mit den Nationalitäten des Stephansreichs", und Kun versprach dem Volk die militärische Hilfe der sowjetischen Armee, was eine merkwürdige Wiederholung des russischen Einmarsches von 1849 geworden wäre. Denn die Verkleinerung Ungarns, die die Siegermächte anstrebten, konnte als ein verdammenswerter Triumph des Imperialismus interpretiert werden. Nicht zuletzt deshalb bekam der Kommunist Kun auch starken Zulauf aus sozialdemokratischen und liberalen Kreisen.

Wenn die Sieger gerade in Rußland intervenierten, um den Bolschewismus dort auszuschalten, dann waren sie vielleicht bereit, den Ungarn entgegenzukommen, um wenigstens dort beruhigte Verhältnisse zu haben. In der Tat: Kun war für Wilson und Lloyd George ein interessanter Verhandlungspartner, dessen Protest man entgegenkommen wollte, auch um sich vom Standpunkt der unnachgiebigen Franzosen zu distanzieren, die den Balkan in Gegnerschaft zu Ungarn zusammenbringen und dadurch diplomatisch beherrschen wollten. Denn dieser Kun wollte, außenpolitisch gesehen, ja auch nichts anderes als die Bewahrung Groß-Ungarns, um die sich einzelne Mitglieder der von ihm geächteten traditionellen Hocharistokratie ebenfalls bemüht hatten – allen voran Graf Károlyi, der kurz nach dem Zusammenbruch Österreich-Ungarns Ministerpräsident der Republik geworden war.

Die Franzosen setzten sich aber durch. Sie zogen ihre Interventionstruppe aus der Ukraine zurück, um ein zukünftiges Sowjetrußland als Gegengewicht gegen Deutschland zu fördern, und sie rüsteten die Rumänen mit dem auf diese Weise freiwerdenden militärischen Material aus, um die Räterepublik und damit auch die Ansteckungsgefahr, die von dieser für Deutschland ausging, zu beseitigen. Wilson und Lloyd George hatten mit ihren Verhandlungen das Nachsehen. Abermals erwies es sich, wie die deutsche und die ungarische Nation im Guten wie im Bösen miteinander verbunden sind.

Nachdem die ungarische „Rote Armee" die einmarschierenden Rumänen nicht stoppen konnte, eilten viele Freiwillige, die mit den Kommunisten sonst nichts weiter im Sinne hatten, zu den Fahnen. Man wollte gegen die von Norden vorrückenden Tschechen und Slowaken einen Sieg erringen, um eine Landverbindung zu Trotzkis Sowjetarmee herzustellen. Das gelang auch, in Kaschau wurde sogar eine „Slowakische Räterepublik" ausgerufen, die aber noch früher zusammenbrach als ihre Budapester Mutter.

Aber die Kommunisten machten sich im eigenen Lande zusehends unbeliebt, der allgemeine Mangel schürte Unzufriedenheit und arbeitete der in Szeged unter französischem militärischem Schutz agierenden Gegenregierung in die Hände. Roter Terror wurde geübt und bereitete den Boden für den späteren weißen Terror.

Die Sieger des Weltkrieges konnten nun leicht erklären, sie würden erst nach dem Rücktritt der Räteregierung mit Ungarn wieder verhandeln, und bei Kuns Flucht aus dem Amt nach Österreich war die militärische Lage rundum hoffnungslos. Selbstverständlich hatten die Sieger es anschließend nicht nötig, den Ungarn nur deshalb mildere Friedensbedingungen zuzuerkennen, weil diese ihre kommunistische Regierung davongejagt hatten. Weniger als ein Drittel der ehemaligen Länder der Stephanskrone durften sich nach dem Diktat von Trianon (4. Juni 1920), das die Ungarn ebenso diskussionslos hinzunehmen hatten wie die Deutschen das von Versailles, noch „Königreich Ungarn" nennen. Die Magyaren zahlten ihre vergangenen massiven Magyarisierungsversuche an den Nationen ihres Reichsteiles mit der Abtrennung von über drei Millionen Ungarn, die in den angrenzenden Staaten Tschechoslowakei, Rumänien und Jugoslawien als Minderheit leben mußten. Die Sieger hatten keinerlei Sympathie für die Ungarn gezeigt. Vor allem waren die Sieger einseitig von den Bedürfnissen und Bestrebungen der umliegenden Nationen ausgegangen, um den neben den Deutschen zweiten Kerkermeister des angeblichen „Völkerkerkers" der Habsburger-Monarchie zu ducken. Das Ergebnis war Irredenta, Revisionismus und jahrzehntelange nationale Empörung in Ungarn, berechtigter noch als in dem verstümmelten Deutschland, und – leichtes Spiel für Hitler später, die Ungarn in sein Machtsystem hineinzulocken.

Revisionismus in Bayern und Ungarn

Es dürfte mittlerweile ohne Skandal möglich sein, den Satz niederzuschreiben, daß Hitlers Machtergreifung ohne das tiefe Bedürfnis der Deutschen nach Revision des Versailler Vertrags nicht erklärbar ist. Ist nun im Revisionismus der Verlierer eine deutsch-ungarische Gemeinsamkeit festzustellen, so gilt sie auch für das Präludium späterer Zusammenarbeit in der verworrenen internationalen Szene der Jahre 1919–1923 und für die konservativen, antisemitischen und nationalsozialistischen Kontakte, die damals zwischen München und Budapest bestanden. „Revisionismus" konnte dabei ebenso territoriale Änderungen am auferlegten

System von Versailles bedeuten wie die Wiederherstellung der Monarchie und eines autoritär-hierarchischen Gesellschaftsaufbaus, Kampf sowohl gegen Versailles als auch gegen Weimar.

Das ungarische Potential möge hier kurz mit dem Namen seines wichtigsten Exponenten bezeichnet werden, des Horthy-Vertrauten Gyula Gömbös, des Chefs des „Ungarischen Landwehrvereins" und Hauptverantwortlichen für den „Weißen Terror" nach der Vertreibung Béla Kuns. Die Brutalisierung innenpolitischer Vorstellungen, die von den Leuten um Gömbös gepflegt wurde, verrät bereits, daß es sich hierbei nicht um die abgedankte habsburg-treue Hocharistokratie handelte, sondern um die Adelsschicht darunter, die „Gentry", deren Unterstützung Horthy brauchte, weshalb er die Restaurationsversuche König Karls unmöglich fördern konnte.

Um die soziale Revolution zu verhindern, wurde Horthy zum Reichsverweser erklärt, und man warf ihm prompt seine Haltung gegenüber Karls Restaurationsversuch vor (den er vereiteln geholfen hatte), sowie das Bestreben, seinerseits eine Dynastie zu begründen. Aber wenn die ungarischen Rechtsradikalen keine Revolution wollten, dann genügte ihnen bereits die Fassade der Monarchie, denn eine wirkliche Restaurierung hätte sie wahrscheinlich von den Schaltstellen des Staates wieder verdrängt.

Und nun zum bayerischen Potential des Revisionismus: Bayern durfte noch ein Außenministerium haben, und es hegte Bestrebungen, sich den Folgen des Kriegs dadurch zu entziehen bzw. die von Berlin zu verantwortende Niederlage dafür auszunützen, sich für unabhängig zu erklären. Und da dieser Staat allein auf zu schwachen Beinen gestanden hätte, verfolgte der Vorsitzende der Bayerischen Volkspartei, der „Bauerndoktor" Georg Heim, den Plan einer Zusammenfassung Bayerns, des katholischen Süddeutschland und Österreichs zu einer „Donauföderation", Ungarn nicht ausgeschlossen. Dessen Revisionismus richtete sich nämlich gegen die aus dem Krieg hervorgegangenen neuen Staaten Tschechoslowakei, Rumänien, Jugoslawien und (wegen des Burgenlandes) gegen die Republik Österreich. Wenn man nun die Siegermacht Frankreich für eine Achse München–Wien–Budapest erwärmen konnte, dann diente dies dem französischen Wunsch, Deutschland am Boden zu halten, nämlich durch dessen Zersplitterung, und rettete eventuell die bayerische Pfalz vor einem Verschwinden im französischen Staat als Gegenleistung für diesen großen Dienst. Befürchtungen in Paris, die kleinen Staaten zwischen Deutschland und dem bolschewistischen Rußland könnten eines Tages von diesen beiden wiedererstarkten Mächten vereinnahmt werden, womit Frankreichs ohnehin recht schwankende Vormachtstellung in Europa dahin wäre, konnten so beschwichtigt werden.

Ferner, und damit ist der weiteste politische Rahmen der bayerischen und ungarischen Revisionisten aufgezeigt: Ein Zusammengehen mit diesen würde den französischen (und letztlich auch englischen) Sorgen vor einer Bolschewisierung Gesamt-Europas den Boden entziehen, eben um den Preis der Umgestaltung der mitteleuropäischen Landkarte. Dieser Gedanke der „Donauföderation" hat sich, unabhängig von der aufgeladenen, faschismus-trächtigen Atmosphäre jener Jahre, als mehr erwiesen denn eine Blüte des unausrottbaren bayerischen Partikularismus: Auch im 2. Weltkrieg beschäftigte Churchill sich ernsthaft mit ähnlichen Kombinationen, um nach dem Zusammenbruch des „Großdeutschen Reiches" ein Überwiegen der Sowjetunion in Mittel- und Südosteuropa zu verhindern. Und angesichts der heutigen Auflösung des Ostblocks kommt einer Zusammenfassung dieses Raumes erneut große Bedeutung zu. Dem sich allmählich bildenden „Vereinten Europa" kann nicht an einer Zersplitterung Osteuropas gelegen sein, das es konstruktiv an sich heranziehen möchte. Die einzelnen Bausteine und politischen Strömungen einer „Donauföderation" mögen variieren, aber der Grundgedanke bleibt respektabel.

Im März 1920 wurde die SPD genötigt, die Macht in München an die konservativ-monarchistischen Kräfte der Partei des Dr. Georg Heim und an den neuen Ministerpräsidenten von Kahr abzugeben. Im selben Monat war der rechtsgerichtete Putsch des Dr. Wolfgang Kapp, der die Weimarer Republik in Berlin hatte hinwegfegen wollen, zusammengebrochen. General Ludendorff, mit dem alten Hindenburg die Symbol- und Hoffnungsfigur der Ultrakonservativen und erbitterten Militärs und alten Preußen aus dem Weltkrieg, mußte wegen Beteiligung an dem Putsch Berlin verlassen und fand im München des Dr. Kahr bereitwillige Aufnahme. Bayern galt Ludendorff und v. Kahr als „Ordnungszelle".

Im Mai 1920 fuhren Oberst Bauer, ein Vertrauter Ludendorffs, und ein gewisser Trebitsch-Lincoln, Pressechef der sehr kurzlebigen Regierung Kapp, nach Budapest und trugen dem Reichsverweser Horthy ein stolzes Aktionsprogramm vor: Bayern, Ungarn und russische Antikommunisten (der Bürgerkrieg zwischen weiß und rot war ja noch nicht ausgestanden) müßten gegen den Bolschewismus zusammenstehen. Auch gegen Berlin, das nicht wieder „rot" bleiben dürfe, richte sich ihr Kampf, doch bräuchte man auch Hilfe im Ausland. Die sozialdemokratische Regierung in Österreich müßte ebenfalls gestürzt werden, Freikorps und Offiziere dazu wären in Ungarn auszubilden. Wenn alle drei Staaten Rechts-Diktaturen aufgezwungen bekommen hätten, könnten die Ungarn in die Slowakei einfallen, die dortigen Nationalisten gegen Prag unterstützen und dabei die ungarisch besiedelten Gebiete im Süden der Slowakei besetzen. Gleichzeitig würde man aus Bayern mit Hilfe der Sudetendeutschen in Böhmen einrücken und so insgesamt dem Vielvölkerstaat des Präsidenten Masaryk den Garaus machen. Dann Einmarsch über Sachsen in Berlin! Letzteres interessierte die bayerische Regierung weniger, aber Ludendorffs Leute behaupteten in Budapest trotzdem, sie hätten v. Kahrs Rückendeckung. Den Franzosen, den Freunden dieses Staatsgebildes, würde man die Zerteilung der Tschechoslowakei mit bayerischem Separatismus wieder ausgleichen. Aber da man ja die Kraft des gesamten Reiches zum weiteren Vormarsch gegen den Bolschewismus im Osten brauchte, würde Bayern natürlich letztlich beim Reiche bleiben und Paris, wenn es auf den Handel einging, das Nachsehen haben.

Horthy beauftragte mit der weiteren Zusammenarbeit eine Geheimkommission, denn so viel Hochverrat mußte konspirativ organisiert sein. Die Ungarn wollten zunächst auch mit Vertretern der offiziellen bayerischen Regierung sprechen. Als dies eingefädelt war, lasen sich die Details folgendermaßen (nach dem Tagebuch von Miklós Kozma, einem Führer der rechtsextremen Organisation „Erwachendes Ungarn"), beginnend mit dem geplanten Eingreifen in Österreich: „Neben der vollkommenen Beseitigung des Brandherdes der roten Agitation in Österreich hätte das auch den Vorteil, daß zwischen Ungarn und Deutschland das widerspenstige Österreich nicht als Trennwand steht, sondern durch das bayerische Übergewicht der ungestörte Wirtschaftsverkehr, der Transport militärischer Ausrüstungsgegenstände und jede andere Berührungsfreiheit gewährleistet wäre. Die deutschen Herren erklärten in ihrem Vorschlag klar, daß Ungarns historische Grenzen unbedingt zu achten seien, so daß auch Westungarn ausschließlich unter ungarischer Oberhoheit stehe und dessen Besitz nicht zur Diskussion gestellt werden könne ... Diese Lösung der österreichischen Frage würde, zwar nicht sofort, aber in naher Zukunft, die Angliederung Deutschösterreichs an Bayern bzw. an das Deutsche Reich nach sich ziehen. Denn die Intervention der bayerischen Kräfte und der österreichischen Heimwehr würde mit der Bildung einer Anschlußregierung in Wien Hand in Hand gehen..." Bayern sollte an Ungarn Waffen und andere militärische Ausrüstung liefern, Ungarn an Bayern Getreide und andere Nahrungsmittel.

Die Ungarn glaubten französischer Rückendeckung für ihren Teil des Aktionsprogramms sicher zu sein, denn Paris zitterte angesichts der gleichzeitigen sowjetrussischen Siege im Krieg gegen Polen vor der bolschewistischen Gefahr. Aber dann begannen die Gegenwirkungen, die in ihrer Summe das konspirative Projekt vollständig zu Fall brachten: Die österreichischen Konservativen setzten lieber auf einen bevorstehenden Wahlsieg über die Sozialdemokraten als auf einen Umsturz, und das Burgenland („Westungarn") wollten sie im Gegensatz zu den Bayern auf keinen Fall aufgeben. Dann schlugen die Polen die Sowjets, die schon vor Warschau gestanden hatten, siegreich zurück und schlossen mit ihnen einen Waffenstillstand! Angesichts dessen verlor Frankreich das Interesse an einer Unterstützung der ungarischen Anti-Bolschewisten und kehrte zu seinem Versailler System zurück. Die Sozialdemokraten in Österreich erlitten tatsächlich eine Wahlniederlage, und die dadurch an die Macht gelangten Konservativen mußten sich den inneren Nachkriegsproblemen des Landes zuwenden und auf international vernetzte Putschpläne verzichten. Und im nächsten Jahr, 1921, hatten Horthy und seine Mannen in Ungarn alle Hände voll zu tun, mit den Krisen rund um Kaiser (König) Karls Anläufe zur monarchistischen Restauration fertig zu werden.

Tschechen und Südslawen hatten sich mittlerweile gegen Ungarn zusammengetan, da sie der französischen Politik nicht trauten. Nachdem diese aber durch Polens Sieg über die Sowjets wieder berechenbar geworden war in Bezug auf Ungarn, gab Frankreich dem Bündnis zwischen Prag und Belgrad seinen Segen. Es wurde durch Anschluß Rumäniens zur „kleinen Entente" ausgebaut, das revisionistische Ungarn gewissermaßen in den Schwitzkasten nehmend. Dies hatte dann auch keinerlei Unterstützung in der Auseinandersetzung mit Österreich, seinem schwächsten Nachbarn, um das Burgenland. Selbst in diesem Minimalziel des Revisionismus kamen die Ungarn nicht weiter, lebhaft bedauert von der nach wie vor amtierenden Regierung v. Kahr in München, die im Interesse der gemeinsamen konservativen Sache einen Konflikt zwischen Wien und Budapest nicht wünschte.

Gyula Gömbös und Adolf Hitler proben den Umsturz

Auch Ludendorff und sein Kreis bestanden weiter, und es kam bald die Zeit, wo zwischen München und Budapest abermals revisionistische Fäden gesponnen wurden. Angelpunkt war wiederum die französische Außenpolitik: Am 11. Januar 1923 marschierten Franzosen und Belgier im Ruhrgebiet ein, der „Ruhrkampf" begann. Die ungarische Regierung, nunmehr unter Graf István Bethlen, erwartete einen Krieg zwischen Deutschland und Frankreich und bot den Deutschen über Kontakte zu

General v. Seeckt, dem Chef der Reichswehr, einen Angriff auf die Tschechoslowakei an, um die dortigen ungarischen Gebiete auf diese Weise zurückzugewinnen und um den Deutschen am Rhein dadurch den Rükken freizuhalten. Von Seeckt fand das nicht attraktiv, da er wußte, daß die Tschechen nicht marschieren würden, aber die Ungarn wußten das nicht und griffen deshalb gern den Gesprächsfaden auf, den Ludendorff ihnen in gleicher Sache von München aus zuwarf.

Ludendorff hatte sich, um weiter den Einflußreichen spielen zu können, mittlerweile der NSDAP des Adolf Hitler in die Arme geworfen. Der Abgesandte von Gyula Gömbös fand diese neue Partei so attraktiv, daß die Ungarn ihr eine größere Unterstützungssumme überwiesen. Aber die NSDAP lehnte alle Arten von Internationalismus ab, einschließlich des antisemitischen. Und da die Ungarn um Gömbös bald merkten, daß Ludendorff mittlerweile ein Feldherr ohne Armee war, zogen sie die Kontakte zur bayerischen Staatsregierung denjenigen zu diesem schwarzweiß-roten Symbol in Uniform vor.

Erst als sie im Laufe des Jahres 1923 von der gemäßigt-konservativen Regierung Bethlen in schwere Bedrängnis gebracht wurden, griffen sie wieder nach dem bayerischen Strohhalm. Nur ein Putsch, also ihr politisches Steckenpferd, konnte sie noch vor dem Absinken in eine allmähliche Randexistenz bewahren, meinten sie. Eine „faschistische Internationale" tat not, um die inzwischen erfolgte Machtergreifung Mussolinis in Italien auszunützen, und dabei hätten auch die Bayern wieder einen Platz einnehmen sollen.

Gömbös ließ einen Vertragsentwurf erstellen, der Ludendorff und Hitler zur Annahme vorgelegt wurde. Der Text ging von der Niederhaltung der Tschechoslowakei in einem nahen deutsch-französischen Krieg aus. Die kroatischen und bulgarischen Revisionisten, zu denen ebenfalls Kontakte bestanden (wie zur nationalen Erhebung Kemal Paschas, des späteren Atatürk, im fernen Anatolien), sollten das südslawische Königreich, das spätere Jugoslawien, niederhalten. Nach zunächst hinhaltendem Kampf gegen Frankreich würde man sich nach dem revisionistischen Sieg in Mitteleuropa vereint auf die Franzosen werfen. Das Geld für eine derartig großflächige Strategie sollte direkt aus antisemitischer Aktion kommen, nämlich aus der Beschlagnahme jüdischen Vermögens und — einer Anleihe bei dem amerikanischen Autogiganten Henry Ford, der die Juden ebenfalls nicht liebte.

Ein Abgesandter Hitlers ging auf die Reise nach Budapest und Mailand, und im Endergebnis sollte unter Mussolinis Fittichen in Rom eine faschistische Internationale gegründet werden.

Ähnlich wie zwischen Österreich und Ungarn das Problem Burgenland, erhob sich dabei zwischen Deutschen und Italienern das Problem Südtirol, das in flagranter Nichtachtung des Selbstbestimmungsrechts der Völker durch den Vormarsch der Italiener bis an den Brenner entstanden war. Hitler war schon damals entschlossen, der Freundschaft mit Mussolini die Deutschen in Südtirol zu opfern. Die Sache scheiterte auch nicht in Bozen und Meran, sondern erst einmal an der Geringschätzung der Münchner durch Mussolini. Zwar wußte der Duce deren Kontakte zu den Ungarn zu schätzen, weil er Budapest im Rücken Jugoslawiens für seine eigenen Ambitionen an der Adria verwenden wollte. Aber da Jugoslawien auf Frankreich angewiesen war, brauchte Italien das ganze Deutsche Reich zum Druck auf Frankreich, und Hitler-Ludendorff wurden in solcher Perspektive unwichtig.

Und dann wurde der Abgesandte, der aus Bayern nach Ungarn reiste, von der staatlichen Polizei in Budapest „umgedreht", verhandelte mit den Gömbös-Leuten also weiter, doch nur, um der ungarischen Regierung die so gewonnenen Informationen zu verraten. Die Gömbös-Leute forderten in München Sabotagetrupps für ihren Putsch an. Die trafen auch mit Hakenkreuz-Binden in Budapest ein, wurden zu großen Teilen verhaftet und außer Landes verwiesen. Noch hatte Hitler den vorgeschlagenen Strategie-Pakt nicht unterschrieben und noch hatte die ungarische Regierung nicht zugeschlagen, da Horthy dem Gömbös zu nahe stand, um von ihm nicht notfalls erpreßt werden zu können.

Die ungarischen Faschisten wußten nicht, daß sie enttarnt waren, und vereinbarten daher mit dem „umgedrehten" Abgesandten unverdrossen, daß sie in Budapest in dem Augenblick zuschlagen würden, in dem Hitler seinen Putsch in München starten würde. Der ungarische Emissär, der die Abmachung Hitler überbringen wollte, wurde prompt an der österreichisch-ungarischen Grenze verhaftet, der „agent provocateur" brachte sich schnell bei der staatlichen Polizei selbst in Gewahrsam, und gegen einen Teil der Gömbös-Leute wurde ein Hochverratsprozeß eröffnet.

Der ehemalige Ministerpräsident und nunmehrige Generalstaatskommissar v. Kahr, Mitwisser und Mitgestalter von Hitlers Putschplänen, ließ daraufhin die Finger von der Sache. Und Hitler büßte seinen Versuch, durch Tollkühnheit das Komplott dennoch zu retten, um nicht vor aller Welt als überhitzter Phrasendrescher dazustehen, mit dem Zusammenbruch seines improvisierten „Marsches auf die Feldherrnhalle" am 9. November 1923.

Es folgten auch in Deutschland die obligaten Gerichtsverfahren. An der Isar und an der mittleren Donau dabei dieselbe national-verständnisvolle

Stimmung der konservativen Richterschaft: Die gefaßten Ungarn bekamen einen Patrioten-Bonus und daher nur je ein Jahr und 14 Tage Gefäng-
nis, was alles durch ca. 2 Monate Untersuchungshaft als abgegolten
betrachtet wurde. Der mitangeklagte Ludendorff konnte es sich sogar
leisten, seinen Freispruch in Verachtung des Gerichts als „Schande" zu
bezeichnen, Hitler erhielt die Mindeststrafe von fünf Jahren Festungshaft
mit Begnadigungsmöglichkeit nach sechs Monaten. Die in Bayern verbo-
tene NSDAP agierte nun eben von Salzburg aus.

Das war das unwiderrufliche Ende aller bayerisch-ungarischen Konspi-
rations-Gespinste. Es hatte, als Hitler dennoch herrschte und Horthy
immer noch sein Reich verweste, jedoch ein Nachspiel, das zugleich ein
Vorspiel war: Der erste Staatspräsident zu Besuch auf dem Obersalzberg
war im August 1936 Admiral Horthy. Dessen Ministerpräsident Gömbös
starb unerwartet während seines Aufenthaltes in München im Oktober
des gleichen Jahres. Hitler war im Trauerzug mit dabei, und Ritter von Epp
begleitete den Sarg bis an die Grenze bei Freilassing.

Mit Deutschland in den Abgrund

„Nem, nem, soha" („nein, nein, niemals!") hatten die Ungarn gegen die
Verstümmelung von Trianon gerufen. Sobald die Deutschen wirkungsvoll Front machten gegen das Versailler Diktat – als Horthy auf dem
Obersalzberg eintraf, war das Saarland bereits deutsch und das entmilita-
risierte Rheinland wieder von der Wehrmacht besetzt – ertönte dieser Ruf
immer lauter. Es war wohl unausweichlich, daß Ungarn sich dem wiedererstarkten Deutschen Reich anschloß, um Slowakei, Karpatho-Ukraine,
Siebenbürgen etc. wieder zu gewinnen, die es sonst von niemandem
erhoffen durfte.

Gute Nationalsozialisten wurden die Ungarn deswegen nicht, obwohl
Gömbös mit seiner „Rassenschützerpartei" experimentiert hatte, wobei
es ihm um die „turanische" Rasse der alten Magyaren aus der anscheinend
rassereinen Zeit der Landnahme ging. Gemeinsamkeiten in übersteiger-
tem Antisemitismus waren ebenfalls nicht zu übersehen, und Gömbös
sprach von einem „faschistischen Groß-Ungarn". Eine Verbindung von
wildem Nationalismus und sozialen Versprechungen, also etwas formell
dem „Nationalsozialismus" Vergleichbares, versuchte die „Sensenkreuz-
ler"-Bewegung, bis schließlich aus rechtsradikalen Gruppen und Grüpp-
chen am 9. 3. 1939 unter Ferenc Szálasi die „Pfeilkreuzlerpartei – Hungari-
stische Bewegung" entstand. Die extreme Rechte heimste ca. 25 Prozent

der Wählerstimmen in der Mai-Wahl ein, erfreute sich im übrigen keinesfalls der Unterstützung der damaligen gemäßigten Regierung und vertrat ein glühend antisemitisches, demagogisches, aber in einigen Punkten diskussionswürdiges Parteiprogramm.

Zu diesem Zeitpunkt hatte Ungarn bereits seine ersten kurzlebigen Revisionsgewinne im Schatten des „Großdeutschen Reiches" eingeheimst: nach dem „Ersten Wiener Schiedsspruch" Deutschlands und Italiens (2. November 1938) Teile der südlichen Slowakei und des südlichen Rutheniens (alias: der Karpatho-Ukraine); einen Tag nach der Besetzung der „Rest-Tschechei" durch deutsche Truppen und zwei Tage nach der Unabhängigkeitserklärung der Slowakei Besetzung des restlichen Rutheniens und eines Streifens der östlichen Slowakei, nachdem man die ganze Slowakei, das ehemalige „Ober-Ungarn", nicht hatte bekommen können.

Am 10. Juli 1940, nach den schnellen und beeindruckenden deutschen Siegen in Polen, Norwegen und im Westen, erlaubten Hitler und Ribbentrop dem nach München berufenen ungarischen Ministerpräsidenten Teleki und seinem Außenminister Csáky, mit Rumänien wegen Siebenbürgens zu verhandeln. Das Ergebnis war der „Zweite Wiener Schiedsspruch" vom 30. August 1940, in dem Ungarn das nördliche Siebenbürgen erhielt (es hatte ganz Siebenbürgen haben wollen). Aus dem Jugoslawien-Feldzug im April 1941 erntete Ungarn die Gebiete der Batschka und Vojwodina bis zur Drau-Donau-Theiß-Linie, so daß es nunmehr wieder mehr als ca. 50 Prozent des ehemaligen Reiches der Stephanskrone umfaßte und ca. ¼ seiner Einwohnerschaft bereits aus Nicht-Ungarn bestand (Slowaken, Ukrainer, Rumänen, Serben).

Ab Frühjahr 1942 stand eine ganze ungarische Armee an der Front gegen die Sowjetunion und wurde als Flügeldeckung der 6. Armee in das Desaster von Stalingrad mit hineingezogen. Je schlechter die Kriegslage, desto hoffnungsvoller wurden die bisher an den Rand gedrängten „Pfeilkreuzler". Den Absprungstendenzen im Lande wirkte Hitler durch den Einmarsch der Wehrmacht entgegen, der ab 19. März 1944 widerstandslos vor sich ging.

Nun schiebt sich als maßgeblicher Mann in Budapest immer mehr ein Bayer in den Vordergrund, SS-Standartenführer Dr. Edmund Veesenmayer als „Bevollmächtigter Vertreter des Deutschen Reiches in Ungarn", ein gebürtiger Unterfranke. Unter seiner und unter Adolf Eichmanns Leitung begann die Deportierung der ungarischen Juden in die Vernichtungslager auf dem Boden des polnischen „Generalgouvernements".

Als die sowjetische Armee im September 1944 in Ungarn einfiel, schloß

Horthy, der zwar die Revisions-Gewinne eingestrichen, den Deutschen aber niemals blind getraut hatte, mit den Sowjets ein „provisorisches Waffenstillstandabkommen." Aber als er am 15. Oktober über Rundfunk die nationalen Truppen zur Feuereinstellung aufforderte, schlugen die Deutschen blitzschnell und effektiv zu: Der legendäre SS-Obersturmbannführer Skorzeny, der im Herbst 1943 bereits den gefangenen Mussolini vom Berghotel des Gran Sasso d'Italia herausgeholt hatte, kidnappte den jüngeren der beiden Söhne des ungarischen Admirals, ließ ihn ins KZ Mauthausen schaffen und zwang den greisen Reichsverweser auf diese Weise, eine Pfeilkreuzler-Regierung mit Ministerpräsident Szálasi einzusetzen und den Kampf auf deutscher Seite fortzusetzen. Dann wurde Horthy in „Ehrenhaft" genommen, d.h. im Schloß Hirschberg bei Weilheim interniert, und sein Sohn kam ins KZ Dachau.

In Bayern verbreitete sich 1943 das Gerücht, die USA hätten sich von dem exilierten Otto von Habsburg bereden lassen, nach ihrem Sieg eine neue „Donaumonarchie" unter Einschluß Österreichs, Ungarns und auch der katholischen Teile Bayerns zu schaffen. Deshalb sei Bayern von Luftangriffen bisher weitgehend verschont geblieben. Die Idee erwies sich als Luftblase, hatte aber doch einen Sinn, da auf diese oder ähnliche Weise

Zwei Verbündete wider Willen: Der eher anglophile Grandseigneur Admiral Miklós von Horthy, Reichsverweser von Ungarn (1920–1944), mit dem Ungarnhasser Adolf Hitler. 1944–45 hielt Hitler das ungarische Staatsoberhaupt in Bayern gefangen. Kiel, 1938. Postkarte.

zwischen der siegreich vordringenden Sowjetunion und dem geschlagenen und geschwächten Deutschland ein Zwischenbereich hätte geschaffen werden können, ein „Cordon Sanitaire". Deshalb war selbst Churchill dem Gedanken einer Donauföderation geneigt gewesen, und eben deshalb hatte der machtbewußte Stalin davon nichts wissen wollen. Ohne Roosevelts Unterstützung, der Stalin jedoch nicht verärgern wollte, hatte Churchill schließlich diesen „Cordon Sanitaire" an der Donau nicht durchsetzen können.

Bayerische Beteiligung an solchen Überlegungen setzte den Zerfall des Reiches voraus. All die Donau-Pläne im Rahmen eines mitteleuropäischen Zusammenschlusses verschiedener Staaten und Nationen, die angesichts des aktuellen Zusammenbruchs der kommunistischen Zwingherrschaft nun wieder interessant werden, sind unter anderem an der Gretchenfrage zu messen, wie weit die Deutschen mit ihrer regionalen wirtschaftlichen und numerischen Übermacht in ihnen mitwirken „dürfen". Die bayerische Mitwirkungsmöglichkeit hängt von der Beantwortung dieser Frage ab, seit ein bayerischer Separatismus nicht mehr denkbar ist.

Zurück zur Tragödie: Ferenc Szálasi deportierte Juden zur Zwangsarbeit (zum „Wehrarbeitsdienst") ins Reich, die schwerpunktmäßig in den Außenlagern des KZ Flossenbürg eingesetzt wurden, um unterirdische Messerschmitt-Fertigungsstätten zu errichten. Die Außenlager befanden sich bei Happurg (Fränkische Schweiz) und bei Saal/Donau, die Todesquote lag hoch. Kaufering nördlich von Landsberg/Lech war eine Außenstelle des KZ Dachau, wo ungarische Juden für das Projekt „Ringeltaube" (Turbinenjäger und V2-ähnliche Raketen) schuften und sterben mußten. Szálasi wütete im übrigen auch gegen Nicht-Juden, um den von Hitler geforderten totalen Kriegseinsatz zu erzwingen.

Am 13. Februar 1945 fiel Budapest nach langwierigen, erbitterten Kämpfen in sowjetische Hand. Szálasi und seine Helfer flohen nach Westen. Sein noch amtierendes Außenministerium brachte er bis zum Näherrücken der Amerikaner in Neustadt bei Coburg unter. Zwei SS-Divisionen, „Hunyadi" und „Hungaria", die erst an der schnell heranrückenden Westfront zum Schutze der Oberpfalz eingesetzt gewesen waren, hatten von Szálasi den Befehl erhalten, den Amerikanern an der mittleren Donau keinen Widerstand zu leisten, sondern ihr Pulver trocken zu halten für die Wiedereroberung Ungarns. Das Ende vom Lied war, daß sie sich in Oberösterreich, etwa zwischen Ried, Mondsee und Gmunden, also auf altem bajuwarischen Boden, Anfang Mai 1945 Zivilkleider organisierten und sich den Amerikanern gefangen gaben. Auch Szálasi ging zu den

Amerikanern; sie lieferten ihn aber aus, und er wurde in Ungarn hingerichtet (März 1946).

Auch bei den letzten Kämpfen auf Reichsboden waren noch einzelne
ungarische Truppenverbände eingesetzt. Ende März 1945 fochten sie
gegen General Patton rund um die Festung Aschaffenburg, der Kampf um
das von den GI's so genannte „Monte Cassino on the Main" dauerte
immerhin noch eine Woche. Die in der Oberpfalz verbliebenen Ungarn
ergaben sich den Amerikanern, um nicht in sowjetische Kriegsgefangenschaft zu geraten. Als das KZ Dachau dann am 28. April 1945 in die Hände
der Alliierten fiel, war Horthys Sohn zusammen mit dem ehemaligen
Ministerpräsidenten Kállay (im März 1944 kurz nach dem deutschen
Einmarsch abgesetzt) bereits ins SS-Sonderlager Innsbruck und von dort in
den Bereich der (nicht existenten) „Alpenfestung" verschleppt worden.
Am 4. Mai wurde er am Pragser Wildsee bei Niederdorf zwischen Bruneck
und Toblach in Südtirol zusammen mit dem französischen „Volksfront"-
Ministerpräsidenten Leon Blum, dem österreichischen Bundeskanzler
Schuschnigg und anderen aus Dachau und Mauthausen verschleppten
Häftlingen von den Amerikanern befreit.

Horthy selbst, der Reichsverweser, wurde am 1. Mai in Hirschberg von
den Amerikanern gefangengenommen. Wilhelm Hoegner, ab Februar
1946 Vorsitzender der bayerischen SPD und von September 1945 bis zum
21. Dezember 1946 erster bayerischer Ministerpräsident, bezeichnete ihn
ziemlich pauschal – und zu Unrecht – als „Faschisten". Für den Nürnberger Kriegsverbrecher-Prozeß mußte Horthy als Informant über die ange-
klagten NS-Größen, die er kannte, herhalten. Die ungarischen Kommunisten wollten ihn hinrichten, aber angeblich bedeutete Stalin dem KP-
Generalsekretär Rákosi, man solle den alten Mann in Frieden sterben
lassen. Horthy starb im Februar 1957 in seinem portugiesischen Exil.

Die Ungarn verloren alle ihre im Schatten Hitlers gemachten Revisionsgewinne; auch für sie wurden, wie für die Deutschen, die „Grenzen
vom 31. 12. 1937" wieder maßgebend, nur mit dem Unterschied, daß
Ungarn am 10. Februar 1947 in Paris einen Friedensvertrag bekam, der
eben diese Grenzen festschrieb und nur den „Preßburger Brückenkopf"
zusätzlich abtrennte, drei Dörfer für die neue Tschechoslowakei. Die
Ungarn wurden in die Komplizenschaft der Sieger mit hineingezogen,
indem im Potsdamer Protokoll, Artikel XIII, der „transfer to Germany of
German populations, or elements thereof, in Poland, Czechoslovakia and
Hungary" festgesetzt wurde. Der Kontrollrat für Ungarn bestimmte
500 000 Deutsche zur „Aussiedlung" in die amerikanische Zone, also
auch nach Bayern, wobei Bayern 52 Prozent der Gesamt-Vertriebenenzahl

aufzunehmen hatte. 178 000 Ungarndeutsche insgesamt kamen in das Gebiet der späteren Bundesrepublik Deutschland (Vergleichszahl in Ungarn vor Kriegsausbruch: ca. 620 000 Deutsche), ab Januar 1946 rollten die Sammeltransporte aus dem Südosten nach Bayern.

Kalter Krieg

Die Amerikaner machten in München Horthys ehemaligen Außenminister Hennyey zum Chef der Emigranten. Die ungarische Abteilung des Johanniter-Ordens begann ebenfalls in München zu residieren. Es sah aus, als ob die Kommunisten und andere Politiker, die es nach Kriegsende in Ungarn noch geben durfte, durch Stimmungsmache gegen die Deutschen ihre Landsleute vergessen lassen wollten, daß unter sowjetischer Vorherrschaft an eine Neuorganisation der „Länder der Stephanskrone" in welcher zusammenfassenden Form auch immer nicht zu denken war, daß die Grenzen von Trianon bestätigt wurden.

Dazu kam noch die unerbittliche Grenze des „Eisernen Vorhanges", die Auferlegung des stalinistischen Jochs, die beständige Anwesenheit sowjetischer Truppen im Lande, erst begründet durch die Notwendigkeit, die Verbindung zwischen der 1945 sowjetisch gewordenen Karpatho-Ukraine und den sowjetisch besetzten Teilen Österreichs zu sichern, ab 1955, dem Jahre des Österreich neutralisierenden „Staatsvertrages", allerdings nur noch, um die Kommunisten an der Macht zu halten. Ungarn blieb auch die strategische Ausfallpforte der Sowjets nach Mitteleuropa, Jugoslawien und Oberitalien.

Rákosi hatte nach Stalins Tod 1953 das Ministerpräsidentenamt an Imre Nagy abgegeben. Ende Oktober 1956, als Rákosi auch als Parteichef hatte zurücktreten müssen, ließ sein Nachfolger Ernö Gerö in demonstrierende Studenten schießen. Die Folge war der Ausbruch eines landesweiten Volksaufstandes, vorbereitet durch den etwas freieren Wind im kommunistischen Lager, der wegen Chruschtschows Entstalinisierungs-Politik zu wehen begonnen hatte. Die Sowjets wurden des Aufstandes nur durch massierten und skrupellosen Einsatz von Militär Herr.

Über 190 000 Ungarn flohen verzweifelt nach Westen, nach Österreich und natürlich auch nach Bayern. Immer wieder ist in den Berichten aus der damaligen Zeit zu lesen, wie niedergeschmettert und mutlos die Flüchtlinge waren, weil ihnen der Westen weder politisch noch militärisch geholfen hatte. „Radio Free Europe" in München wurde beschuldigt, westliche Unterstützung vorgegaukelt und damit die Widerstandskämpfer angesichts der sowjetischen Übermacht in den sichern Untergang getrieben zu haben. Die Vorsitzende der ungarischen sozialdemokratischen Partei, Anna Kéthly, warf dem Sender vor, er habe 1952 eine „Befreiungsbewegung" in Ungarn behauptet, und auch das habe der politischen Polizei einen willkommenen Grund für Verhaftung, Folter und Hinrichtung geliefert.

Wie dem auch sei: Der Westen war im Oktober/November 1956 nicht handlungsfähig, weil die USA die parallel zum ungarischen Aufstand inszenierte Besetzung des Suezkanals durch England, Frankreich und Israel mißbilligten – das Argument tauchte auf, Großbritannien und sein Premierminister Eden hätten durch ihr Suez-Abenteuer im Stile alter Kolonialpolitik eine Hilfe für Ungarn unmöglich gemacht. Grundsätzlicher und unabhängig von der Suez-Krise betrachtet: Die USA hätten befürchten müssen, durch militärische Hilfe für Ungarn einen Dritten – diesmal atomar geführten – Weltkrieg heraufzubeschwören. Chruschtschow und seine Führungsmannschaft waren nicht gewillt, die gerade erst eingeleitete De-Stalinisierung so weit zu treiben, daß sie die Aufgabe Ungarns mit einbezog.

Den Ungarn konnte erst geholfen werden, nachdem sie die Grenze überschritten hatten, nach Jugoslawien hin, hauptsächlich nach Österreich. Die Sowjets hatten, als sie ab November 1956 einen dreifachen Ring von Panzern um Budapest legten, auch einen Militär-Kordon an der westlichen Grenze aufgebaut, in Sichtweite des österreichischen Bundesheeres, doch kamen trotzdem viele Flüchtlinge durch. Die Wiener Regierung wußte bald nicht mehr, wie sie die einströmenden Menschenmassen versorgen und verwalten sollte. Dazu kam noch, daß sehr viele Ungarn ihrer Heimat so nahe wie möglich bleiben wollten, weil sie auf Rückkehr hofften. Dennoch war die gesamte westliche Welt, wenn sie denn schon aus politischem Kalkül nicht in Ungarn selbst eingreifen wollte, zur Unterstützung der Flüchtlinge moralisch unabweisbar aufgerufen.

Die bayerischen Maßnahmen sind also vor dem selbstverständlichen Hintergrund der Hilfe Amerikas, Englands, Frankreichs, der gesamten Bundesrepublik zu sehen. Schon am 29. Oktober, als die sowjetischen Panzer sich zunächst anschickten, Budapest zu räumen, begann in München eine Sammelaktion für zivile Hilfsgüter, nach Zeitungsberichten „mit einer Macht, die auch die kühnsten Erwartungen übertrifft". Der Berliner FDP-Abgeordnete Ullmann schlug vor, jeder solle einen Tagesverdienst für die Ungarnhilfe opfern. Die ungarischen Emigranten der ersten Nachkriegszeit, 1500 an der Zahl, die in München wohnten, gründeten einen „ungarischen Hilfsverein", „Radio Free Europe" ließ 200 seiner Mitarbeiter Blut spenden, die Bevölkerung Münchens spendete ebenfalls in Massen. Transporte des Roten Kreuzes kamen allerdings in Ungarn nicht immer durch, 1000 Blutkonserven fielen den Sowjets in die Hand. „Radio Free Europe" vermittelte auch den Transport einer „Eisernen Lunge" aus der Schweiz über den US-Flughafen Neubiberg nach Wien, denn bei den Kämpfen in Budapest war die einzige in Ungarn überhaupt vorhandene Eiserne Lunge zerstört worden.

Nachdem die Münchner Studenten gegen das sowjetische Vorgehen protestiert hatten, bekundete auch der Bayerische Landtag seine Empörung, allerdings verurteilte er sofort anschließend auch den englisch-französisch-israelischen Angriff auf den Suez-Kanal. Prinz Ludwig von Bayern, der Präsident der deutsch-ungarischen Gesellschaft, ließ einen Bittgottesdienst in der Theatiner-Kirche abhalten.

Am 8. November trafen die ersten ungarischen Flüchtlinge in München ein. Am selben Tag gaben die ungarischen Freiheitskämpfer ihren letzten Widerstand an der Westgrenze auf: Sie räumten vor anrückenden sowjetischen Panzern ihre Stellungen bei Hegyeshalom und flüchteten nach Nickelsdorf auf der österreichischen Seite. In Schalding bei Passau und in Piding bei Bad Reichenhall wurden die ersten Auffanglager gebildet, Wagenried bei Dachau, Oberolsbach bei Neustadt/Saale, Voggendorf bei Feuchtwangen und die Burg Feuerstein bei Ebermannstadt folgten bald.

Auch nachdem nur noch vereinzelte Kämpfe in Ungarn das Ende der Erhebung absehen ließen, riß der Flüchtlingsstrom nicht ab, da die Sowjets offenbar nicht in der Lage waren, in dem besetzten Land die Lebensmittelversorgung und Fabrikproduktion zu gewährleisten. Dazu kamen noch die kalte November-Witterung und mehrere Generalstreiks, denen mit Panzern nicht beizukommen war. Nicht einmal die sowjetischen Truppen waren ausreichend versorgt. Manche Flüchtlinge gelangten nur deshalb über die Grenze, weil sie Sowjetsoldaten mit etwas Brot bestechen konnten!

Erst setzte die Bundesregierung die Höchstgrenze der Aufzunehmenden auf 3000 fest, doch da diese Zahl sich schnell als viel zu niedrig gegriffen erwies, wurde sie auch schnell wieder aufgegeben. Transportzüge fuhren aus Bayern direkt in die grenznahen Lager im Burgenland, um die österreichische Verwaltung zu entlasten. Die USA sammelten ihr Kontingent an Flüchtlingen auf dem Flughafen Riem und transportierten es in der Operation „Sicherer Hafen" von dort über den Atlantik. Im Dezember 1956 begab sich US-Vizepräsident Nixon nach Österreich, um die Situation zu prüfen und um den Hilfsmaßnahmen des Kongresses Daten und gleichzeitig politische Dynamik zu liefern. Auf dem Rückweg machte er in München Station.

Alle militärischen Aktionen der Sowjets, um ihren Machtbereich unter Kontrolle zu halten, mußten mit außenpolitischen Verlusten bezahlt werden, und die brutalste dieser Aktionen, eben die Niederwerfung des ungarischen Aufstandes von 1956, gehorchte demselben politischen Gesetz. Die Westintegration der Bundesrepublik war erneut glänzend gerechtfertigt. Verteidigungsminister Franz Josef Strauß verkündete am 11. November 1956 im oberfränkischen Hollfeld, jeder Angriff durch eine Diktatur auf die NATO bedeute die Vernichtung dieser Diktatur durch die NATO. Es ging nicht darum, daß die Sowjets über Ungarn hinaus hätten vorstoßen wollen, sondern um die Rechtfertigung und um ein gestiegenes Selbstbewußtsein aller Kräfte in der Bundesrepublik, die aus Abscheu vor dem sowjetischen System die Westintegration Westdeutschlands betrieben hatten, allen voran Bundeskanzler Adenauer, der dann auch in den Wahlen von 1957 eine absolute Mehrheit für die CDU erzielte.

Die Barrieren fallen

Die Integration der ungarischen Flüchtlinge in Deutschland und Bayern ging im wesentlichen ohne administrative Pannen vor sich, was um so bemerkenswerter war, als damals in 3000 westdeutschen Lagern ohnehin noch 400 000 Flüchtlinge verschiedener Herkunft aus dem kommunistischen Machtbereich hausten, die Nachkriegszeit in Gestalt von Barackenlagern also noch alltäglich sichtbar war. Es waren sehr viele Intelligenzler und qualifizierte Kräfte geflohen, darunter allein ein Drittel der ungarischen Studentenschaft. Die ungarische Emigration hatte die geistige Potenz, für eine Nation zu stehen, die nicht an die weltgeschichtliche Katastrophe des Kommunismus gekettet war, sondern ihre jahrtausendalte Identität der heimischen Zwangsherrschaft zum Trotz gewissermaßen für bessere Zeiten aufbewahrte.

Ein unübersehbares Zeichen dafür setzte die Emigration in Bayern, und zwar in dem ungarischen Gymnasium von Kastl in der Oberpfalz, dem einzigen (heute noch bestehenden) ungarischen Gymnasium in der westlichen Welt. Die Burg von Kastl, zur Zeit von Kaiser Otto II. (973–983) gegründet und damit ebenso alt wie die Christianisierung Ungarns, im 11. Jahrhundert in ein Benediktinerkloster verwandelt, erinnert den historisch sensiblen Betrachter an den Berg des heiligen Martin bei Raab im westlichen Ungarn, auf dem sich heute das Kloster Pannonhalma erhebt. Dort soll schon Karl der Große während seines Feldzuges gegen die

*Kardinal Mindszenty (1892–1975) besucht das Ungarische Gymnasium
auf Burg Kastl/Opf. in den siebziger Jahren.*

Awaren dem heiligen Martin, der aus dieser Gegend stammte, eine
Kapelle errichtet haben – hier, in der Oberpfalz, gilt das Kloster von Kastl
als das älteste im bayerischen „Nordgau".

Erst ab 1958 wurden die Räume der Klosterburg für Schulzwecke
genutzt, vorher mußten die ungarischen Schüler eine wahre Odyssee in
Süddeutschland durchmachen: eine Baracke bei Passau, gar ein Eisen-
bahnwaggon in Rosenheim, ein Café im Dorf Niederaudorf-Reisach,
20 km von Rosenheim entfernt, dann ein leerstehendes Hotel im Allgäuer
Lindenberg, das Schloß Bauschlott bei Pforzheim. Bauschlott wurde angesichts des Flüchtlingsstromes von 1956 zu klein, die gymnasiale Ober-
stufe siedelte ins Schloß Fürstenried bei München um. Ohne entscheidende Mithilfe der katholischen Kirche und der bayerischen Staatsregierung (ab 1957 von der CSU geführt), die die konservativen, christlichen
und humanistischen Erziehungsziele der ungarischen Verantwortlichen
guthießen, hätte Kastl schließlich nicht bezogen werden können.

Und ohne Hochhalten solcher Ziele hätte die Emigration deutlich
geringere Chancen gehabt, eine ungarische Identität zu kultivieren, die

dem Kommunismus strikt entgegengesetzt war. Daß diese auf der Grundlage von Geschichte und Tradition eher der Zukunft entspricht als diejenige, die kraft ihrer Ideologie die Zukunft in der Tasche zu haben glaubt, liegt mittlerweile auf der Hand. Der bayerische Staatsminister Stain, der an der Errichtung des Gymnasiums in Kastl mitgewirkt hat, verlangte auf dem Höhepunkt der Flüchtlingswelle von 1956 neue, realistische Pläne für eine zukünftige Neuordnung Mittel- und Südosteuropas, damit der Bolschewismus nach seinem Zusammenbruch, für den der Aufstand von 1956 trotz seines Scheiterns als Fanal betrachtet werden konnte, nicht von einem neuen engstirnigen Nationalismus abgelöst werde.

Der katholische Akzent der Erziehung in Kastl geht in die Richtung, auf die sich weltlich-säkular und religiös gesonnene Geister gleichermaßen einigen können: Ganz Europa braucht ein grenzüberschreitendes Bewußtsein, es braucht eine irgendwie geartete Föderalisierung unter seinen Nationen, um aus dem Niedergang mit berechtigten Zukunftshoffnungen hervorzugehen. Die Ungarn guten Willens können nicht anders, als den angeführten bayerischen Worten aus dem Jahre 1956 zuzustimmen, gerade da diese eine unerwartete Aktualität erhalten haben.

Die Beziehungen zwischen Bayern und Ungarn auf wirtschaftlichem Gebiet gediehen in den letzten Jahrzehnten nachweisbar desto besser, je größere Breschen der sich allmählich liberalisierende Donaustaat in das Zwangssystem kommunistischer Planwirtschaft schlug. Der geographische Vorteil naher Nachbarschaft wird durch die Nachbarschaft der Wertesysteme ergänzt, die einander immer ähnlicher werden, da sich die Ungarn als die findigsten darin erwiesen haben, ihre Diktatur über die Zwischenstation eines forcierten „Gulasch-Kommunismus" unter János Kádár in einen freiheitlichen Rechtsstaat nach westlichem Muster zu verwandeln.

Die westliche Welt triumphiert augenblicklich über den Kommunismus in einem Ausmaß, das noch vor kurzem niemand für möglich gehalten hätte. Ungarn marschiert mit an der Spitze dieses Triumphes. Hier schließt sich unsere historische Betrachtung in zweifacher Hinsicht zu einem Ring:

Wenn Ungarn nunmehr ein freiheitlicher Rechtsstaat wird, dann folgt es nicht etwa gelehrig dem „tugendhaften" Westen und dessen „leuchtendem Beispiel" der letzten Jahrzehnte, sondern besinnt sich vielmehr auf seine eigenen Traditionen bis zurück ins Mittelalter, da die Goldene Bulle des Königs Andreas von 1222 ebenso als der Beginn von Demokratie gefeiert werden darf wie die im Westen ungleich bekanntere „Magna Charta Libertatum" des englischen Adels von 1215.

Und zweitens: Im September 1989 hat Ungarn bekanntlich in menschenrechtlich einzig richtiger und mutiger Entscheidung die auf seinem Territorium wartenden DDR-Deutschen in die Bundesrepublik ausreisen lassen und damit die Axt an die Wurzel des SED-Regimes gelegt. Dieses entscheidende Öffnen der Tore erinnert an eine Sage aus der Zeit der ungarischen Landnahme unter Fürst Árpád, als die Zukunft der Magyaren von offenen Toren abhing: Kaiser Arnulf, der Karolinger, hat den Ungarn im Jahre 892, um sie als Bundesgenossen gegen das Großmährische Reich zu gewinnen, „sehr stark befestigte Hindernisse geöffnet, die man üblicherweise Klausen nennt", und sie dadurch als erster nach Mitteleuropa hineingelassen – sagt der Chronist Liutprand von Cremona. Nachdem Alexander der Große einst die biblischen Völker Gog und Magog hinter den „Kaspischen Pforten" abgeriegelt, und nachdem Karl der Große die Awaren hinter einem großen Wall eingeschlossen hatte, hat Kaiser Arnulf in umgekehrter Weise etwas getan, woran die ungarische Regierung sich im September 1989 erinnert haben mag. Denn sie hat die deutsche Wohltat von damals nach 1100 Jahren vergolten – und, wie es aussieht, mit den Deutschen auch sich selbst befreit!

József Eötvös hatte es schon im 19. Jahrhundert gewußt: „Die ungarische Unabhängigkeit hängt zum Teil von der deutschen Einheit ab." Es kommt heute nicht mehr darauf an, daß dies damals im antiösterreichischen Sinne gemeint gewesen war. Denn gerade in der österreichischen Wachau, also etwa auf halbem Wege zwischen Passau und Raab, haben auf österreichische Initiative hin im Mai 1990 die Spitzenpolitiker sämtlicher Donau-Anrainerstaaten die „Arbeitsgemeinschaft Donauländer" gegründet. Sie umfaßt den Freistaat Bayern und sieben donaunahe ungarische Komitate ebenso wie die Bundesländer Ober- und Niederösterreich, Wien und Burgenland – nebst der Tschechoslowakei, der Republik Serbien, Rumänien, Bulgarien und sogar der moldauischen Sowjetrepublik! Die Zuständigkeit dieses Verbundes wird sich natürlich nicht auf die üblichen „harten" Themen der großen Politik beziehen, aber auch Umweltschutz, gemeinsame Verkehrspolitik und Raumordnung und kulturelle Aktivitäten können im europäischen Zusammenhang durchaus „harte" Themen werden. Ludwig der Bayer, Ludwig der Große, König Sigmund, Hunyadi, Matthias Corvinus und auch die gekrönten Habsburger feiern mit ihrer weiträumigen Politik fast schon fröhliche Urständ', nachdem Osmanen und Sowjets nicht mehr entlang des Donaulaufes herrschen. Und vielleicht wird dieser mit dem Rhein wichtigste Fluß Europas an seinen Ufern für alle Nationen eines gemeinsamen und freien Europas der Zukunft ein Vorbild politischer Zusammenarbeit entstehen sehen.

ZEITTAFEL

Wichtige Daten der ungarischen Geschichte und der ungarisch-bayerischen Beziehungen

892	Bündnis zwischen König Arnulf und den Ungarn gegen das Großmährische Reich. Gemeinsamer Feldzug im Gebiet der heutigen Slowakei.
895–896	Angeführt von Fürst Árpád überqueren die Ungarn die Karpaten und lassen sich im Karpatenbecken nieder.
899	Tod von König Arnulf.
um 900	Beginn der ungarischen Raubzüge, die über mehr als ein halbes Jahrhundert weite Teile Europas bedrohen.
907 (?)	Tod von Fürst Árpád.
914–917	Bayernherzog Arnulf lehnt sich gegen König Konrad I. auf, verbündet sich mit den Ungarn und flieht ins Magyarenland, bis er Bayern zurückerobern kann.
	Im Bündnis mit den Ungarn dulden die Bayern den Durchzug magyarischer Heere über ihr Gebiet. Im Gegenzug verpflichten sich die Ungarn, in Bayern nicht mehr zu plündern.
926	Die Ungarn in St. Gallen: Der einzige Augenzeugenbericht über das Verhalten der Magyaren.
933	Die Ungarn erleiden eine Schlappe an der Unstrut (Riade, bei Merseburg) im Gefecht gegen König Heinrich I.
943	Sieg des Bayernherzogs Berthold über die Ungarn bei Wels.
948	Bayernherzog Heinrich I. besiegt die Ungarn im Nordgau an der Grenze zwischen Bayern und Böhmen.
949–951	Gefechte zwischen Bayern und Ungarn im Raum nahe der bayerisch-ungarischen Grenze.
954	Aufstand von deutschen Stammesfürsten einschließlich von Liudolf, Sohn von König Otto I., gegen den deutschen König. Mehrere Fürsten verbünden sich mit den Ungarn und rufen sie zur Hilfe.
955	Angeführt vom greisen Feldherrn Bulcsu dringt ein ungarisches Interventionsheer in Bayern ein.
Anf. August	Die Ungarn belagern Augsburg. Die Stadt hält sich erfolgreich bis zur Ankunft des Entsatzes.
9. Aug.	Ein vereintes Heer der deutschen Fürsten unter dem Kommando von König Otto rückt an. Drei von acht „Legionen" stellen die Bayern. Augsburg wird entsetzt.
10. Aug.	Niederlage des ungarischen Heeres auf dem Lechfeld: Sieg der gepanzerten schweren Kavallerie über die leichte Kavallerie der Steppenreiter.

202

11. Aug.	Die drei Heerführer werden gefangengenommen und in Regensburg gehenkt.
Herbst	Taksony wird neuer ungarischer Großfürst; er leitet eine Politik des Friedens an Ungarns Westgrenze ein.
972	Geysa wird Großfürst. Geysa wird getauft; er bereitet die Gründung eines christlichen, nach westlichem Muster organisierten eigenständigen ungarischen Staates vor.
	Pilgrim wird Bischof von Passau. Er hat ein fertiges Konzept für die Bekehrung der Ungarn zum Christentum. Pilgrim strebt die Führung des Missionswerkes in Ungarn als Erzbischof an, es gelingt ihm aber nicht, eine eigene Erzdiözese zu errichten.
nach 972	Der fürstliche Hof und die ungarische Oberschicht werden bekehrt.
973	Verhandlungen und Vertragsabschluß zwischen Otto dem Großen und einer ungarischen Gesandtschaft.
um 985	Geburt der Gisela von Bayern, Tochter des Bayernherzogs Heinrich II., d. Zänker.
um 996	Vermählung der Gisela von Bayern mit Vajk, Sohn Geysas, wahrscheinlich in Regensburg.
997	Tod Geysas, Vajk wird Großfürst.
1000	Vajk erhält von Papst Silvester II. die Königskrone. Er führt von nun an den Namen Stephan (István). Gleichzeitig wird seine Gemahlin Gisela zur Königin gekrönt.
1001–1038	König Stephan I. vollendet die Christianisierung Ungarns und organisiert den Staat. Königin Gisela und zahlreiche Bayern, die sie nach Ungarn begleitet haben, sind dem König mit Rat und Tat behilflich.
1001	Gründung der Erzdiözese von Esztergom (Gran, auch heute Sitz des Erzbischofs und Primas von Ungarn).
1030	Feldzug des Salierkaisers Konrad II., gegen Ungarn. Die Ungarn liefern ihm erst nach seinem Rückzug bei Wien eine Schlacht, kesseln sein Heer ein und nehmen es gefangen.
1031	Tod des Thronfolgers Imre (Emmerich).
1038	Tod von König Stephan I.
1038–1045	Königin Gisela wird von den Nachfolgern Stephans ihrer Güter und auch ihrer Freiheit beraubt.
1045	Mit Hilfe von Kaiser Heinrich III. verläßt Gisela Ungarn. Sie tritt in das Kloster Niedernburg ein.
nach 1045	Gisela wird Äbtissin zu Niedernburg.
1060 (?)	Tod der Äbtissin von Niedernburg, nunmehr Gisela von Ungarn genannt.
1083	Stephan I. wird heiliggesprochen.
1156	Eine Umverteilung von Reichsterritorien durch Friedrich Barbarossa schafft das neue Staatsgebilde Österreich, das von den Babenbergern beherrschte Ostgebiet Bayerns. Nach jahrhundertelanger Nachbarschaft werden Bayern und Ungarn von einander territorial getrennt.

1205	Andreas II. wird König, seine Gemahlin Gertrud von Andechs-Meranien Königin von Ungarn.
1213	Ungarische Magnaten, die der Machtfülle und der Vetternwirtschaft Gertruds überdrüssig sind, ermorden die Königin.
1222	König Andreas II. erläßt die Goldene Bulle, eine Grundlage der ständischen Verfassung Ungarns. Nur 7 Jahre nach der Magna Charta eröffnet die „Goldene Bulle" eine der Englischen vergleichbare Verfassungsentwicklung bis ins 19. Jahrhundert.
1235–1270	Regierungszeit von Béla IV., Großvater Ottos von Wittelsbach.
1241–1242	Die Mongolen erobern und zerstören Ungarn.
1241	Friedrich von Babenberg, Herzog von Österreich, lockt den vor den Mongolen flüchtenden König Béla IV. in sein Land, raubt ihn aus und erpreßt ihn zu territorialen Zugeständnissen.
1301	Mit dem Tod von König Andreas III. stirbt der Mannesstamm der Arpaden aus. Wenzel von Böhmen, Urenkel von Béla IV. wird König.
1305–1308	Otto von Wittelsbach, Herzog von Niederbayern, Enkel von Béla IV. wird zum König von Ungarn gekrönt, nachdem Wenzel abgedankt hat. Vorerst behauptet sich Otto gegen Karl Robert von Anjou, Urenkel von Béla IV.
1305–1306	Waffenstillstand zwischen König Otto und Karl Robert von Anjou, der vom Heiligen Stuhl energisch unterstützt wird: Dies ist die einzige direkte Einmischung des Papsttums in die ungarische Thronfolge.
1307–1308	König Otto wirbt um Unterstützung auch in Siebenbürgen, wo er vom Magnaten László Kán in eine Falle gelockt, gefangengenommen und der Stephanskrone beraubt wird; er muß abdanken.
1308–1312	Otto kehrt nach Niederbayern zurück; er trägt den Titel eines Königs von Ungarn bis zu seinem Tod (1312).
1308–1342	König Karl Robert von Anjou.
1342–1382	König Ludwig „der Große" von Anjou.
1387–1437	König Sigmund von Luxemburg.
1396	Schlacht von Nikopolis an der Unteren Donau. Ein von Ungarn, Franzosen und Deutschen, darunter vielen Bayern bestehendes Kreuzritterheer wird von den Türken vernichtend geschlagen. Mit dabei ist der Knappe Schiltberger, bayerischer Chronist des Feldzuges.
1456	Großer Sieg eines ungarischen Heeres, angeführt durch János Hunyadi (Corvinus) über die Türken bei Belgrad. Das Glockengeläut zu Mittag erinnert seitdem an diese Schlacht.
1458–1490	Regierungszeit des großen Renaissancekönigs Matthias Corvinus (Sohn des János Hunyadi).

204

1490–1526	Herrschaft der polnisch/litauischen Jagiellonen-Dynastie in Ungarn.
1526	Invasion Ungarns durch Sultan Süleyman d. Prächtigen. Das zahlenmäßig weit überlegene türkische Heer schlägt die Ungarn vernichtend bei **Mohács** im heutigen Südungarn. Nach der Niederlage stirbt der junge König Ludwig II. unter ungeklärten Umständen.
	Ferdinand von Habsburg, Erzherzog von Österreich, wird nach der Wahl und Krönung des ungarischen Magnaten Johann (János) Zápolya von einem anderen Teil der ungarischen Stände zum Gegenkönig ausgerufen.
1526–1540	Bürgerkrieg mit längeren Unterbrechungen zwischen Johann Zápolya und Ferdinand von Habsburg.
1540	Tod von König Johann Zápolya. Ferdinand wird Alleinherrscher.
1541–1690	Ungarn ist in drei Teile zerfallen. Im Westen und im Norden hält sich ein Rumpf des Ungarischen Königreichs unter den Habsburgern. Ein Teil Westungarns und die gesamte Tiefebene sind türkische Provinz. Das freiheitliche, christliche Ungarn hält sich – mit Duldung des Osmanenreiches – im Fürstentum Siebenbürgen, das vorher Teil des Königreichs Ungarn gewesen war.
1595	Fürst Sigmund Báthory von Siebenbürgen heiratet die bayerische Fürstentochter Maria Christina (Christierna). Báthory kann die Ehe nicht vollziehen. Er erniedrigt seine Gemahlin und versucht wiederholt, sie zu vertreiben, was ihm schließlich auch gelingt (1599).
1664	Miklós Graf Zrinyi, größter ungarischer militärpolitischer Denker, Autor und Feldherr seines Jahrhunderts und Propagator des Türkenkrieges, stirbt im Alter von 44 Jahren bei einer Eberjagd, höchstwahrscheinlich ermordet durch einen gedungenen Mörder des Wiener Hofes. Graf Zrinyi hatte intensive Beziehungen zum Münchener Hof unterhalten. Staatstrauer in München nach Zrinyis Tod.
1683–1699	Ein gesamteuropäisches Heer vertreibt die Türken aus Ungarn. Kurfürst Max Emanuel von Wittelsbach und sein großes bayerisches Truppenkontingent spielen eine wichtige Rolle im Befreiungskrieg und erleiden dabei empfindliche Verluste.
1686	Befreiung der Festung Buda nach einer blutigen Belagerungsschlacht durch Max Emanuel.
1694	Fürsterzbischof Clemens Joseph von Wittelsbach, Bruder des Kurfürsten Max Emanuel, traut Ferenc II. Rákóczi (1676–1735) im Kölner Dom mit Charlotte Amalie von Hessen-Rheinfels.
1699	Frieden von Karlowitz zwischen dem Habsburgerreich und der Pforte: Die Türkei muß auf den größten Teil Ungarns verzichten.

1699–1703	Kaiser Leopold I. (1657–1705) behandelt das von den Türken befreite Ungarn wie eine eroberte Provinz.
1703	Rákóczi stellt sich an die Spitze des Aufstandes der ungarischen Stände, die eine Gewährleistung der verfassungsmäßigen Herrschaft des Habsburgerkönigs anstreben.
1703–1711	Militärisch und politisch ist der Rákóczi-Freiheitskampf besonders bis 1707 erfolgreich. Die Ungarn sind faktisch Verbündete der Franzosen und der Bayern unter Max Emanuel.
1707	Auf dem Höhepunkt des Aufstandes entthronen die ungarischen Stände das Haus Habsburg. Der Thron wird Max Emanuel angeboten. Doch die militärischen und diplomatischen Entwicklungen lassen keinen Spielraum für die Verwirklichung des alten Konzepts, Österreich durch eine ungarisch-bayerische Union in die Zange zu nehmen.
1711	Der Rákóczi-Freiheitskampf endet mit einer ehrenvollen Kapitulation der Ungarn (Friede von Szatmár), an denen Wien diesmal keine Rache nimmt.
1715–1718	Siegreicher Türkenkrieg unter Prinz Eugen. Belgrad erobert.
1809	Napoleon I., Bayerns Verbündeter, versucht vergeblich, Ungarn dem Kaiser abspenstig zu machen.
1848 März–April	Angesichts der revolutionären Welle in Europa akzeptiert und unterzeichnet Kaiser Ferdinand eine vom Reichstag im legalen Rahmen der Ständeverfassung verabschiedete demokratische Verfassung Ungarns. Bis auf die auswärtigen Angelegenheiten und die Personalunion durch die Person des Herrschers erlangt Ungarn seine Unabhängigkeit.
Juli	Das freigewählte ungarische Parlament konstituiert sich.
Sept.–Dez.	Österreich greift das Land militärisch an.
Winter 1848–1849	Die Landesverteidigung wird organisiert, „das ungarische Wunder" geschieht: Innerhalb weniger Monate wird eine reguläre Armee aufgestellt (180 000 Mann).
1849 April–Juni	Das ungarische Heer besiegt in einem Dutzend Feldschlachten das österreichische Heer.
Juni	Kaiser Franz Joseph bittet Zar Nikolaus I. um „Bruderhilfe", 200 000 Russen marschieren in Ungarn ein.
13. Aug.	Der Versuch der Ungarn, sich gegen die Armeen zweier Großmächte zu halten, scheitert. Kapitulation vor den Russen bei Világos.
ab Herbst	Blutige Vergeltung durch Massenhinrichtungen und Willkürherrschaft.
1867	Nach seiner Niederlage bei Königgrätz (1866) ist Österreich gezwungen, sich mit Ungarn zu arrangieren: die verfassungsrechtliche Regelung erreicht jedoch nicht das Niveau der Verfassung von 1848. Es entsteht durch den sog. österr.-ungar. Ausgleich die k. und k. Doppelmonarchie, die dem Land über ein knappes halbes Jahrhundert eine friedliche Aufbauperiode sichert.

nach 1918	Durch Österreich 1914 in den I. Weltkrieg hineingerissen, ist der eigentliche große Verlierer Ungarn: Durch den Friedensvertrag von **Trianon** (1920) verliert es zwei Drittel seines Territoriums, die Hälfte seiner Gesamtbevölkerung einschließlich eines Drittels der rein magyarischen Bevölkerung.
1920–1944	Der ungarische Thron ist vakant. Das Königreich wird vom Reichsverweser Miklós Horthy regiert. Das Regime ist erzkonservativ mit gewissen liberalen Zügen bei Respekt von Parlamentarismus und Rechtsstaatlichkeit.
Nov. 1923	Ungarische Rechtsradikale (Gyula Gömbös) versuchen in Ungarn – zeitlich abgestimmt mit Adolf Hitler in München – einen Putsch durchzuführen. Mißerfolg sowohl in Ungarn als auch in München („Marsch auf die Feldherrnhalle").
1945	Ungarn fällt in den sowjetischen Machtbereich.
1956	Ungarischer Volksaufstand, von den Sowjets blutig niedergeschlagen. München ist wichtiger Anlaufpunkt für eine Masse von ungarischen Flüchtlingen.
1958	Eröffnung des ungarischen Gymnasiums in Kastl (Oberpfalz).
1956–1989	„Gulasch-Kommunismus" János Kádárs.
Sept. 1989	Ungarn gestattet den auf seinem Boden weilenden DDR-Deutschen die Ausreise in die Bundesrepublik: wichtiger Anstoß zum Zusammenbruch des SED-Regimes.
Mai 1990	Gründung der „Arbeitsgemeinschaft Donauländer", die u. a. den Freistaat Bayern und sieben ungarische Komitate umfaßt.

Ungarns Staatsoberhäupter

Namen, denen deutsche Pendants entsprechen, werden nur in der deutschen Version angegeben. Zum Beispiel: Endre – Andreas, Ferenc – Franz, Imre – Emmerich, István – Stephan, János – Johann, József – Joseph, Kálmán – Koloman, Károly – Karl, Lajos – Ludwig, László – Ladislaus, Lipót – Leopold, Ulászló – Wladislaw (polnisch).

Arpaden

Fürsten

Árpád	um	885–907
Zoltán		907–947
Fajsz		947–955
Taksony		955–972
Geysa (Géza)		972–997
Vajk (der spätere König Stephan I.)		997–1000

Könige

Stephan I., der Heilige	1000–1038
Peter	1038–1041
	und 1044–1046
Samuel Aba	1041–1044
Andreas I.	1046–1060
Béla I.	1060–1063
Salomon	1063–1074
Géza (Geysa) I.	1074–1077
Ladislaus I., der Heilige	1077–1095
Koloman der Bücherfreund	1095–1116
Stephan II.	1116–1131
Béla II., der Blinde	1131–1141
Géza II.	1141–1162
Stephan III.	1162
	und 1163–1172
Ladislaus II.	1162–1163
Stephan IV.	Jan.–Juni 1163
Béla III.	1172–1196
Emmerich	1196–1204
Ladislaus III.	1204–1205
Andreas II.	1205–1235
Béla IV.	1235–1270
Stephan V.	1270–1272
Ladislaus IV.	1272–1290
Andreas III.	1290–1301

Verschiedene Dynastien

Wenzel (Przemyslide)	1301–1305
Otto (Wittelsbacher)	1305–1308
Karl I. Robert (Anjou)	1308–1342
Ludwig I., der Große (Anjou)	1342–1382
Maria (Anjou)	1382–1385 und 1386–87/95
Karl II., der Kleine (Anjou)	1385–1386
Sigmund (Luxemburger)	1387–1437
Albert (Albrecht, Habsburger)	1437–1439
Wladislaw I. (Jagiellone)	1440–1444
Ladislaus V. (Habsburger)	1444–1457
Matthias I. Corvinus	1458–1490
Wladislaw II. (Jagiellone)	1490–1516
Ludwig II. (Jagiellone)	1516–1526
Johann I. Zápolya	1526–1540

Haus Österreich

Ferdinand I.	1526–1564
als Gegenkönig	1526–1540
Maximilian	1564–1576
Rudolf	1576–1608
Matthias II.	1608–1619
Ferdinand II.	1619–1637
Ferdinand III.	1637–1657
Ferdinand IV. († 1654)	1647–1654
(zu Lebzeiten Ferdinands III. gekrönt)	
Leopold I.	1657–1705
Joseph I.	1705–1711
Karl III. (Röm. Kaiser: Karl VI.)	1711–1740
Maria Theresia	1740–1780

Joseph II.	1780–1790	**Königreich Ungarn,** der Thron ist	
Leopold II.	1790–1792	vakant	
Franz (röm. Kaiser:			
Franz II.)	1792–1835	*Reichsverweser*	
Ferdinand V.	1835–1848	Miklós Horthy	1920–1944
		Oberster Nationaler Rat	1945–1946

Freiheitskrieg 1848–1849

Landesverteidigungs-		**Zweite Republik Ungarn**	
ausschuß	1848–1849		
Lajos Kossuth,	April –	*Präsident*	
Reichsverweser	August 1849	Zoltán Tildy	1946–1948
		Árpád Szakasits	1948–1949

Haus Österreich

Franz Joseph, de-facto-		**Volksrepublik**	
Herrscher	1849–1867		
Rechtmäßiger König	1867–1916	*Vorsitzender des Präsidialrates*	
Karl IV. (Karl I. als Kai-		Árpád Szakasits	1949–1950
ser von Österreich)	1916–1918	Sándor Rónai	1950–1952
		István Dobi	1952–1967
		Pál Losonczi	1967–1987

Erste Republik Ungarn

		Károly Németh	1987–1988
Präsident		Ferenc Brunó Straub	1988–1989
Mihály Graf Károlyi	Jan. –	Mátyás Szürös	1989
	März 1919		

Räterepublik

Wiederhergestellte Republik Ungarn

Vorsitzender des Regierenden Rates		*Präsident*	
Sándor Garbai	März–Juli	Árpád Göncz	1990–
	1919		

Árpád heißt das erste Staatsoberhaupt, der legendäre Ahnherr der Ungarn, Árpád heißt auch der Letztgenannte, der erste Präsident der neuen demokratischen Republik. Mit der neuen Jahrtausendwende wird Ungarn das Millennium der Reichsgründung feiern.

Literatur

Adony-Naredy, F. von, Ungarns Armee im Zweiten Weltkrieg, Deutschlands letzter Verbündeter, Neckargemünd 1971.

Beckenbauer, A., Ludwig III. von Bayern. Ein König auf der Suche nach seinem Volk, Regensburg 1987.

Berger , P. (Hrsg.), Der Österreichisch-Ungarische Ausgleich von 1867. Vorgeschichte und Wirkungen, Wien / München 1967.

Bilderchronik. Chronicon Pictum. Chronica de gestis Hungarorum, 2 Bde., Hanau (Dausien) 1968.

Bogyay, Th., Grundzüge der Geschichte Ungarns, Darmstadt ⁴1977.

Bucsay, M., Geschichte des Protestantismus in Ungarn, Stuttgart 1959.

Carsten, F. L., Revolution in Mitteleuropa 1918–1919, Köln 1973.

Deák, I., The Lawful Revolution. Louis Kossuth and the Hungarians 1848–1849, New York 1979.

Domanovszky, S., Die Geschichte Ungarns, Budapest 1923.

Duft, J., Die Ungarn in St. Gallen, Zürich 1957.

Feketekúthy, L., Ungarn vom Heiligen Stephan bis Kardinal Mindszenty, Zürich 1950.

Franzel, E., Der Donauraum im Zeitalter des Nationalitätenprinzips 1789–1918, Bern 1958.

Gebhardt, (Hrsg.), Handbuch der deutschen Geschichte, Bd. I, Stuttgart 1981.

Györffy, Gy., István király és müve (= König Stephan und sein Werk), Budapest 1977.

Hanák, P., Geschichte Ungarns von den Anfängen bis zur Gegenwart, Budapest 1988.

Hantos, E., The Magna Charta of the English and of the Hungarian Constitution, London 1904.

Hauck, A., Kirchengeschichte Deutschlands, I.–IV. Teil, Leipzig 1904–1920.

Heer, F., The Holy Roman Empire, London o. J.

Hielscher, M. B., Gisela, Königin von Ungarn und Äbtissin von Passau-Niedernburg, in: Ostbayerische Grenzmarken. Passauer Jahrbuch für Geschichte, Passau 1968.

Hoensch, J. K., Geschichte Ungarns 1867–1983, Stuttgart 1984.

Hóman, B. / Szekfü, Gy., Magyar történet (Ungarische Geschichte), 5 Bde., Budapest 1935.

Hóman, B., Geschichte des ungarischen Mittelalters, 2 Bde., Berlin 1940/43.

Hüttl, L., Max Emanuel. Der Blaue Kurfürst 1679–1726, München 1976.

Kolmer, L., Machtspiele. Bayern im frühen Mittelalter, Regensburg 1990.

Lehmann, H. G., Der Reichsverweser-Stellvertreter. Horthys gescheiterte Planung einer Dynastie, Mainz 1975.

Madzsar, I., Szent István törvényei és a Lex Baiovariorum (Die Gesetze Stephans d. Heiligen und die Lex Baiovariorum), in: Történeti Szemle (Historische Rundschau), Budapest 1921.

Magyarország történeti kronológiája (Historische Chronologie Ungarns), 3 Bde., Akademieverlag Budapest 1982.

210

Magyarország története (Geschichte Ungarns) Bd. I/1 und Bd. I/2 Akademieverlag Budapest 1984, Bd. III/1 und Bd. III/2 1985 ebd.

Miskolczy, J., Ungarn in der Habsburger-Monarchie, Wien 1990.

Schmidt, W. M., Das Grab der Königin Gisela von Ungarn, München 1912.

Sitzler, K., Solidarität oder Söldnertum. Die ausländischen Freiwilligenverbände im ungarischen Unabhängigkeitskrieg 1848–1849, Osnabrück 1980.

Spindler, M. (Hrsg.), Handbuch der bayerischen Geschichte, Bd. I und II, München 1967.

Szántó, K., Das Leben der Seligen Gisela, der ersten Königin von Ungarn, Esztergom (Gran) 1988.

Szekfü, Gy. siehe Hóman, B.

Szilágyi, S. (Hrsg.), A magyar nemzet története (Geschichte der ungarischen Nation), 10 Bde., Budapest 1896–1898.

Thomas, H., Deutsche Geschichte des Spätmittelalters, Stuttgart 1981.

Thompson, J. W., Feudal Germany, Chicago.

Vásári, E., Die ungarische Revolution 1956. Ursachen, Verlauf, Folgen, Stuttgart 1981.

Weber, J., Eötvös und die ungarische Nationalitätenfrage, München 1966.

Weidlein, J., Geschichten der Ungarndeutschen in Dokumenten, Schorndorf 1959.

BILDNACHWEIS

S. 21 aus: Das leben … vnd wunderwerck … sant Ulrichs vnd … sant Aphre …, Augsburg 1516

S. 26, 30 (oben) Foto R. u. D. Asenkerschbaumer, Burgkirchen

S. 30 (unten) Kunstverlag Hofstetter, Ried. i. Innkreis (Foto: M. Oberer, Wien); mit frdl. Genehmigung des Pfarramts Enns-Lorch

S. 38 aus: Gilette Ziegler, Gerbert. Le pape de l'an mil, Paris 1975

S. 45, 85, 105, 113, 123, 127, 132 (links), 136, 145, 147, 155, 164 aus: S. Szilágyi (Hrsg.), A magyar nemzet története, 10 Bde., Budapest 1896–1898

S. 47, 58, 168 Ungarisches Nationalmuseum, Budapest

S. 49 (links), 175 aus: Tamás Katona (Hrsg.), A Korona kilenc Evszázada (Die neun Jahrhunderte der Krone), Budapest 1979; (rechts) Bayerische Verwaltung der Staatlichen Schlösser, Gärten und Seen, München

S. 62 Széchenyi Nationalbibliothek, Budapest

S. 88 132 (rechts) Bayerisches Hauptstaatsarchiv, München

S. 108 aus: P. Hanák, Die Geschichte Ungarns, Budapest/Essen 1988; mit frdl. Genehmigung des Hobbing Verlages, Essen

S. 117, 122 aus: Béla Köpeczi u. a. (Hrsg.), Erdély története. A kezdetektöl 1606 – IG (Geschichte Siebenbürgens), Budapest 1987

S. 172 Nationalarchiv der Richard-Wagner-Stiftung, Bayreuth

S. 178 Stadtarchiv München

S. 192 Privatbesitz d. Autors

S. 199 Ungarisches Gymnasium Kastl i. d. Obpf.

Register

Nicht in die folgenden Register aufgenommen beziehungsweise nicht berücksichtigt wurden häufig vorkommende Namen und Orte, beispielsweise: Bayern, Bajuwaren, Ungarn, Magyaren, München, Passau, Regensburg, Buda (Ofen), Buda-Pest bzw. Budapest, Deutschland, Berlin, Österreich, Wien, Frankreich, Paris, Niederlande, Wittelsbacher, usw. Der Begriff: Heiliges Römisches Reich (deutscher Nation) wurde ebenfalls nicht berücksichtigt und vereinfacht „deutscher Kaiser" für seine Herrscher aufgenommen.

NAMEN

213

216

Sabine Rieckhoff
Faszination Archäologie
Bayern vor den Römern

Fotografie: Wolfram Schmidt

291 Seiten, 73 Farbtafeln, 92 s/w-Fotos,
Rekonstruktionszeichnungen und Karten, Bildbandformat, Leinen

Thomas Fischer
Römer und Bajuwaren an der Donau
Bilder zur Frühgeschichte Ostbayerns

Mit Fotos von M. Eberlein und Luftaufnahmen von O. Braasch

176 Seiten, mit 50 Farbtafeln, zahlreichen Karten, Illustrationen
und Rekonstruktionszeichnungen, Bildbandformat, Leinen

Lothar Kolmer
Machtspiele
Bayern im frühen Mittelalter

256 Seiten, 20 s/w-Abb., Leinen

Karl-Ludwig Ay
Land und Fürst im alten Bayern
16.–18. Jahrhundert

334 Seiten, 17 Abbildungen, Leinen

Marcus Junkelmann
Napoleon und Bayern
Von den Anfängen des Königreiches

407 Seiten mit über 100 s/w und 8 farbigen Abbildungen,
zahlreichen Karten, Pappband

VERLAG FRIEDRICH PUSTET · REGENSBURG